醫學與體育的情和緣

一位香港醫生的
運動醫學論文與憶述

林馨曾——

著

謹以此書獻給

愛妻劉端儀醫生及愛女林鷗、林宇全家

林馨曾醫生＆劉端儀醫生
五十週年金婚紀念喜宴

五十週年金婚紀念喜宴。

前言

1933年1月2日，我出生在廣州，2歲隨父母回到家鄉梅州市平遠縣東石鄉居住，先後在崇德小學、鐵民初中及東山中學讀書。1950年，有幸考進中山大學醫學院，苦讀5年。1955年畢業後獲派留在中山醫學院附屬第一醫院婦產科擔任教學及醫療工作，這時我還不足23歲。

一、關於「運動醫學論文選」

1956年底，卓大宏醫生從蘇聯專家舉辦的醫療體育和運動醫學進修班回院，準備成立有關專科。他與我同班5年，知道我酷愛體育運動，先後取得國家田徑一級運動員和足球、籃球二級運動員資格。因此，通過領導將我商調到新的專科。卓大宏主要負責醫療體育和康復保健醫學，我則負責運動醫學和運動創傷工作。能夠將興趣和醫學專業結合在一起，是十分不錯的選擇。我們首先建立了「運動創傷專科」，為省、市和全國各地的運動員診治，特別是國家隊的著名運動員在冬季多會集中在廣州二沙運動基地訓練。我利用這有利的條件，不但為他們治療傷病，也進行各項運動醫學的研究。到1965年的不到10年裡，先後和同事們研究發表了將近20篇運動醫學和運動創傷論文。當時運動醫學在中國還在萌芽時期，自知研究的水準和質量不高，但總算為國家留下了1950至1960年代田徑、足球、排球、游泳、舉重等運動員的體格發育寶貴的統計資料和運動創傷發病和治療等論文。例如：〈足球運動員踝關節的初步研究〉一文，曾被選中參加由中國主辦並首次邀請國外專家參加的第八屆全國外科學會，並在分組會上宣讀；〈可的松及其衍化物治療運動性小創傷的經驗〉、〈運動員的股屈肌損傷〉、〈排球運動員的崗下肌萎縮的初步報告〉等論文都是在國內首先發表的。這些研究如能繼續深入下去，也許會更有價值。可惜1965年開始的十年動亂令運動醫學的研究和治療工作突然終止，而我也不無遺憾地離開了熱愛的事業，遠走異鄉。

二、略談「體育文選」

在中山醫學院主持運動醫學運動創傷專科工作期間，廣州《羊城晚報》體育版經常接到讀者來信詢問各種有關體育與健康的問題，編輯朋友多會轉給我並請我做體育顧問，我用「齊為民」的專欄或「林青」等筆名作答。這對普及體育運動和增進人民的健康知識也算起了一點作用，同樣由於十年動亂於1965年就終止了。期間，我多次應邀作為廣東足球的隨隊醫生參加全國足球聯賽，一年在青島市比賽，《羊城晚報》因故未能派記者隨隊，編輯先生竟想到為我辦了臨時記者證，請我在每場比賽後發稿報導，並在比賽結束後發表了〈綠菌場上一片新風〉的總結，據說還得到了廣東省體委領導的讚賞，這算是我熱愛體育熱愛足球的一個小插曲吧！

我在1973年初獲批准到香港定居後，仍然對體育運動不離不棄，工作之餘仍有執筆寫些有關運動醫學和國內體育發展情況的小文，郵寄《大公報》、《星島體育》等報刊發表。直至1980年，我考取了香港醫生執照，開設了自己的醫務所，生活進入了另一階段，診餘之暇仍然關心國內外體育的發展。從《中國體育報》在香港發行的第一天起，我訂閱到現在，從未停止過。經洛杉磯奧運許海峰第一面金牌開始，每屆奧運我都不放過每一個鏡頭，為祖國體育的每一個成就歡欣鼓舞。

但我最愛的仍然是「足球」，特別是中國足球。從解放前，李惠堂、譚江柏、葉北華等參加倫敦奧運會的辛酸歷程開始，歷經新中國早期中國足球起飛；文革動亂期間的停滯，文革後的中興；到貪腐入侵足球圈的沒落；至今天，中國足球仍在亞洲二流水平中掙扎，何時才解實現騰飛的美夢?!

1980年代，中國足球最低潮時，我寫了〈漫讀中國足球〉一文，得到香港《明報》社長查良鏞（即著名作家金庸）先生青睞，親筆簽名覆信感謝，並以特稿形式在《明報》分3天刊出。其後，廣州《羊城晚報》也以〈足球，中國足球〉為題連載7天，引起小小的反響！現在，重讀拙作，除對貪腐問題全無所知外，文內一些觀點對振興中國足球或仍有少許參考價值吧！

三、簡讀「雜文選」

　　親友們都知道我的一大缺點：「興趣太多」！說白了就是「周身刀有張利」！85歲了仍無法改變，也不想改變了。「雜文選」有幾篇回憶老領導和同學朋友的文章，有作為海外班長和其他同學組織主持了多次聯歡和旅遊的回憶紀錄，值得珍惜。幾篇雜文和2首詩都是難登大雅之堂的劣作！「家書抵萬金」選了母親和粵叔（林士諤教授）的信，他（她）們的事蹟都已在〈後語〉中提及，長輩對我們的關懷和教誨是會永遠銘記的。最可惜的是，一生革命的父親未能留下書信，終身獻身教育並養育我們兄弟姐妹的姑母林瑋校長留下寶貴的信卻遺失了，令我極感遺憾。

林馨曾醫生2017年9月於香港

目次
CONTENTS

第二輯　體育文選

第三輯　雜文選

第一輯

運動醫學論文選

1958年參加運動會100米短跑衝線時的緊張鏡頭。（右二為作者）

第一篇 運動創傷的發生原因和預防措施（附421例分析）

醫學體育教研組　林馨曾、卓大宏

一、前言

運動創傷是指進行體育運動時受到的外界損傷，它使人體組織或器官的完整性或連續性受到不同程度的破壞。

運動創傷有多方面的不良影響：首先，運動創傷影響運動員的身體健康，使體育運動參加者暫時或長期喪失勞動能力，甚至造成殘廢或死亡；其次，運動創傷迫使運動員中斷系統的運動訓練，影響運動水準和技術成績的提高，甚至使高級水準的運動員失去了參加比賽，創造新紀錄和為社會主義祖國爭光的可能，更嚴重的則使運動員被迫結束運動壽命；再次，運動創傷自然打擊了群眾參加體育運動的積極性和信心，使一些人誤解參加體育運動是一件危險的事，妨礙了群眾性體育運動的廣泛開展。因此，在運動醫學工作中，預防運動創傷具有重要意義。

由於中國體育運動迅速發展，許多地方對運動訓練的醫務監督工作趕不上需要，運動創傷仍然時有發生。隨著群眾性體育運動更廣泛開展，隨著中國運動員勤學苦練不斷向運動紀錄頂峰前進，預防運動創傷的工作就顯得格外重要。為了做好這一工作，必須對運動創傷病例進行深入的調查和研究，揭露其發生原因，提出預防對策。過去數十年來，外國科學家如蘇聯的A. M. Jlahaa、II. M. MNXAROBA和德國的Rosenburg，O. Schmit等在這方面進行了巨大的研究工作，取得了不少成績。但在中國，由於本項科學研究發展較慢，直至目前為止仍未有有關正式文獻報告。

本文搜集我院附屬第一醫院外科門診1954至1956年3年間運動創傷421例進行研究。分析發病情況，運動創傷性質及致傷的運動項目，發生部位及輕重程度等並與文獻材料對比，以探討運動創傷發生之原因，提出運動創傷的預防原則。

二、資料分析

（一）發病率

我院第一附屬醫院1954年1月至1956年12月3年間外科門診創傷初診患者總數共4,619例（不包括凍傷、燙傷及咬傷在內）。其中由體育運動引起之創傷有421例，占總數的9.1%（不包括一般乘自行車引起的創傷）。

（二）性別、年齡、職業的分佈情況

421例中，男性348例（占82.6%），女性73例（17.4%）。年齡分佈如下：19至30歲共280例（66.5%），18歲以下者130例（30.9%），30歲以上者僅11例（2.6%）。依職業劃分則學生占大多數，共263例（62.5%），其次為職工，69例（16.4%），以下依次為機關幹部48例（11.4%），優秀運動員17例（4%），其他職業及職業不明者共24例（5.7%）。

（三）運動創傷發生的部位

以四肢為最多。計421例中：上肢創傷共195例（46.4%），下肢創傷125例（29.6%），頭頸部創傷57例（13.5%），軀幹創傷44例（10.5%）。各項運動創傷發生部位的百分率略有不同，球類運動及體操以上肢創傷最常見，田徑運動則以下肢創傷占多數（表1）。

表1　運動創傷發生部位分類

例數＼創傷部位　運動項目	頭頸部	軀幹	上肢	下肢	總數
球類	30	15	70	53	168
體操	11	15	56	16	98
田徑	5	5	29	39	78
其他（包括不明性質）	11	9	40	17	77
總數	57	44	195	125	421
百分率	13.5%	10.5%	46.4%	29.6%	100%

（四）創傷輕重程度分類

根據蘇聯的分類，本組病例情況如下：（1）輕傷（不損害工作能力者）286例（67.9%）；（2）中等度傷（失掉工作能力24小時以上，需要在門診進行多次治療者）共98例（23.3%）；（3）重傷（需要長期住院治療者）共37例（8.8%）。另在重傷患者中有3例死亡，占總例數的0.71%。現將本組傷勢與文獻材料做一比較（表2）。

表2　運動創傷輕重分類比較

%　　　創傷程度 資料來源	輕傷	中等度傷	重傷	總數
蘇聯4	75	23	2	100%
O.Schmit2	73	23.6	3.4	100%
本組病例	67.9	23.3	8.8	100%

（五）運動項目與創傷的性質分類

由表3可見，最多發生創傷的運動項目是球類運動，體操與田徑運動（共占81.7%），其他項目則較少見。在創傷性質方面：最常見的是韌帶、肌肉和肌腱的損傷（占36.4%）；其次為骨折（包括半月板損傷），占22.1%；再次為挫傷、裂傷、脫臼等。

表3　運動項目及運動創傷性質分類

例數　　　創傷性質 運動項目	損傷	挫傷	擦傷	刺傷	裂傷	骨折	脫臼	腦震盪	其他	總數	%
球類	51	29	6	—	27	37	10	7	1	168	40
體操	39	15	3	—	6	23	7	4	1	98	23.2
田徑	25	6	2	11	7	21	3	2	1	78	18.5
雪屐	10	3	—	—	1	3	—	—	—	17	4
游泳、跳水	4	—	1	—	1	2	—	—	—	8	1.9
舉重	7	1	—	—	—	—	—	—	—	8	1.9

例數＼創傷性質＼運動項目	挫傷	挫傷	擦傷	刺傷	裂傷	骨折	脫臼	腦震盪	其他	總數	%
自行車、摩托車	－	1	2	－	1	2	－	－	－	6	1.4
其他	2	1	－	－	4	1	1	－	－	9	2.1
性質不明	15	1	1	－	3	4	2	2	1	29	7
總數	153	57	15	11	50	93	23	15	4	421	－
%	36.4	13.5	3.6	2.6	11.8	22.1	5.5	3.6	0.9	－	100

三、討論

（一）關於發病率及一般統計材料方面

　　根據莫斯科研究所材料：運動創傷占全部創傷病例數的1-1.5%，本組病例發病率較之高出6倍以上。我們認為主要原因有三：

　　1.直至目前為止，廣州運動創傷的預防工作仍開展得不好。

　　2.門診病人來源之差別：我院負擔著廣州高等學校學生之公費醫療任務，且本院地處廣州東區（文化區），附近中學特多，而運動創傷發生於學生者占大多數。

　　3.本組創傷病例總數未包括凍傷、燙傷等在內。

　　在一般統計材料中：我們認為性別、年齡、職業的分佈僅說明運動創傷的發生與參加運動的人數相適應，無特殊意義。

（二）運動創傷發生部位

　　國外文獻報告均以下肢為最多，本組病例則上肢創傷占首位（46.6%）。現列表比較如表4。運動創傷發生部位之差別，應該認為是由於不同性質的各項運動在中國開展的情況不同所致：如籃球是中國最普遍的運動，在本組70例籃球創傷中，發生在上肢的占32例（45.7%），下肢創傷僅20例（28.5%）；又如在12例排球創傷中，上肢占8例（66.6%），下肢僅2例（16.6%）。這是由於籃、排球運動上肢活動較多，因球撞擊手部及跌倒時上肢撐地而發生的創傷也特多的緣故。從表1還可看到體操創傷中，上肢占57.1%，下肢僅占

16.3%。相反地，發生下肢創傷較多的足球運動在廣州卻不是開展得最普遍的項目，同時在本組病例中田徑運動創傷只占18.5%（其中50%是下肢創傷）。這些因素都引起了下肢創傷比例的下降。

表4　運動創傷發生部位比較

% ＼ 部位　報告者	上肢	下肢	頭頸部	軀幹
B.II.Bopo6beBa	39	52	5.8	3.2
Schwere	23.1	59.9	6.1	10.9
本組病例	46.6	29.6	13.5	10.5

（三）運動創傷的輕重程度

由表2可見：與文獻材料比較，本組病例中重傷例數高出3至4倍，輕傷患者相對減少。我們認為這是由於我院接受的患者均以重症者為多，且本組病例均來自醫院門診而非直接到運動場地進行登記調查的，可能不少輕傷患者均就近治療，因而增加了重症患者的比例。

（四）運動項目及創傷性質的分類

在運動項目方面，與外國文獻材料一致的是球類運動、體操、田徑都是發生運動創傷較多的項目，證明了這些運動由於其本身性質（與進攻與防守、高速度與複雜的動作技巧等）而比較容易發生運動創傷；也說明了這些運動在廣州開展得比較廣泛，參加的人數比較多，相對地增加了發生創傷的例數。水上運動是廣州開展較普遍的項目，但運動創傷發生卻不多，這說明運動項目的性質特點和該項目開展的程度二者對運動創傷的發生率起著同等重要的影響。

在創傷性質的分類方面，值得提出的是骨折與脫臼的發病率，文獻報告高低不一，如：B II. BopobeBa氏在莫斯科醫學體育防治所觀察3,419列運動創傷中，骨折與脫臼僅占1.2%；Wiewiorowski1氏報告德國1,534例運動創傷中，骨折及脫臼共64例（4.2%）；另有報告1,094例運動創傷中，骨折與脫臼共297例（27.1%）。本組病例則較目前所獲得的文獻材料均高，達27.6%。對此一情況的解釋，與重症患者比較增多的原因相同，主要是病例來源不同所致。

（五）各項運動發生創傷的特點

現選擇球類運動等四個項目，簡單分析如下，其他項目就不一一敘述了。

（1）球類運動：創傷分類見表5。籃球是中國開展得最廣泛的項目，對運動員的身體和技術訓練要求又很高，故創傷發生率最高；骨折及脫臼在籃球創傷中占比較甚大，常見的是發生在高速切進時摔倒，手向前著地而引起肘關節脫臼及典型的Colles骨折。在31例足球創傷中，下肢占42%，特別是踝膝關節及半月板損傷較多見，骨折病例占第一位和不少傷者主訴由於受到非法擊撞而受傷都是值得注意的。排球運動中，上肢創傷占66.6%，其中又以手部創傷較多見，特殊的病例是反覆大力扣球而引起的肩關節慢性損傷性滑囊炎及在魚躍撲救球時頭部撞地而引起的腦震盪。

表5　球類運動外傷分類

例數＼創傷性質／運動項目	挵傷	挫傷	擦傷	刺傷	裂傷	骨折	脫臼	腦震盪	其他	總數	%
籃球	21	7	5	－	12	17	4	3	1	70	41.7
足球	6	8	－	－	5	9	1	2	－	31	18.5
排球	5	1	－	－	3	1	1	1	－	12	7.1
不明項目	19	13	1	－	7	10	4	1	－	55	32.7
總數	51	29	6	－	27	37	10	7	1	168	－
%	30.4	17.2	3.5	－	16	22.2	6	4.1	0.6	－	100%

（2）體操運動：創傷較多見，且甚嚴重，多發生在上肢（見表1），由表6可見挵傷較常見，其次為骨折。但在雙槓運動中，骨折及脫臼占42%以上。4例平衡木創傷中，骨折脫臼竟占3例，應該引起特別注意。從動作上來看，跳箱（或跳馬）是比較簡單的，但由於它是一種超越障礙的運動，故實際發生的創傷特別多。單槓是發生運動創傷最多的運動項目之一，本組病例中5例骨折均由槓上跌下時頭及手先著地而引起，其中3例是發生在做大回環動作時，1例並引起頸椎骨折而死亡。

表6　體操外傷分類

例數＼創傷性質＼運動項目	挒傷	挫傷	擦傷	刺傷	裂傷	骨折	脫臼	腦震盪	其他	總數	%
雙槓	7	4	2	—	—	8	3	1	1	26	26.5
跳箱	9	3	—	—	2	5	1	—	—	20	20.4
單槓	8	2	—	—	1	5	—	1	—	17	17.3
自由體操	10	—	—	—	1	1	—	2	—	14	14.3
吊環	3	3	—	—	1	1	—	—	—	8	8.2
平衡木	1	—	—	—	—	2	1	—	—	4	4.1
其他	1	3	—	—	1	1	2	—	—	9	9.2
總數	39	15	3	—	6	23	7	4	1	98	—
%	40	15.3	3	—	6.1	23.4	7.1	4.1	1	—	100%

（3）田徑運動：創傷多發生在下肢，分類詳見表7。短跑創傷主要在高速度衝刺時發生，中長跑則多由訓練程度不足、體力不夠而誘發創傷。在21例骨折病例中，13例（62%）發生於跳躍運動，說明落地時姿勢掌握不好是很危險的。投擲運動中典型的創傷是擲手榴彈引起的肱骨螺旋形骨折，表7所列7例擲手榴彈創傷中，4例骨折全是肱骨骨折；一般均發生在準備運動不充分，一開始即用全力投擲時。至於投出器械擊中運動場上其他人的情況，也在我們的病例中得到了證實，這是極為嚴重而又不應有的事故。

（4）游泳及跳水：創傷一般較輕而少見。嚴重的是在跳水時由於水太淺而頭撞池（河）底引起的創傷，在本組病例中就有3例，其中1例僥倖地只發生額、鼻、胸、肘、膝等處廣泛性擦傷，另2例均發生頸椎骨折而死亡，這確是非常令人痛心的。游泳時較常見的溺死事故，雖然不包括在本組病例內，我們認為還是應該著重提出警惕的。

表7　田徑運動創傷性質分類

例數　創傷性質　運動項目	挫傷	挫傷	擦傷	刺傷	裂傷	骨折	脫臼	腦震盪	其他	總數	%
跑	4	3	1	7	4	3	—	1	1	24	30.8
跳高	10	3	—	1	1	10	1	—	—	26	33.3
擲手榴彈	1	—	—	—	1	4	1	—	—	7	9.0
跳遠	3	—	—	1	—	2	—	—	—	7	9.0
撐竿跳高	—	—	—	1	—	1	1	—	—	3	3.8
推鉛球	2	—	—	—	—	—	—	—	—	2	2.5
擲標槍	—	—	—	1	—	—	—	—	—	1	1.3
總數	25	6	2	11	7	21	3	2	1	78	—
%	32	7.7	2.6	14.0	9.0	27	3.8	2.6	1.3	—	100%

（六）運動創傷發生的原因

　　根據蘇聯學者的材料，運動創傷發生原因如下：訓練程度不足（占46.4%）、組織和方法上的缺陷（14.3%）、器械設備上的缺陷（20.9%）、運動員身體的一般狀態不良（8.2%）、運動員行為的不良（6.6%）及不良的氣候條件和其他原因（共3.6%）。本組病例由於過去紀錄欠全，未能提出具體數字，但從分析典型病例的結果亦部分地證實了上述意見的正確性。現舉例說明如下：

　　（1）訓練程度不足：包括技術上和體力上的不足、準備運動不充分等。如門診號99840患者，在單槓上做大回環動作，因技術掌握不好，力量不夠而從槓上跌下，即發生腦震盪合併左肱骨內踝骨折。另一傷者（門診號119039）自訴平時很少練習，本次參加跨欄比賽前又未做準備運動，結果跨第一欄時即發生右膝關節挫傷。準備運動做得不充分或不好是引起受傷的最常見的原因。

　　（2）訓練或比賽組織工作有缺點：如門診號113771患者在單槓上做大回環挺身下槓動作時頭向下先著地跌倒，發生第六頸椎骨折合併胸部以下完全性癱瘓終於死亡，如果當時有人在旁保護，這一創傷是可以避免或減輕的。此外，在本組病例中，有5例是由於運動場上秩序混亂，發生擠擁衝撞而引起釘鞋刺傷的。前述在游泳時未經教師許可，又不明水的深淺即行跳水而引起死亡

的事故等，說明了在體育運動組織上的任何缺點均足以引起嚴重的事故。

（3）運動場地及物質設備不合標準是引起創傷的客觀原因。如門診號164796患者，赤足參加足球比賽，右足踢在石頭上，引起嚴重皮膚裂傷。這一例暴露了2個缺點，即缺乏運動裝備（足球鞋）及運動場地不符合要求（有石塊）。另一例患者（門診號133972）在做撐竿跳高練習時，事前沒有檢查竹竿是否符合標準，結果在起跳後竹竿斷裂引起胸部軟組織刺傷。

（4）運動員身體情況不好時，病中或病後參加劇烈運動，或比賽時精神緊張也是引起創傷的原因。如門診號76028患者，在參加運動會前一天已有發熱及咳嗽等不適，但次日仍勉強參加跨欄比賽，中途不能支持而跌倒，發生右下腿擦傷。

（5）運動員道德品質上的缺乏在中國雖然不是主要問題，但仍有個別運動員在比賽時動作粗魯，甚至故意傷害對手。如門診號146235患者，在進行足球比賽時被非法撞倒地上，結果發生右脛骨上段不完全性骨折。有人報告半數以上的足球運動創傷是由於運動員的不良行為而引起，值得我們注意。

運動創傷發生的原因是複雜而多樣化的，一些次要原因就沒有必要加以敘述了。

（七）運動創傷預防的原則

根據對運動創傷發生原因及各項運動創傷特點的分析，並綜合文獻資料，我們認為下列各點是預防運動創傷的基本措施。

1.要慎重地組織、編排和進行體育教學、運動訓練及比賽工作，避免任何細微的缺點出現，運動場地、器械、服裝設備應盡可能符合標準，要注意維持場地秩序，避免發生衝撞。

2.經常教育體育運動參加者要有高度的組織性、紀律性，嚴格遵守競賽規則，培養社會主義的優良體育道德。

3.運動員在平時要進行全面鍛鍊，要遵守循序漸進的原則，訓練及比賽前要充分做好準備運動，運動進行中應有相應的保護措施。

4.廣泛開展醫務監督工作，運動員應定期接受體格檢查，獲得醫師的允許。運動員、教練員及工作人員應熟悉專項運動創傷發生的原因及預防原則，

並努力在實際活動中貫徹執行。

　　5.發生創傷事故後必須進行研究和分析，並追究責任，以便採取措施預防創傷再次發生，任何將運動創傷簡單歸於偶然因素的做法都是不對的。

　　最後必須指出：預防運動創傷是一件複雜的工作，它要求運動員、教練員、醫師和其他體育工作者（如運動會組織者、場地管理人員等）密切合作與創傷做鬥爭。同時，也應該明確運動創傷並不是不可避免的，在社會主義制度下已經具備了充分的條件將運動創傷減少和減輕到最低限度。作者希望本文能引起對運動創傷預防工作的進一步重視。

四、總結

　　本文報告我院附屬第一醫院外科門診1954至1956年間運動創傷421例，發病率為同期創傷總數的9.1%，較文獻材料高出6倍。421例中，輕傷占67.9%，中等度傷占23.3%，重傷占8.8%。重傷患者中有3例死亡，占總例數的0.71%。

　　創傷發生部位以上肢為最多（46.6%），以下依次為下肢、頭頸部及軀幹。發生創傷最多的運動項目是球類運動（40%）、體操（23.2%）及田徑運動（18.5%）。創傷種類方面最常見的是挫傷（36.4%）、骨折（22.1%）等。

　　對球類運動等4個主要項目發生創傷的特點進行了分析。對發生運動創傷的原因進行了討論並列舉典型病例說明之。最後並提出5點預防運動創傷的原則，供實際工作參考。

五、參考文獻

1. Breitner, B.: Sportschaden und sportveletzungen, S. 161-169, Ferdinand Enke Verlag Sturrgart, 1953.

2. 曹璽環譯，《運動外傷預防》（北京：人民體育出版社，1955）。

3. 克拉斯諾賽爾斯基教授，《體育的醫師督導講義》（北京，1956），頁105。

　　　　本文原發表於《中山醫學院科學論文集》第19輯（1964），頁14-20

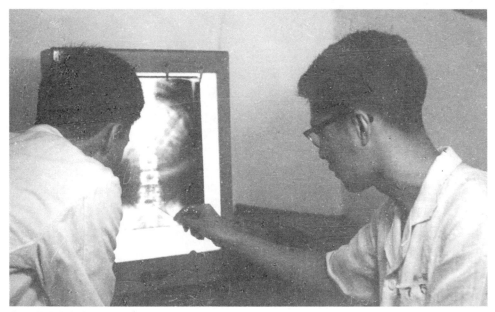

與同事研究病情。

第二篇　「足球運動員踝關節」的初步研究

運動創傷門診及放射學教研組　林馨曾、卓大宏、蕭官惠

近20年來，國外運動創傷專家Morris（1943）、Mc Murray（1950）、McDougall（1955）、O'Donoghne（1957）、Webster（1957），及Klose（1959）等人相繼觀察到運動員的踝關節常有局限性骨質增生（踝關節贅），以足球運動員特別多見，對訓練及比賽有一定影響，國內至今尚未見有文獻報導。為了瞭解本病在中國足球運動員中的發病情況及其影響，作者於1962年在運動創傷門診開始系統觀察本病，並於1963年春對中國著名足球運動員150人的踝關節進行了臨床和X光檢查，現將結果報告如下：

一、材料及方法

（一）研究對象

中國北京體院、上海、「八一」、廣東等7個優秀足球隊的運動員150人（平均年齡24.8歲，平均球齡6.1年）。

（二）研究方法及內容

包括訓練情況及技術特點的分析，踝關節的傷病史調查，臨床和X光照片檢查及治療情況等項。

（三）對照觀察

共100人，包括：（1）足球以外的其他運動員50人，其中有廣州體院男運動員31人（籃球12人，體操11人，田徑8人）及中山醫學院男運動員19人（平均年齡22.6歲）；（2）非運動員50人（中山醫學院學生及普通青年各25人，17至28歲，男性）。

二、結果

（一）發病率

根據X光照片所見，在150名足球運動員中，發現118人（78.6%）的踝關節有不同程度的局限性骨質增生（骨贅，或稱骨刺）現象。其中，80人雙側發病，38人單側發病（右側26人，左側12人）。對照觀察共100人，骨贅發病率為25%，其中50名非足球的其他運動員有23人（46%）發病，50名非運動員青年有2人（4%）發病（表1、表2）。

表1　不同組別青年踝關節骨贅的發病率比較

發病率 ＼ 骨贅程度 ＼ 組別	無骨贅	踝關節骨贅					
		一度	二度	三度	四度	合計	發病率
足球運動員150人	32	53	35	24	6	118	78.6%
其他運動員50人	27	15	5	3	0	23	46%
非運動員50人	48	2	0	0	0	2	4%

表2　足球運動員300個踝關節的骨贅發病率

發病率 ＼ 骨贅程度 ＼ 踝關節數	無骨贅	踝關節骨贅					
		一度	二度	三度	四度	合計	發病率
300個踝關節（足球）	102	98	60	32	8	198	66%

（二）X光徵

我們採用雙側踝關節側位X光照片檢查（其中107人加照雙踝前後位照片），發現主要X光徵是踝關節有不同程度的局限性骨質增生，出現部位（以踝關節數計）以距骨頸頂部（159次）及脛骨遠端前緣（135次）為最多，較少見於距骨後方及脛骨內踝等處（圖1）。根據X光檢查所見，我們把骨贅按病變輕重程度分為4級：第一度：骨質增生，形成局部骨質變尖，骨面比較粗糙，共53例（44.9%）；第二度：較明顯的骨質增生，可以劃出其基部

及尖端，形成骨刺狀，共35例（29.7%）；第三度：在第二度基礎上有骨質斷裂或骨碎片脫落，共24例（20.3%）；第四度：有多個碎骨片脫落，共6例（5.1%）（圖2至圖6）。此外，在少數骨贅嚴重的病例中，還可見到下列X光徵：脛骨遠端前緣骨質較緻密，關節面前後緣略呈不平滑及距骨稍變扁。

（三）症狀及體徵

在有骨贅的118例中，91例（77.1%）有主訴或體徵，27例（22.9%）無任何症狀。將118例按其症狀輕重分為4級：（1）無症狀，27例；（2）輕度（僅有輕微主訴或體徵），51例；（3）中度（有較明顯的主訴及體徵，對訓練尚無明顯影響），28例；（4）重度（主訴及症狀較重，對訓練有較明顯的影響），12例。骨贅程度與症輕重之間的關係見表3。

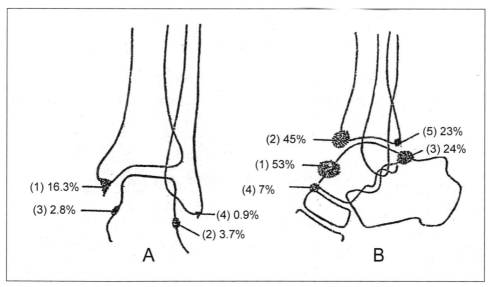

圖1　足球運動員的踝關節骨贅出現部位及頻數（%）

A：（根據214張前後位X光照片）　　B：（根據300張側位X光照片）
（1）脛骨內踝35次　　　　　　　　　（1）距骨頸頂部159次
（2）距骨外踝關節面8次　　　　　　　（2）脛骨遠端前緣135次
（3）距骨內踝關節面6次　　　　　　　（3）距骨後結節72次
（4）腓骨外踝2次　　　　　　　　　　（4）距舟關節面21次
　　　　　　　　　　　　　　　　　　（5）脛骨遠端後緣7次

表3　骨贅與症狀輕重關係

骨贅程度　　症狀輕重	一度	二度	三度	四度	總數
無症狀	17	7	2	1	27
輕度	25	17	7	2	51
中度	10	9	9	0	28
重度	1	2	6	3	12
總數	53	35	24	6	118

　　典型的症狀是脛距溝部有壓痛及運動時痛。疼痛的特點為準備運動（即開始活動時）痛，運動中痛較少，劇烈運動及比賽後痛加劇，休息後緩解；有時訴急跑及跳躍時痛，用力踢球時痛，少數訴踝關節運動不靈活，臨床檢查見疼痛及壓痛多局限在踝關節前方；主動及被動蹠屈背伸及內翻均可引起疼痛；少數在壓痛部位見輕度腫脹（有時為骨質突起）；骨贅嚴重者踝關節運動範圍較小（表4及表6）。

表4　91例踝關節骨贅的主要症狀及體徵

症狀及體徵	主訴							臨床檢查								
	踝關節痛						運動不靈活	壓痛		主動運動痛			被動運動痛			摩擦感	局部腫脹
	準備運動痛	運動中痛	運動後痛	急跑痛	跳躍痛	踢球痛		踝關節前方	踝關節後方	背伸痛	蹠屈痛	內翻痛	背伸痛	蹠屈痛	內翻痛		
例數	29	9	39	24	27	42	19	67	21	18	30	24	18	30	28	19	18

（四）發病因素

　　1.年齡：年齡愈大，球齡愈長，運動等級愈高者發病率愈高，骨質增生愈明顯（表5）。25歲以上及6年球齡以上者發病率分別為86%及87.3%，且三至四度骨贅者比例較高；25歲以下及6年球齡以下者發病率分別為74.2%及70.8%，三至四度骨贅者比例較低。44名運動健將與106名一級運動員比較，前者發病率較高，增生程度尤為嚴重。在有骨贅的36名運動健將中，二、三、

四度骨贅者占26例（72.2%）；而在有骨贅的82名一級運動員中，二、三、四度骨贅者僅占39例（47.5%）。從位置看：57名前鋒中有49人（86%）發病，發病率最高，骨贅程度亦較重；前衛（77.7%）及後衛（76%）次之：16名守門員中有10人（66.5%）發病，發病率最低，骨贅程度亦較輕。

2.體重：發病情況與運動員體重無關（表5），體重70公斤以上的運動員的發病率與體重70公斤以下的運動員比較無明顯差別（分別為79.7%及78%）。

3.創傷史：發病情況與踝關節創傷史有明顯關係。在198個有骨贅的踝關節中，71.8%有一次至多次創傷史，其骨贅程度亦較重。例如在有多次創傷史69個發病踝關節中，二、三、四度骨贅者占61%；而在無創傷史的56個發病踝關節中，二、三、四度骨贅者僅占39.2%。踢球腳與支撐腳的發病情況完全一致（發病率同為6.6%，骨贅嚴重程度亦相近）。

表5　年齡、球齡、體重與病變程度的關係

病變程度 發病因素	無骨贅	一度	二度	三度	四度
平均年齡（歲）	23.9	24	25.7	26.1	27.2
平均球齡（年）	5.3	5.6	6.7	7.1	7.5
平均體重（公斤）	68.3	69.3	68.5	68.5	66.1
平均體重身長指數體重（克）／身長（釐米）	389	399	396	395	375

三、典型病例介紹

胡××，男，27歲，X光號166010，足球一級運動員（前衛），球齡8年。

（一）主訴

開始活動時及劇烈運動後右踝關節疼痛已3年，疼痛逐漸加劇，現快跑及跳躍時均有疼痛，對技術及身體素質（特別是速度及彈跳力）的提高有一定影響，但至今仍能堅持參加足球運動，右踝關節有多次捩傷及挫傷史。

（二）臨床檢查

右踝關節前方有壓痛，前內方並可捫得黃豆大之硬實腫物，被動強力背伸踝關節時踝關節前方有撞擊痛。踝關節活動尚好。X光檢查（右踝關節正側位照片）報告：脛骨內踝下方骨質變尖，脛骨遠端前緣密度增高，骨質增生變尖，脛骨遠端關節面前方骨質有輕度不平，距骨頸頂部明顯之骨質增生突起，有可疑斷裂現象，距骨後方骨質延長，邊緣不甚整齊。診斷為「右踝關節第三度骨贅」（圖4a）。病者曾多次接受蠟療、紅外線照射、按摩及制動等保守治療，治療後症狀緩解，但參加大運動量訓練及激烈比賽後又加劇。

四、討論

（一）命名及發病率問題

本病之命名尚未統一，亦未見有較全面的發病率資料，英國學者稱本病為「足球運動員踝關節」（Footballer's ankle）；他們認為本病為足球運動員所特有，但未提出發病率資料，並缺少其他項目運動員資料對比。美國學者稱本病為「距骨和脛骨撞擊性外生骨贅」（Impingement exostoses），認為凡經常從事運動的青年運動員均常發生本病。O' Donoghue觀察120張大學生運動員的踝關節側位X光照片，發病率為45%，而非運動員為16%；Webster的資料是運動員50%有踝關節骨贅，非運動員則無此現象。但他們都沒有指出本病在哪一項目的運動員較多見，德國學者Klose則把本病稱為「脛骨和距骨骨旁性外生骨贅」（Parostalen Exostosen）。根據我們的材料，本病雖非足球運動員所特有，但在足球運動員踝關節上的骨贅發病率較高，病變及症狀比較典型。因此，我們認為稱此種病變為「足球運動員踝關節」是恰當的。

（二）發病因素及機制問題

根據我們的材料，年齡、球齡及運動技術水準與發病情況明顯有關，從事運動的強度與踝關節損傷的程度對發病有肯定的影響，可能是由於參加訓練及比賽的年限愈長，運動強度愈大，則踝關節受到的微小創傷也愈嚴重。據觀

察，在足球比賽中，前鋒及前衛的活躍強度（奔跑距離及射門等）較大，守門員的活動強度較小，這可能是他們發病率較高或較低的原因之一。Mc Dougall曾指出，後衛須大腳踢球和體重較大的運動員，其骨質增生均較明顯，這2點未得到我們的材料的支持。

　　本病的發病機制仍有爭論，主要有2種不同的意見：第一派主張過度蹠屈使關節囊及韌帶受反覆牽扯，發生微小損傷，是引起骨質增生性反應的直接原因（1）、（2）、（6）；第二派認為足踝反覆強力背伸時脛骨遠端前緣與距骨頸直接撞擊的反應就是骨質增生（4）。根據我們的觀察：運動員踢球時踝關節極度蹠屈而牽扯關節囊的韌帶，同時又受到球的直接撞擊是發病的原因之一，這從蹠屈踢球及主動蹠屈引起疼痛可以得到證明；但踝關節強力背伸對發病的影響更為明顯。O'Donbghue曾指出，在距骨頸頂部並無關節囊及韌帶附著，該處的骨贅形成是直接撞擊的結果。我們曾在X光透視下觀察踝關節屈伸運動時骨贅的位置，發現距骨頸頂部，脛骨遠端前後緣及距骨後方的骨贅均處在關節囊內；又從圖4b、圖4c可見當踝關節強力背伸時脛骨遠端前緣與距骨頸頂部的骨贅是直接相撞的，當踝關節極度蹠屈時距骨後結節與脛骨遠端後緣亦相互接觸，踝關節不斷屈伸發生撞擊，不可避免地會產生骨質增生性反應；在少數骨贅嚴重的病例中所見到的距骨變扁，及脛骨遠端前緣骨質較緻密等現象，也是反覆撞擊擠壓的結果；從現場觀察可見運動員踢球時踝關節極度蹠屈而同時支撐足踝關節則強力背伸（圖7），分析踢球腳與支撐腳的發病率則完全一致；在臨床檢查中，強力背伸常引起脛距溝的撞擊痛。此外，籃球、田徑、體操等運動員在訓練中一般極少因過度蹠屈而引起關節囊韌帶的損傷，但他們經常在跑跳中引起踝關節的背伸撞擊，故其踝關節骨贅發病率亦達到46%，骨贅出現部位亦與足球者相似。總而言之，踝關節的微小創傷和勞損，特別是踝關節之骨面在跑跳及踢球時受到反覆的互相撞擊，為骨贅形成的主要原因；踝關節過度蹠屈牽扯關節囊及韌帶同時受球的直接撞擊加重了踝關節的損傷，使足球運動員的踝關節骨贅發病率明顯增高

（三）症狀及其影響問題

　　骨贅愈嚴重則症狀愈明顯，脛骨遠端前緣及距骨頸頂部有對應骨贅者症狀

及體徵亦較明顯。由表3可見：在27例無症狀的病例中，24例是一至二度骨贅（其中12例單純脛骨或距骨有骨贅，12例脛骨遠端前緣與距骨頸頂部有對應骨贅），2例有三度骨贅而無症狀者分別為單純脛骨遠端前緣骨贅及單純距骨頸頂部骨贅；1例四度骨贅而無症狀者為一有12年球齡的老運動員，過去踝關節有典型的疼痛，但近3年來改行教練，停止訓練後症狀完全消失。症狀重度者共12例，其中11例脛骨遠端前緣及距骨頸頂部有對應骨贅，另1例則在距骨有多數骨贅及碎骨片存在。此12例中，四度骨贅占3例；三度骨贅占6例；只有3例為一、二度骨贅，此3例過去均曾有多次踝關節創傷史，可能加重了其症狀。

　　本組病例出現症狀的比較多，其中準備運動痛及摩擦感是文獻未提及，踝關節的摩擦感多發生在骨贅較明顯的病例。在主訴中，疼痛絕大部分固定在踝關節前方，亦有少數訴踝關節後方疼痛或不能指出明確的痛點。急跑及跳躍痛主要發生在支撐足即將蹬起或落地時，與背伸撞擊有關，踢球痛則發生於踝關節極度蹠屈而受球撞擊時，踝關節的壓痛最多發生脛距溝，疼痛部位和性質與骨贅情況基本符合。至於主動或被動蹠屈及內翻引起疼痛的例數較多，可能與關節囊及韌帶受牽扯有關，因為臨床上骨贅常引起周圍軟組織的損傷性炎症，且踝關節在振傷或挫傷後關節囊及韌帶亦常遺留輕微的疼痛症狀。

表6　骨贅對踝關節運動範圍的影響

運動範圍 ＼ 骨贅程度	無骨贅	一度	二度	三度	四度
踝關節屈伸運動範圍（平均值）	72°	70°	70°	66°	60°

　　本病總的症狀表現並不嚴重，全部118名運動員均能繼續堅持足球訓練及比賽。但是，慢性反覆發作的疼痛，運動量愈大，症狀愈明顯。由於疼痛而妨礙完成劇烈及用力動作，常須休息及進行治療，這些情況對運動員的系統訓練及技術水準和身體素質水準的提高有一定的影響，並長期造成運動員精神上的威脅。此外，足球運動要求有最大限度的踝關節運動範圍及靈活性，而骨贅嚴重的運動員常主訴踝關節不靈活。同時，我們曾檢查全部足球運動員的踝關節

運動範圍（以外踝下方為中心，沿足外側緣及小腿縱軸檢查踝關節充分背伸及蹠屈時的運動範圍），發現踝關節骨贅愈嚴重者其運動範圍愈小（見表6）。由此可見，本病對足球運動員雖無嚴重影響，卻仍值得重視。

（四）診斷問題

臨床上本病常誤診為踝關節陳舊性挫傷而進行長期治療，我們認為，凡運動員有慢性反覆發作的踝關節疼痛時，應做X光照片檢查，診斷即可明確。

X光診斷方面：須與（1）踝關節陳舊性骨折及（2）踝關節子骨鑑別，特別是距骨後結節脫落的碎骨片須與三角骨相鑑別。

（五）治療及預防問題

無症狀者不須任何治療，但須適當安排訓練及採取措施預防骨贅不斷發展及症狀出現。症狀輕者，適當休息和減輕運動量即可緩解或消失；症狀較重者，可做理療、按摩、醫療體操及制動等保守治療。文獻報告除較嚴重病例，保守治療效果良好。本組足球運動員只有7例曾因本病在我院治療，我們採用的方法是蠟療或紅外線照射，同時做按摩，並囑減運動量，自行踝關節不負重下的功能活動，短期療效甚佳，7例均於1至2個療程後症狀緩解或消失，但停止治療，恢復大運動量訓練後有5例復發，其中3例曾多次發作，對2例復發病例曾試用Prednisolom（強的松）局部注射，分別在注射1次及3次後症狀消失。文獻報告對症狀嚴重而又必須繼續從事運動者施行手術將骨贅切除，療效甚佳，本組病例中未有因上述情況而需要手術治療者。

本病未有有效的預防方法。據本組病例分析，我們認為下列措施可以收到一定的預防或抑制骨贅發展的效果：

1.適當掌握運動量，減輕訓練強度。

2.防治反覆發生踝關節創傷。

3.加強對踝關節周圍韌帶、肌腱及關節囊等軟組織的訓練。

4.掌握全面多樣的足球技術，使運動負擔不過分集中於某部。

5.適當地彈性繃帶固定和保護踝關節。

五、總結

　　「足球運動員踝關節」係指多發於足球運動員的踝關節局限性骨質增生（骨贅）現象，是在多年的運動訓練及比賽中踝關節反覆發生微小創傷及勞損而引起的骨質增生性反應，踝關節骨面互相撞擊為骨贅形成的主要原因，對運動員的系統訓練及技術提高有一定的不良影響。本文報告作者對中國150名足球運動員的踝關節的初步研究，發病率為78.6%。對「足球運動員踝關節」的命名及發病率、發病因素及機制、症狀及其影響、診斷、治療及預防等問題均複習文獻並進行了討論。

（參加本研究技術工作的尚有陳展英、潘橋、杜本荊、曾蒲珠、居燕萍、鄭壯奎等同志）

六、參考文獻

1. Morris, L. Athlete's ankle, Jour. Of Bone & Joint Surg. 25, 220, 1943.

2. Mc Murray, T. P., Footballer's ankle, Jour. Of Bone & Joint Surg. 32-B: 68, 1950.

3. Mc Dougall, A., Footabller's ankle, Lancet, 209: 1219, Dec., 1955.

4. O'Donoghue, D. H., Impingement exostoses of the talus and tibia, Jour. Of Bone & Joint Surg. 39-A: 835, 1957.

5. Webster, F. S., (discussion), ibid, p. 852.

6. Klose, H., Traumatologie des Sports, S. 26-30, Sportverlag, 1958.

本文原發表於《中山醫學院科學論文集》第19輯（1964），頁1-9
本文為參加全國第八屆外科學術會議（1963，北京）論文

第三篇　田徑運動創傷的預防

醫學體育教研組　林馨曾

作者分析研究了廣東田徑隊有紀錄可查的164次受傷病例，結果如下表。

表1　田徑運動創傷分類

創傷性質／運動項目	關節與肌肉捩傷	局部過勞性損傷	肌肉與韌帶撕裂傷	挫傷	擦傷	脫臼	刺傷	總數
短跑	8	21	3		1			33
中長跑	6	21	1		1		1	30
跨欄跑	5	11	6	7	1			30
跳高	9	4	1	3				17
跳遠	8	7	1	1		1		18
三級跳遠	2	4		3				9
撐竿跳高	3							3
鉛球	11							11
標槍	6		2					8
手榴彈	2	1						3
鐵餅	2							2
總數	62	69	14	14	3	1	1	164

　　從表1可以看出，「局部過勞性損傷」最多，共有69例，占總數的42%。關節與肌肉的捩傷也較多，擦傷較少。

　　從受傷的部位看，下肢占絕大多數，共126例（占76.8%）；上肢22例（占13.4%）；軀幹部16例（占9.8%）。全部病例中，踝關節傷最多，共28例（占17%）；其次是足部受傷，共25例（占15.2%）；膝關節傷共21例（占12.8）。

　　從運動項目看，短跑、跨欄、跳躍等項受傷最多。而一般認為很少受傷的中長跑，在我們的病例中竟和跨欄相等，居於第二位，而且其中的21例屬「局部過勞性損傷」，這不能不引起特別注意。投擲項目受傷的一般較少。

我們分析了各單項中受傷的情況，局部過勞性損傷多發生在短跑、中長跑和跨欄運動員中。在14例撕裂傷中，9例發生在短跑及跨欄運動員中，這和他們高速和強力的後蹬有關。跨欄運動員的7例挫傷，都是膝、踝關節碰欄而引起的，這和他們柔韌性不夠好有關。跳高及跳遠運動員中最常見的是挫傷，其中多數是踝、膝關節挫傷，也發生過腰部挫傷。三級跳運動員的3例挫傷都在足跟部，這和他們踝關節力量不足及踏跳技術不夠正確有關。撐竿跳高的3例創傷中，1例是在落地時踝關節發生挫傷，2例是過竿時發生的腰部挫傷。投擲運動員的創傷絕大多數是挫傷，如擲標槍時肘關節和腰部的挫傷較多；推鉛球運動員的11例挫傷中，有6例是在指關節。

有關各運動項目創傷的產生、預防原則等問題和教科書上的材料大同小異，這裡不多談。現只就下面幾個問題提出一些看法。

一、關於局部過勞性損傷

我們將有下列特點的病例列入「局部過勞性損傷」（以下簡稱勞傷）：

1.多發生在訓練中負擔最重的支撐運動器官，傷者不能明確說出受傷的時間和受傷時情況的慢性傷。

2.開始時傷處僅略感不適，以後運動時有疼痛感（以傷處做支撐及用力動作時最痛）。嚴重的，傷處可有明顯的壓痛，痛的範圍較廣，有時傷者不能明確指出痛點的所在，但所有病例傷處均無明顯紅腫。

3.深入追詢受傷原因時，多數傷者均認為是由於跑或跳得太多引起的。

從表2可見，最常見而有代表性的是小腿脛骨膜勞傷（多在脛骨前緣下1/3處）及足蹠的勞傷。特點是傷處都有無紅腫的疼痛，特別在做後蹬或踏跳如動作時疼痛較明顯（當跳或蹬時，足弓及小腿脛骨部都是作用力通過的地方）。嚴重的，脛骨前緣骨膜勞傷會向慢性骨膜炎症發展，局部有骨膜增生的現象，我們稱之為「慢性勞傷性脛骨骨膜炎」。幾乎全部局部過勞性損傷都發生在跑、跨欄及跳躍運動員，特別是以跑及跨欄運動員占大多數（76.9%）。這種傷又多在運動員不知不覺中開始，處理不當，往往拖延很長的時間不能痊癒（最長的達4個月之久），而且容易復發。

表2　局部過勞性損傷分佈情況

部位 運動項目	脛骨前緣	足蹠	膝關節	胻骨部	跟腱	踝關節	其他	總數
短跑	6	7	3	3	2			21
中長跑	6	5	2	3	3	1	1	21
跨欄	6	1	2		2			11
跳高	1	1	1			1		4
跳遠	2	4				1		7
三級跳遠	1	1	1				1	4
其他							1	1
總數	22	19	9	6	7	3	3	69

　　從蘇聯有關田徑運動創傷的資料看，這種傷是不多見的。據我們觀察初步認為，這類傷之所以多，有下列幾個主要原因：

　　1.場地太硬：去冬今春廣東下雨很少，二沙頭的田徑場保養不好，跑道很硬，在訓練時雖然經常灑水，但一般灑的範圍僅限於離起跑線30公尺以內，而且灑得不透。因之，在下肢著地時，會引起過強的抗力和震動，這對運動員顯然是不利的。同時，有不少運動員在硬的公路上做長距離越野跑而受傷，也證明了在太硬的跑道上練習，是引起勞傷的主要原因。近2個月來連續下雨，跑道較鬆，很適於練習，勞傷就顯著減少。

　　2.練習內容比較單調，變項練習較少：去冬今春，運動員處在準備期，運動量較大，跑得多，跳得多。但不論是加速跑、反覆跑、行進間跑、變速跑、越野跑等名目雖多，實際上在後蹬時作用力都集中在下肢比較固定的各點上。做單足跳、多級跳、跨步跳和原地跳等跳躍練習時，情況也是如此。結果由於下肢負擔太重、太集中，便造成了勞傷發生的條件。

　　3.跑的技術不好：這主要是指跑時前蹬的技術不好，結果跑時下肢著地的阻力增加，加重了足部和小腿的負擔；其次是有個別運動員跑時全掌和足跟落地，結果在跑的距離長了或在公路上做越野跑，便引起足跟部的勞傷。

　　4.釘鞋不標準：我隊大多數運動員的釘鞋釘子都是又短又鈍的，這樣的釘鞋在過硬的跑道上跑當然震動更大，傷更易發生。

　　因此，我們認為這類傷是完全可以預防的。具體措施是：將太硬的跑道翻修，或練習前多灑水，灑透；練習內容要多樣化和更全面些，使肢體的負擔不要太集中；改進跑時下肢著地的技術，盡可能配備較好的釘鞋，不可能時則少穿釘鞋練習（一般練習最好穿有海綿墊的膠鞋，只在快速跑時才穿釘鞋），這樣勞傷當可減少到最低的限度。

　　發生了勞傷怎麼辦？我們曾觀察不同處理方式的效果：一部分運動員受傷後完全停止練習，進行治療（主要是做物理治療），這樣在短期內可以痊癒，但由於受傷部位對練習不適應，因此以後較易復發；另一部分運動員認為這是輕傷，仍照常練習，不積極治療，結果傷勢加重，嚴重影響訓練，而且使治療增加困難。比較合理和有效的處理是，受傷後積極治療，並按傷的輕重減輕運動量，仍保持適當的較輕的後蹬練習（最好在鋸末跑道上慢跑）。這樣，傷可在短期內痊癒，同時由於保持了輕的練習，傷處逐漸適應並增強了對後蹬的負擔能力，復發的可能性大大減少，而且訓練水準也得到一定程度的保持。不過，在恢復訓練時，最重要的還是注意消除發生損傷的原因。

二、關於準備活動

　　準備活動不好或不充分是發生創傷的主要原因之一。不少運動員在開始用最大速度跑時拉傷肌肉，個別運動員乾脆就告訴醫師準備活動沒做夠就去跳高，結果捩傷關節。因此，並不是運動員在練習和比賽前不做準備活動，而是做到什麼程度才算夠，才算充分，有什麼標準沒有？根據我們的觀察，大多數運動員是以出汗情況來衡量的，這顯然不夠全面。因為出汗多少總是以外界環境為轉移的，天氣較冷的北方或冬天可能做了很多活動還不出汗，南方天氣較熱，輕微活動就滿頭大汗。所以我們認為，在所有田徑運動項目的準備活動中，均應包括一般性活動及專門性活動：前者主要作用是動員機體各器官系統活動能力，使之逐漸適應訓練及比賽中最大強度的負擔量；後者則使運動動作及技巧的條件反射聯繫恢復和鞏固，並使肢體逐漸達到最大強度的專項活動時所需要的幅度和力量。根據上述要求，準備活動做得是否充分最少應從下列2方面去檢查：

（一）脈搏逐漸增加至120-140次／分，這時，可以認為內臟器官（主要是心臟血管系統）已經動員起來，能夠負擔最大強度的活動了。要注意的是逐漸增加，如果準備活動一開始就做快速的跑步，脈搏當然可以迅速增加至140次／分或更多，但這種突然增加是與準備活動的原則不相符合的。

（二）肢體動作的頻率幅度和力量要接近或達到最大限度，如短跑運動員應該在準備活動的最後做1至2次最高頻率及最大步幅的短距離衝刺，投擲運動員要做1至2次全力或接近全力的投擲等。當然，這也要在循序漸進的原則下進行。如果準備活動達到了上述要求，我們認為從生理及解剖的觀點上看，可以說是做得充分了，但是，每個運動員的特點不同，在達到這樣要求的同時，還必須結合個人的特點。

三、受傷後的訓練問題

對運動創傷治療的目的，是使創傷能迅速痊癒，恢復參加訓練及比賽的能力，同時，在治療的過程中盡可能保持身體的訓練水準。要達到這一目的，教練員和運動員必須與醫師通力合作。目前合作得並不好，這是應當改進的。從廣東田徑隊88名運動員受傷後的情況來看，有80%以上的運動員，沒有聽從醫師關於降低訓練量的勸告而繼續進行一般練習；有52%的運動員是反覆多次受傷的（最多的達5次）。同時，在治療上執行醫師的囑咐上也是很不夠的，經常發生間斷治療甚至不接受治療。很明顯，這是部分運動員受傷長期不能痊癒而嚴重影響訓練的主要原因。我們認為，當運動員受傷後，不論輕傷或重傷，在積極治療的同時應主動徵求醫師對訓練的意見，以便把治療、休息與訓練之間的矛盾統一起來，可以變項繼續訓練的就繼續訓練，需要減輕運動量或禁止某些練習的，甚至完全停止訓練的，都應堅決執行醫師的囑咐。醫師也應該深入到運動員和教練員中間去，共同研究妥善的辦法，以保證運動員健康地訓練，更快地做出好成績。

本文曾發表於《體育文叢》1959年第8期

查閱研究參考文獻。

第四篇　運動員的股屈肌損傷

中山醫學院運動創傷專科　林馨曾

　　股屈肌（股二頭肌及半腱半膜肌）損傷是較嚴重的運動創傷之一，傷後常使運動員長期中斷訓練，如治療不徹底或恢復訓練時掌握不好則極易反覆受傷。我院運動創傷門診由1962年至1964年6月共觀察和處理了運動員和舞蹈學生的股屈肌損傷共33例，現整理報導如下。

一、臨床資料

　　33例中，男性25例，平均21.8歲；女性8例，平均20歲；多為經過1至5年專項訓練的運動員及舞蹈學生。

表1　運動員股屈肌損傷的運動專項及致傷項目

致傷項目（動作）＼運動專項	足球	舞蹈	短跑	籃球	中長跑	划船	羽毛球	其他	總數
短跑	6		5	1		1		1	14
壓腿，劈腿		6			1			1	8
足球	4								4
踢腿		2							2
籃球				1					1
中長跑	1								1
跳遠								1	1
舉重					1				1
羽毛球							1		1
總數	11	8	5	2	2	1	1	3	33

表1可見，運動專項對創傷的發生並無重要意義，重要的是致傷動作。如在受傷的11例足球運動員和2例籃球運動員中，分別有6例和1例發生在進行短距離衝刺時；因跳遠而引起的1例創傷是發生在短距離高速助跑後起跳時，其動作性質也是相同的。可見，因短跑（或短距離衝刺）而引起的股屈肌損傷最為常見。其次，是由於踢腿和劈腿等動作引起股屈肌（主要是肌腱）的損傷，這多發生在舞蹈學生當中。由練習箭步抓舉動作引起的損傷性質也有相似之處；4例足球運動員股屈肌損傷中，3例是在大運動量練習及比賽後發生的股屈肌勞損。

（一）受傷原因

20例有明確的紀錄，包括準備運動不足8例，疲勞5例，局部過度負擔4例，用力不當2例，及病後過早恢復練習1例。在33例中，13例有反覆受傷的病史，包括到我科治療前曾反覆受傷的10例，及治療後未遵醫囑早期參加過劇訓練而反覆受傷的3例，後者全部為一年級舞蹈學生，在治療痊癒後恢復訓練時掌握不好而再次受傷。

（二）受傷部位及類型

33例中左側受傷19例處，右側受傷17例處（3例股屈肌勞損均為兩側發病，故較總例數多出3例處）。受傷部位局限於股二頭肌者9例，局限於半腱半膜肌組者6例，兩組肌肉同時受傷者18例（包括坐骨結節處肌起部受傷的病例在內）。按照受傷部位及損傷性質，股屈肌損傷有3種不同類型：（1）股屈肌肌腹的損傷（拉傷和撕裂），14例；（2）股屈肌肌腱損傷（撕裂），16例；（3）股屈肌勞損，3例（圖1）。

症狀及體徵詳見表2。

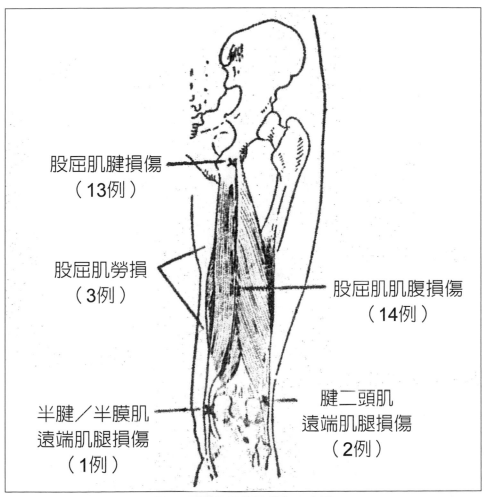

圖1　運動員股屈肌損傷示意圖

表2　運動員股屈肌損傷的症狀及體徵

症狀體徵	症狀				體徵								
	劇痛	響聲	肌肉牽拉感	步行困難	壓痛			踢腿痛	壓腿痛	抗阻屈膝痛	肌緊脹僵硬	腫脹	硬結
					肌腹	肌腱	廣泛						
例數	19	8	25	19	14	16	3	26	25	15	13	5	3

（三）治療及療效

主要治療手段為理療（蠟療、紅外線等）、按摩、Hydro-Cortison和Procain局部注射以及醫療體育。療程多為理療及按摩10至20次，Hydro-Cortison局注2至1次（間隔3至7天），醫療體育及按醫囑進行的恢復活動和訓練持續至傷後4至6週。33例中，痊癒的18例，好轉的8例，無效的2例，不明療效的5例（表3）。好轉的病例均為經我科短期治療好轉後即回原單位繼續治療者，無效的2例均為舞蹈學生的坐骨結節部肌腱損傷，單純用Hydro-cortison局注1次，不明療效的5例均為來診1次後即未再診者。

表3　運動員肢屈肌損傷的療效

	痊癒	好轉	無效	不明	總數
股屈肌肌腹損傷	10	1	0	3	14
股屈肌肌腿損傷	7	6	2	1	16
股屈肌勞損	1	1	0	1	3
總數	18	8	2	5	33

二、討論

（一）損傷機制

1.股屈肌肌腹的損傷：14例中12例發生在做短距離衝刺的過程中，其中多數在起跑後的15至30米處，亦即運動員用全力跑動接近最高速時；有2例則發生在跑至60至70米處，運動員想增加速度而突然用全力後蹬時。14例中的其他2例，分別發生在跳遠比賽助跑25米後踏跳時，及羽毛球練習中跨步向前接網前球時。可見其發生機制均與全力後蹬有關。還有一些傷者指出，當突然用力加速時，動作是有些勉強和不協調的。

本組病例發生損傷時的症狀比較典型，即在做短距離衝刺或踏跳用全力後蹬時突覺大腿後部劇烈閃痛並發出響聲，同時有急劇的肌肉牽拉及錯位的感覺，隨即不能繼續活動。此時，膝關節多數處於輕度屈曲位，不能伸直，亦不

能主動屈曲，走路亦有劇痛，被動活動患肢時有明顯的肌肉牽扯感，做直腿彎腰或壓腿動作時疼痛最明顯，並呈放射狀縱貫大腿後方。臨床檢查見股屈肌有痙攣及僵硬，損傷部位有明顯壓痛，少數並有輕度腫脹。

根據上述情況，我們認為股屈肌肌腹的拉傷和撕裂發生機制是當突然用力後蹬時，膝關節處於支撐屈曲位，受後蹬時的強大反作用力和股四頭肌猛烈收縮而迅速伸直，牽扯尚未完全放鬆的股屈肌而發生損傷的；輕的僅發生股屈肌的牽拉或一時性錯位，重者並發生肌纖維的撕裂。

2.股屈肌肌腱的損傷：16例中，13例為坐骨結節處肌起部的損傷，2例發生在股二頭肌遠端肌腱，1例發生在半腱半膜肌遠端肌腱。16例中，有10例發生於壓腿、劈腿或踢腿練習中，以8例舞蹈學生在練習中的受傷最為典型。此外，亦有發生於跳躍落地時膝關節過度後伸及箭步抓舉槓鈴練習中的。

本組病例的症狀主要為局限於肌腱處的疼痛和壓痛；疼痛有時明顯發生於某次用力做壓腿、劈腿或踢腿動作之後，亦可以在反覆做上述動作後逐漸發生。檢查時重複做這些動作，均有受傷部位的牽扯痛。

股屈肌為雙關節肌，在做壓腿踢腿等動作時髖關節極度屈曲而膝關節極度伸直。此時股屈肌處於過度牽伸的緊張狀態，還要起防止膝關節過度後伸的作用。因此，當股屈肌對這一負擔準備不足或動作過度用力時，就容易發生肌腱的撕裂傷。

3.股屈肌的勞損：共3例，均為足球運動員。每於大運動量訓練及比賽後大腿後方不適，初為勞累感及酸痛，繼則有牽扯感及疼痛，影響快跑及踢球動作。檢查時可見股屈肌有普遍性輕壓痛，踢腿及壓腿有牽扯感。

足球運動員對股屈肌的訓練一般極少注意。因此，在大運動量訓練及比賽中因過勞及為防止膝關節過伸（當後蹬及踢球時）而受反覆牽扯，常易發生勞損。

（二）損傷的原因和預防

1.準備運動不足，是引起股屈肌拉傷的重要原因。在前述8例因準備運動不足致傷的病例中，有5例發生在開始練習短距離衝刺或剛上場參加比賽的10分鐘內。在舞蹈學生的股屈肌腱損傷中，也有2例發生在一開始練習就做過劇

的壓腿和踢腿動作時。這些都說明，在激烈的練習或比賽前做充分的準備運動對預防創傷起著重要作用。

2.股屈肌訓練不足也是引起損傷的重要原因之一。例如8例舞蹈學生的股屈肌腱損傷中，多數均有關節及股屈肌本身柔韌性不好的情況，因而常在舞蹈練習前後增加壓腿踢腿的練習，甚至在練習中由同伴加以外力的幫助（如搬腿及摺腹等）。這樣，股屈肌就經受不起過度的牽扯，遂發生損傷。股屈肌的勞損是對訓練和比賽的負擔不能適應的表現，也與股屈肌平時訓練不足有關。當股屈肌在活動過程中肌肉緊張僵硬及動作不協調時容易受傷，這也是股屈肌訓練不足的一種表現。我們觀察到不少股屈肌拉傷病例都是發生在突然加速或已達到自己最高速度而仍欲加力追趕對手時；這時傷者都有動作不協調的感覺。在14例因短距離衝刺受傷的病例中，有8例非短跑運動員（6例足球，1例籃球，1例划船），他們對短跑的技術動作都不熟練，動作也不夠協調。

疲勞致傷的5例均有連續大運動量訓練及比賽史，受傷前已有全身疲勞感覺。局部過度負擔的4例是連續做後蹬壓腿或踢腿動作過多後受傷的。其中1例左足已有輕傷，但仍主要靠右下肢蹬出堅持練習長跑而發生損傷的。過度用力的2例中，1例是由同伴協助搬腿用力過度致傷，1例是自己做壓腿練習用力過猛所引起的。

3.預防的方法：預防並不困難，例如在任何情況下都要充分做好準備運動等。加強股屈肌的訓練也很重要，訓練的內容應包括：（1）發展股屈肌柔韌性的訓練，主要是經常做壓腿踢腿等牽伸股屈肌的訓練；（2）股屈肌的力量訓練，包括向後踢腿（屈膝）的練習及抗阻力屈膝（靜力練習）的練習等；（3）在短距離衝刺中注意股屈肌與股四頭肌放鬆與收縮的協調性練習。

（三）治療和訓練安排

由表3可見，股屈肌肌腹的損傷療效較好，股屈肌腱的損傷療效稍差，這可能與各部組織的血液供應情況有關。我們認為，股屈肌肌腹的拉傷和撕裂應以按摩為主要治療手段，因按摩不但可以促進局部血液淋巴循環、消腫去瘀、促進新生，還可以理順因牽扯而發生一時性錯位之肌肉。特別是按摩可以視為一種適應性活動，為股屈肌恢復訓練創造有利條件。股屈肌肌腱的損傷則應以局部注射

Hydro-Cortison及Procain混合液為主，因一般肌腱受傷部位較深和局限，其他治療不易達到效果。Hydro-Cortison局部注射只要技術熟練、注射準確，對促進創傷癒合有很好效果。股屈肌勞損則以休息、配合理療和按摩效果為佳，一般5至7次治療即能痊癒；但恢復訓練甚易復發，這要靠醫療體育練習加以強化。

　　受傷後的訓練安排，對股屈肌肌腹拉傷的痊癒特別重要。以中等嚴重損傷為例，我們一般囑傷後第1週完全休息，進行治療；按摩多從第3天開始作為恢復活動的起點。1週後如步行時疼痛基本消失，即可開始做慢跑，並做輕的擺腿、壓腿等適應性練習。2週後開始中速跑，加強對股屈肌活動的適應性練習，並開始做少許強化股屈肌的練習。如做壓腿、踢腿等練習時疼痛已基本消失，則可將跑的速度逐漸加快。一般，最少4週後才允許參加正規訓練及做快跑練習。此時，應繼續做強化股屈肌的訓練，並應極力避免做高速衝刺和全力後蹬及踏跳的練習，以免復發；通常經6週後才允許參加比賽。股屈肌肌腱損傷時恢復訓練的安排也是相似的。這時，恢復致傷動作的練習，應特別慎重。股屈肌勞損當治療至疼痛基本消失時，即應轉入以強化股屈肌為主的練習中去，這樣才能避免勞損復發。

三、總結

　　作者通過33例運動員及舞蹈學生的股屈肌損傷的臨床觀察，將股屈肌損傷分為3種臨床類型。對不同類型損傷的發病機制和原因進行了分析，指出準備運動不足和股屈肌的訓練不足為損傷的重要原因，並提出于相應的預防措施。

　　對治療的分析表明，按摩配合理療、Hydro-Cortison局部注射，是有效的治療手段。

　　對恢復訓練的時間和方法進行了討論，強調在恢復致傷動作的訓練時應特別謹慎，以免引起創傷復發。

寫作及修改論文。

第五篇　排球運動員崗下肌萎縮症的初步報告

中山醫學院運動創傷專科　林馨曾、卓大宏、歐陽孝

近年來，我們在中山醫學院運動創傷門診觀察到部分優秀排球運動員在多年訓練及競賽活動後，出現扣球手同側崗下肌萎縮的現象，國內外文獻對此均甚少報導，為了深入瞭解這種病變的臨床表現，探討其治療方法，我們對3例病者進行了較詳細的臨床檢查，並試行治療，現將初步結果報告如下：

一、病例報告

（一）例一

黃××，男性，25歲，排球一級運動員。

1956年起開始專項訓練，1962年下半年起覺左肩胛部麻木，肌肉酸痛，能照常訓練；但左臂力量變差，未經治療，1963年8月發現左肩胛部凹下，肌肉萎縮，左手扣球無力，隨大運動量訓練而漸加重，運動稍久後即覺肩部不適，因此，除參加聯賽外，沒有參加正規練習。患者一向用左臂扣球，左肩曾3次損傷，經治療後痊癒，無其他病史。

物理檢查：左側崗下肌明顯萎縮，皮膚感覺無障礙，左肩運動範圍正常。握力左48公斤，右50公斤。電變性診斷結果為左崗下肌呈變性反應，部分失神經作用；電氣檢查結果為：時值與利用明顯超出正常值，強度時間曲線出現扭結。肌電圖檢查：所見符合脊髓前角細胞病變所致。活體組織檢查：手術時在崗下肌部隨同肌膜取出組織一小塊，當時肉眼觀察在該塊組織內未見有肌組織，乃在該活檢切口處繼續深入至骨膜部再取出組織一小塊，該兩塊組織均送往病理教研組檢查，經多次切片及做特殊染色，所見為結締組織及脂肪組織，未見肌組織。

治療方面：治療1年，包括停止訓練，做理療（感應電滾20次、按摩）。在頭10次感應電滾治療時，局部全無反應，未見到肌肉收縮；後10次則有刺痛

感，但肌萎縮毫無改善。以後患者因故中斷治療。此例觀察至今已接近1年，仍未見好轉。

（二）例二

賴××，男性，22歲，排球一級運動員。

1958年起開始專項訓練，1961年底起覺右肩胛部下方麻木感，當時不痛，以後開始有酸痛，並有肌萎縮，右臂扣球力量下降。但尚能堅持訓練，在大運動量時，肩胛下方肌肉疼痛增加，並累及頸部斜方肌。患者一向用右手扣球，過去扣球方式為手向下壓提小臂扣球，此動作能引起肩胛部疼痛；發現肌萎縮後，即改變扣球動作，改為向前方擊球，以後肌萎縮無繼續發展。

物理檢查：右肩關節較鬆弛，運動範圍正常，右側崗下肌比對側明顯萎縮，無感覺障礙。握力右40公斤，左40公斤。電變性診斷檢查結果為：右側崗下肌興奮性降低。電氣檢查結果為：時值與利用皆較正常值增高，強度時間曲線向右上移位，順應比值在正常範圍，顯示右崗下肌部分失神經支配作用。肌電圖檢查所見可疑為脊髓前角細胞病變所致。

治療方面：做過2次右肩胛上神經崗下肌枝局部注射，每次用醋酸氫化可的松25毫克加1%普魯卡因溶液4毫升，注射後數天內覺局酸軟及不適感減輕，但效果不持久。未做其他治療。

（三）例三

羅××，男性，25歲，排球運動健將。

1959年起開始專項訓練，並於1964年開始出現右肩後方麻痺酸痛及肌肉萎縮。自覺疼痛發生與扣球動作有關，每於右手在正前方直起直扣時覺肩後方發麻及不能用力；大運動量時有較明顯的不適感，休息後好轉。仍能堅持訓練，但揮臂速度減慢，扣球力量變差。患者一向用右手扣球，過去直上直落，用前臂力量較多，1964年初右臂曾捩傷一次。

物理檢查：右側崗下肌明顯萎縮，但做肩內旋動作時仍見有少許肌收縮，局部按壓有麻痺不適感，皮膚感覺無障礙。電變性診斷檢查：右側崗下肌興奮性降低。

治療方面：治療情況及反應與例二相同。

二、討論

　　崗下肌之單獨萎縮，文獻報告不多，有人曾記錄過體操運動員有肩胛上神經輕癱之例子。Bennett曾報導棒球運動員（尤其是投手），常常訴有崗下肌部明顯不適感，可能是由於肌炎引起，但更可能是由於肩胛上神經受激惹所引起；因為肩胛上神經在肩峰的基底部通過，而在投球時，肩胛骨向前移動，該神經可能受到刺激（圖1）。Bennett認為，如果從側方投擊球，對肩胛上部和前部的組織損傷都較少，而在前上方做頭上投球則傷害較大。

　　我們認為，排球運動員崗下肌的萎縮發生的機轉與棒球運動員的崗下肌不適感相似；因為作排球的扣球動作時，上肢極度向後上方伸展，然後向前下方用力扣擊，此時肩關節劇烈轉動，同時肩胛骨亦向前移動，肩胛上神經崗下肌在肩胛崗及關節盂間的切跡處受反覆的牽扯撕壓而發生慢性輕微損傷，終於引起崗下肌萎縮。當運動員把在前方直上直下扣球的姿勢改變為掄臂屈肘從側方抬起扣球後，症狀停止發展。至於肌電圖所見疑有脊髓前角細胞病變，可能是周圍神經損傷引起反射性的中樞病變所致。

　　本症預防方法主要應從扣球運動著眼。肌萎縮發生後，治療效果不滿意，我們曾仿效Bennett的方法做神經浸潤治療，但效果仍不理想。

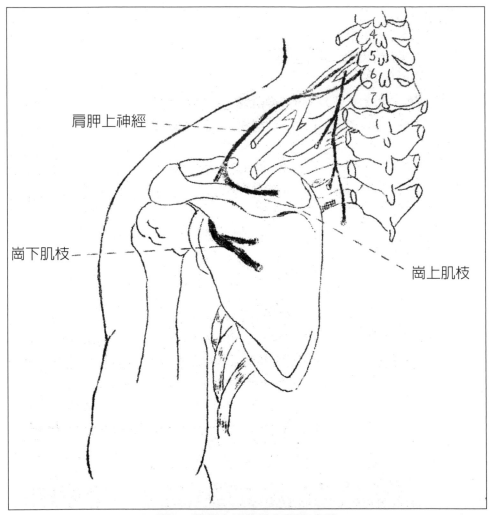

圖1　肩胛上神經的行程和分佈

第六篇　可的松及其衍化物治療運動性小創傷的療效分析

運動創傷門診　林馨曾、馮兆強

臨床上應用可的松及其衍化物局部注射治療運動小創傷的時間尚短，但其良好的療效已引起普遍重視。我院運動創傷門診近兩年來曾治療233例，亦獲得顯著療效。現將結果報告如下，供同道參考。

一、治療方法及療效

（一）治療方法

所用藥物均為國產製劑，包括：（1）醋酸氫化可的松（Hydro-cortison acetate）、（2）強的松（Prednisolon）、（3）醋酸可的松（Cortison acetate）。每次注射劑量為0.5毫升（12.5毫克，個別創傷範圍較大及關節內注射者用25毫克），混合於1-2%鹽酸普魯卡因溶液2至4毫升內，做局部浸潤（痛點）或關節內注射，隔3-5-7天注射一次，2至4次為一療程，最多不超過6次。注射方法文獻已有詳細描述。做關節內注射時，應特別注意嚴格的消毒操作。

（二）療效

療效的評定分4級：

1.痊癒： 症狀及壓痛消失，訓練時不痛。

2.顯著好轉： 症狀消失，壓痛顯著減輕，但參加運動時仍有少許不適。

3.好轉： 症狀及壓痛減輕，但仍不能參加正規訓練。

4.無效： 症狀無改變或加重。

治療運動小創傷233例，平均注射1.9次，用藥23.8毫克。除69例病者因未有再診不明療效外，其餘164例中，49例痊癒（30%），52例顯著好轉（31.5%），49例好轉（30%），14例無效（8.5%）（表1）。總的有效率達91.5%。223例中，用醋酸氫化可的松治療者108例，強的松治療者67例，醋酸

可的松治療者58例，3種製劑的療效比較見表2。

二、討論

　　在考慮用可的松及其衍化物作局部注射治療運動小創傷時，我們選擇的病例大多數屬於關節囊、韌帶、肌腱、肌肉的陳舊性挫傷和撕裂傷、慢性勞損、創傷性關節炎和腱鞘炎等，特別是一些痛點比較局限的病例，這些病例常常是經過長期理療、中藥治療、按摩及其他治療而未能徹底治癒的。當受傷部位有範圍較廣的疼痛和壓痛時，通常可先做1至2次療程理療及按摩，然後再進行仔細的檢查，找出壓痛最明顯的部位進行可的松及其衍化物的局

表1　可的松及其衍化物治療運動小創傷的療效分析

用量及療效 / 創傷性質	例數	平均注射次數	平均用量（毫克）	療效				
				痊癒	顯著好轉	好轉	無效	不明
關節囊及韌帶挫傷	76	1.9	23.4	19	10	18	4	25
韌帶撕裂傷	34	2.1	25.8	6	10	6	1	11
肌肉撕裂傷	19	1.3	16.3	5	6	3	0	5
髕骨軟骨勞損	15	1.6	40.0	0	3	3	0	9
關節勞損	14	2.3	28.8	6	3	1	1	3
肌腱損傷	13	2.5	31.3	3	3	5	1	1
足舟骨勞損	12	2.7	33.8	2	2	4	1	3
創傷性腱鞘炎	12	1.4	17.5	3	4	2	3	0
腰肌勞損	11	2.3	28.8	1	5	2	1	2
韌帶勞損	9	1.9	23.8	1	1	1	1	5
肩袖損傷	9	2.3	28.8	1	3	2	1	2
脛骨粗隆骨軟骨炎	5	2.0	25.0	1	1	1	0	2
膝脂肪墊損傷性炎症	4	1.5	18.8	1	1	1	0	1
總數	233	1.9	23.8	49	52	49	14	69

表2　三種製劑的療效比較

用量及療效　　藥物種類	例數	平均注射次數	平均用量（毫克）	療效				
				痊癒	顯著好轉	好轉	無效	不明
醋酸可的松	58	1.7	21.3	9	9	13	7	20
強的松	67	2.1	26.3	24	14	11	5	13
醋酸氫化可的松	108	2.0	25.0	17	29	24	2	38

　　部注射。急性的關節、肌肉、韌帶創傷有明顯的腫脹積瘀時，我們亦不急於用可的松及其衍化物局部注射治療，而是採用一般治療，約經過1至2週腫脹消退，痛點局限後再用。

　　由表1可見：療效是比較滿意的，有效率達91.5%，與3.C.MHPOHOBa（3）等的報告接近，較曲氏（2）的報告為佳，可能與我們對病例的選擇比較嚴格有關。同時，部分病者在注射期間還配合做理療等其他治療，也可能提高了療效。但是，治療能達到痊癒的只占30%，卻較曲氏報告（39.5%）為低，且有38.5%（即好轉的30%及無效的8.5%）經治療後仍對訓練有所影響，這與不少病者未能注射足夠的次數和劑量可能有關，值得今後注意改進。

　　由表1可見：關節囊、韌帶挫傷、韌帶及肌肉撕裂傷等的療效較為滿意；髕骨軟骨勞損的15例全部是用關節內注射治療（每次用量為25毫克），能得到追蹤的6例，雖然全部有效，但無一例痊癒，估計不明的9例中療效也可能是不夠滿意的。文獻報告創傷性腱鞘炎的療效最好，在我們的12例中，雖有3例（25%）無效，但其中2例僅注射過1次（12.5毫克），另1例注射2次無效，後經手術證實為屈指深肌腱的滑膜瘤。足舟骨勞損是芭蕾舞訓練中足部姿勢不正確引起的一種慢性損傷，主要表現為足舟骨向內側突出及疼痛（4），一般治療效果不佳，採用可的松及其衍化物局部注射後取得較為滿意的療效，值得繼續觀察。

　　由表2可見：醋酸氫化可的松的療效最佳（有效率達97.2%，痊癒的占23.6%）；強的松的療效亦很好（有效率達90.8%，痊癒的占44.4%）；醋酸可的松的療效則稍差（有效率81.6%，痊癒的占23.7%）。全部治療病例均無全

身性不良反應，亦無因注射而發生感染的情況，但局部注射後常有少許疼痛反應，多在12小時內消失；其中以醋酸可的松的反應較為劇烈，有時反應可達48小時之久，但反應消失後亦無不良影響。醋酸可的松的療效較差而疼痛反應較劇的原因是該製劑原只供肌肉注射用，我們因某一時期缺乏醋酸氫化可的松和強的松，經過試用後發現尚有一定療效才在部分病例中採用。

三、總結

作者等用可的松及其衍化物局部注射治療運動小創傷233例，有效率達91.5%，其中30%痊癒，31.5%顯著好轉，30%好轉，僅8.5%無效。關節囊、韌帶挫傷、韌帶及肌肉撕裂傷及創傷性腱鞘炎等的療效最為滿意，足舟骨勞損亦取得顯著療效，髕骨軟骨勞損療效較差。3種製劑中，醋酸氫化可的松和強的松療效較佳，反應較小，醋酸可的松療效較差，反應較劇。

四、參考文獻

1. Lipow, E. et al., Local injection of corticosteroids in treatment of musculoligamentous injury. Arch. Phys. Med. & Rehabilitation 42: 740,1961.
2. 曲綿域，〈合成副腎皮質激素在治療運動小創傷中之應用〉，《運動技術資料》，1960年第39期，頁15-20。
3. C. MHpoHOB和P.H. MepkynoBa著，陳文堉譯，〈氫化可的松局部注射在運動員支撐運動裝置損傷上的應用〉，《運動醫學參考資料》1963年第11期，頁14-20。
4. 歐陽孝等，〈舞蹈創傷的調查研究〉（見本輯）。

第七篇　中國足球運動員足弓調查

中山醫學院（醫學體育教研組）　林馨曾、卓大宏

　　足的弓形結構對維持足的正常機能有重要影響，一般認為足弓下陷（平足）使足的支撐運動功能降低，對運動員的運動能力有所影響。為了觀察足球運動員的足弓特點及平足的發生率與其影響，作者於1963年春對中國優秀足球運動員147人的足弓情況進行了調查，內容包括足長、足高的測量（計算足弓指數）及留取足印做分析，現將結果報告如下：

一、調查方法

　　1.調查對象為中國北京體院、上海、「八一」、廣東等7個足球隊的優秀運動員共147人，年齡19至32歲，平均經系統足球運動訓練6.1年。

　　2.用ΦP氏量腳器1（圖1）測量運動員兩足足長及足高（均以釐米為計算單位），並計算其足弓指數（足高/足長×100）。

　　3.足底用紅汞染色後踩在白紙上留取足印。根據WTP氏法（2）做足印分析（如圖2）。

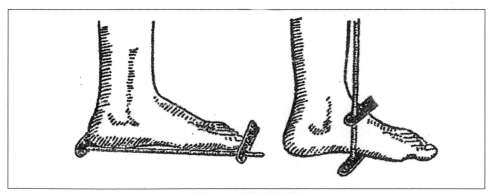

圖1　ΦP氏量腳器

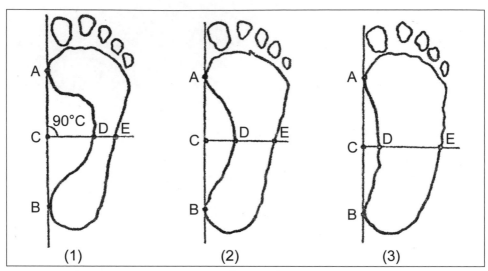

圖2　HITPHTEF氏足印分析法：（CD=空隙，DE=足印）

（1）正常足：CD:DE＝2:1。
（2）輕度平足：CD:DE=0.8:1。
（3）重度平足：CD:DE=0.25:1

二、結果

1.147名足球運動員的足高、足長及足弓指數之平均值見表1

2.足球運動員平足的發生率見表2。

表1　足球運動員的足高足長及足弓指數平均值（釐米）

位置	人數	中等值	足高			足長			足弓指數		
			中等值	均方差	標準差	中等值	均方差	標準差	中等值	均方差	標準差
前鋒	57	左	7.08	0.57	±0.07	24.66	0.86	±0.11	28.82	2.52	±0.33
		右	7.09	0.51	±0.07	24.18	0.85	±0.11	29.02	2.48	±0.33
前衛	25	左	7.00	0.39	±0.08	24.29	0.96	±0.20	28.68	1.94	±0.33
		右	7.38	0.45	±0.10	24.19	0.96	±0.20	29.18	2.22	±0.44
後衛	50	左	7.22	0.52	±0.07	25.17	0.87	±0.12	28.75	2.27	±0.33
		右	7.07	0.56	±0.10	25.10	0.82	±0.11	28.80	2.10	±0.33
守門員	15	左	7.47	0.60	±0.15	25.53	0.82	±0.20	28.67	2.00	±0.33
		右	7.48	0.63	±0.16	25.60	0.89	±0.22	29.26	2.46	±0.33
總數	147	左	7.16	0.53	±0.04	24.75	1.02	±0.08	28.75	2.33	±0.23
		右	7.16	0.50	±0.04	24.65	1.03	±0.08	29.00	2.21	±0.23

表2　足球運動員平足的發生率

足弓情況 \ 位置	前鋒	前衛	後衛	守門員	總數
兩足正常	33	14	31	9	87
兩足扁平	14	7	10	4	35
一足扁平	10	4	9	2	25
總數	57	25	50	15	147人

三、討論

　　有關國人足長、足高的資料報導不多。北京體育學院57級解剖班（3）曾調查中國游泳運動員的足長（釐米）為：左25.10±0.09，右25.30±0.1；鄒延艾氏（4）調查中國排球運動健將的足長為：左26.50，右26.50；魏肇安氏（5）等調查天津大學生的足長為：左25.08±0.004，右25.02±0.004；這些數

字均較足球運動員的足長為高。通常足長是與身長成正比的。由表3可見，雖然足球運動員有較高之身長，但其足長卻較游泳運動員為低，比普通大學生亦稍低。我們認為：多數足球運動員均從少年時期即開始穿膠鞋踢球，至參加正規訓練後則經常穿皮的足球鞋練習，所穿鞋子一般都窄而緊，這和游泳運動員長期赤足訓練及北方普通學生較少穿皮鞋不同，足球運動員足長的發育往往因此而受到一定的限制，可能是形成足球運動員足長較小的原因之一。同時，從運動力學觀點來看，足長較小使足部靈活有力，易於控制，這和足球運動對足的要求是一致的；而游泳運動則恰好相反，需要長而寬大的雙足，才能增加蹬水和打水時足的對水面積，推動身體前進。

表3　身長與足長比較表（釐米）

		足球6	游泳3	排球4	普通大學生5
身長		172.94	170.33	178.50	—
足長	左	24.75	25.10	26.50	25.02
	右	24.65	25.30	26.50	25.08

中國足球運動員足弓高左、右均為7.16釐米，與游泳運動員（左7.1，右6.91）相差不遠，較排球運動健將（左6.5，右6.7）稍高。可能是長期的足球運動訓練使足部肌肉韌帶發育強健，故足弓保持了一定的高度。但由於足高的測量標準較難掌握，其差別又很小，故不能排除測量技術上所引起的誤差。

從位置看：守門員及後衛之足長較長，前者之足高亦較高，這與守門員及後衛的身長較高恰成比例。

一般認為：正常的足弓指數為29至31，25至29為輕度平足，25以下為平足（7）。在147名足球運動員中，94人兩足足弓指數在同一級別範圍之內，其中足弓指數超過31.1者17人（18.1%），29.1至31者18人（19.1%），25.1至29者56人（59.6%），25以下者3人（3.2%）（兩足足弓指數不在同一級範圍的53人未計算在內）。如以294隻足計算：足弓指數超過31.1者共56隻（19%），29.1至31者79隻（26.9%），25.1至29者146隻（49.7%），25以下者13隻（4.4%）。由此可見，足弓指數在25.1至29範圍內者較為多見，而在25.1至31

之內者分別占人數的78.7%及足數的76.6%。因此，正常之足弓指數範圍似有重新考慮之必要。

按ⅢⅠTPHTEP氏法做足印分析：足印空隙與足印之比為1以上比1者為正常，0.9以下比1者為平足。從表2可見：147人中，122人兩足足印一致，其中兩足正常者87人（71.3%），兩足平足者35人（28.7%）（一足正常，一足平足的25人未計算在內）。據魏氏青年學生的資料（5）：足印正常者（A.A.及B.B.型）占54.3%，但因評定標準有少許差異，故不能加以比較。

將147人的294隻足印按下列標準分類：正常足（空隙比足印為1以上比1者）共200隻（68.1%），輕度平足（0.5至0.9比1）75隻（25.5%），重度平足（0.4以下比1）19隻（6.4%）。分析足印與足弓指數的關係結果如下：足弓指數的平均值為正常足：28.90±0.16，輕度平足：28.37±0.24，重度平足：27.83±0.53。由此可見，足印與足弓指數間存在一定的規律，即：足印正常者其足弓指數較高，但差別僅在0.5左右。而且在足印與足弓指數間還經常出現矛盾現象，例如：前述17名雙足足弓指數超過31.1的人中，11人雙足足印屬正常，但有4人顯示一足輕度平足，有2人則兩足足印均呈輕度平足。又如：3名兩足足弓指數均在25以下的人中，2人兩足足印均正常，另1人一足正常，一足輕度平足。因此，對足印與足弓指數不符者應如何評定其平足問題，尚須進一步考慮。我們認為：由於足弓指數之標準尚存疑問，故以足印評定平足較為準確。

身長及體重與平足的關係見表4。魏肇安氏等（5）認為：身長、體重是影響平足的一種因素，有平足者其體型多屬矮胖，身長較正常為低，體重較正常為大。我們的資料未能證實這一意見，正常足及平足的兩組運動員其身長及體重的比例是相似的。

表4　足球運動員平足與身長體重的關係

	兩足正常			兩足平足		
	人數	M±m	σ	人數	M±m	σ
身長	87	172.68±0.27	2.55	35	171.37±0.45	2.69
體重	87	68.50±0.32	3.04	35	66.52±0.48	2.88

25名一足正常、一足平足的運動員中，平足發生在右足14人，左足11人。發生在支撐足的14人，踢球足的11人，相互差別不甚明顯。

本組足印顯示嚴重平足及足弓指數在25以下的運動員均仍正常從事足球運動訓練及比賽，且能取得優秀運動成績，無因平足而對參加運動訓練有明顯不良影響。這一方面說明，平足不一定有症狀，對運動訓練一般無顯著影響；另一方面，可能是運動員經長期訓練後，足部肌肉、韌帶的功能很發達，從而克服了某些解剖和形態上的異常現象，保持了高度的運動能力，M.Φ.NBaHNUKNN教授將平足分為解剖性和功能性兩種，解剖性平足的特點是仍具有良好的運動性，能和正常足一樣從事機能活動；他同時指出：無論運動員或不從事體育運動的人都可以用專門的身體訓練來預防平足的出現和發展（8）。我們同意上述意見，本組足球運動員的平足現象可認為是解剖性平足。此外，在臨床上，平足症可以通過醫療體育得到治療也是一個證明。因此，我們認為：教練員在選擇運動員時對平足方面的考慮不須過於嚴格，而應從技術、體格發育和身體素質等方面綜合考慮。

四、摘要

作者對中國優秀足球運動員147人的足弓進行了調查，內容包括足長、足高、足弓指數及足印分析等項。對足球運動員足長問題、平足的發生率、正常足弓指數的範圍、平足與足弓指數的關係、身長與體重對平足的影響、平足對運動功能的影響等問題均進行了討論。

五、參考文獻

1. MOWKOB, B.H.著，傅韜等譯，《醫療體育》（北京：人民衛生出版社，1955），頁163。

2. 北京體育學院57級解剖班，〈對中國游泳運動員身體發育情況的初步調查分析〉，《北京體育學院科學論文選集》1961年，第4期，第20-26頁。

3. 鄒延艾，〈中國排球運動員身體發育情況的初步調查〉（摘要），《體育科

學技術資料》1962年，第90期，第21-23頁。

4. 魏肇安等，〈513名大學生足部調查初步報告〉，《人民保健》4:198-201，1960。

5. 卓大宏等，〈中國足球運動員體格發育調查報告〉（見本輯）。

6. 《人體解剖學（體育學院本科講義）》上冊（人民體育出版社，1961），頁101。

本文發表於《中山醫學院科學論文集》第19輯（1964），頁65-68

第八篇　田徑訓練中醫務監督的幾個問題

醫學體育教研組　林馨曾

　　田徑運動是體育運動的基礎項目。在青少年中迅速普及和提高田徑運動是中國體育界的迫切任務。解放後，中國田徑運動水準已取得了大幅度的提高，目前正努力全面向世界水準邁進。為了適應田徑訓練工作的需要，多數運動隊都建立了醫務監督制度，在防治運動員傷病事故中起了積極作用。作者在參加田徑訓練的過程中對部分田徑運動員進行了醫務監督觀察，現僅就自我監督、混合機能試驗與訓練課檢查、少年運動員的醫務監督、加大運動量等問題提出點滴體會，供同道參考，並請指正。

一、自我監督是醫務監督的基礎

　　缺乏嚴密的自我監督制度是很難把較大運動隊的醫務監督工作做好的。這一方面是由於醫務人員較少，不可能經常深入到運動員中全面掌握運動員的健康情況和訓練情況，自我監督可以很好地補救這一點；更重要的是，在青少年和運動新手占大多數的運動隊裡，運動員尚未養成經常注意自己健康情況和訓練情況的習慣，或者還不大懂得怎樣關心和保護自己的健康，往往對自己身體在訓練過程中發生的正常或異常變化一無所知，因而不能及時地發現和處理過度訓練及其他健康上的異常現象，在醫務工作者指導下進行自我監督就能改變這一情況，並使醫務監督變成醫務工作者、運動員和教練員共同關心的工作。進行自我監督時，首先確定觀察指標，並由醫務工作者將各指標的觀察方法、意義，以及正常和異常的標準等有關問題進行講授，使運動員有明確的概念，然後在自我監督紀錄上定期的填寫；必要和可行的指標有身體感覺、疲勞程度、睡眠、食慾、脈搏、體重、訓練後反應等，最好另加一些簡單的圖表，要運動員定期將自己的脈搏、體重、肺活量、運動成績指標記上，畫成曲線，便於前後比較，發現問題，並使運動員對自己的身體情況有一系統而完整的概

念，同時也可增加他們對自我監督的興趣。在建立自我監督制度的初期，最重要的是教練員和醫務工作者的經常檢查。

二、混合機能試驗與訓練課檢查

混合機能試驗目前已被廣泛運用於運動醫學檢查，並對評定運動員的訓練水準、發現過度訓練等問題上有一定價值。但我們發現不少主訴有過度訓練情況的運動員往往混合機能試驗是正常的，只有在訓練課檢查中才發現有過度訓練的反映。例如：某女子短跑運動員主訴在加大運動量2週後有疲勞、不想鍛鍊、睡眠欠佳及完成訓練作業不好等現象，混合機能試驗結果血壓脈搏反應及恢復時間均屬正常；訓練課檢查結果從圖示曲線可見：安靜時血壓脈搏正常，準備運動最後做數次20米快跑時血壓、脈搏雖較高但仍無異常發現，進入基本部分做60米行進間跑（高速）後，舒張壓升高至90毫米汞柱，預示運動員對此適應不良，基本部分後段（見圖1中的5,6）做了4次100米跑（跑2次後休息10分鐘）後，運動員即感頭昏、胸翳、作悶、欲嘔吐，此時收縮壓顯著上升至194毫米汞柱後突然下降34毫米汞柱，脈搏較微弱而快速，經休息15分鐘後才逐漸恢復。同組採用同一內容訓練的其他2名運動員均無此現象，血壓、脈搏反應均正常。從該運動員過去負擔最大運動量情況及訓練水準來看，這一運動量並不大，應該是可以負擔的。因此，可以認為上述異常現象（過度反應）的發生主要是運動員存在著過度訓練情況，心臟血管系統活動能力降低所致。由此可見，混合機能試驗對經過系統訓練的運動員來說，其負擔量是比較小的，往往不能反映運動員機體輕微的和早期的身體異常現象，孤立的一次進行混合機能試驗檢查，其價值更小。但定期地反覆多次檢查，將結果前後對比並作為機體全面檢查的一部分時，仍有一定價值。作者認為，在訓練水準較高的運動員中，除經常進行混合機能試驗檢查外，應爭取多做訓練課的檢查，以助於及時發現早期過度訓練狀態。進行訓練課檢查可採取重複固定距離跑的方法，如60米跑5次，每次跑後進行檢查；但最好是直接按照運動員訓練的計畫進行檢查（應選擇比較典型的計畫，如圖示說明）這樣更切合實際，更能反映運動員在訓練中的機能變化。

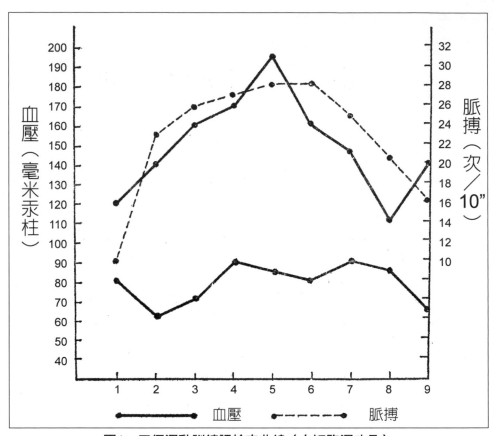

圖1　田徑運動訓練課檢查曲線（女短跑運功員）

1.安靜時。2,3.準備運動。4.60米行進間跑2次。5.反覆跑100米2次。
6.與5同。7.跨步跳100米4次。8,9.放鬆運動（9.原地輕跳躍）。

　　1958年來中國訪問的蘇聯足球隊隨隊醫師每隔1至2天進行訓練課檢查一次。捷克田徑隊醫師認為：混合機能試驗只適宜於一般運動者、參加勞衛制鍛鍊者和三級運動員，對二級以上水準較高的運動員價值不大，往往不能反映出運動員身體的實際情況。這些做法和意見是值得我們參考的。

三、少年運動員的醫務監督

少年運動員是祖國體育運動的有生力量，在各運動隊中為數甚多，他們尚處於身體發育階段，心臟血管、呼吸器官等內臟機能尚未完全發育成熟，對運動訓練的適應性較差，同時教練員往往對少年運動員訓練缺乏經驗，因而比較容易發生問題。我們觀察到一位16歲的少年女運動員，由於運動成績較好，一般體格發育亦佳，在訓練中一直接受成年運動員一樣的運動量，未予個別對待，在加大運動量後就出現過度訓練症狀，並在相隔3個月的2次X光透視檢查中發現左心室較前有比較明顯的肥大，運動成績也下降。經過適當休息，減輕運動量並個別對待進行訓練後，上述異常現象才逐漸消失，運動成績也有了回升。這一例子說明必須加強對少年運動員的醫務監督工作，特別是對運動成績好、體格發育好的少年運動員，不應只看到表面的現象，而應首先考慮他們是少年，內臟器官比較薄弱，機能較差，對大運動量的耐受力差。因此，在訓練中應慎重地安排運動量，堅決貫徹個別對待的原則。

四、加大運動量問題

採取大運動量練習是使中國田徑運動迅速提高到世界水準的主要保證。實踐證明：由於採取了大運動量練習，絕大多數運動員的成績有飛躍的提高，今後必須繼續堅決貫徹這一原則。隨著運動量不斷增加，機體各器官的負擔也加重了，這就必須更好地進行醫務監督以保證訓練任務的完成，進行大運動量訓練有2種方式：一種主要是增加訓練時間，運動量均勻分配在訓練時間內；另一種主要是增加訓練的密度和強度，運動量比較集中（按照一般情況，加大運動量是訓練時間、密度、強度同時增加）。

從運動員的反映及訓練效果看來，主要增加訓練時間不一定達到加大運動量的效果，因為長時間的訓練容易產生體力上和精神上的疲勞，降低運動員參加訓練的興趣；均勻分配運動量也容易產生對神經系統的抑制作用，降低了提高訓練效果所必須具備的神經興奮性；同時，長時間的訓練必然影響運動員的

休息，延長了恢復過程。我們認為：加大運動量應以增加訓練課的密度強度為主，適當地增加訓練時間，因密度、強度的增加對內臟器官的機能有更為良好的鍛鍊作用，能促進運動員整個身體素質訓練水準的不斷提高。

在加大運動量特別是增加訓練密度、強度的過程中，訓練基礎差的運動員經常出現過度緊張現象，一般多發生在100至300米多次高速反覆跑後，出現面色蒼白、頭暈、眼花、胸翳不適、作悶甚至嘔吐、脈搏快而弱、呼吸急促、血壓下降等現象。這種現象發生後，讓運動員停止訓練，仰臥休息，就會逐漸恢復，因而常常不引起教練員和運動員的重視，並在症狀消失後馬上繼續訓練，這是不對的。因為上述症狀雖經短時間休息即可消失，但心臟血管系統由於負擔過重而引起的急性功能低落的恢復卻需要比較長的時間，這表現在脈搏、血壓的恢復上就是如此。特別值得注意的是：在訓練中反覆多次發生過度緊張狀態對心臟血管系統將產生長期的不良影響，教練員和醫務監督醫師必須採取措施嚴密預防，並制止發生過度緊張後仍堅持訓練的現象發生。總之，在大運動量訓練時必須考慮運動員的身體條件和訓練水準，要嚴格遵守循序漸進地增大運動量的原則，要有充分的休息時間，使訓練和休息正確交替，並且加強醫務監督工作。

本文曾發表於《運動技術資料》39期（醫務監督專號，1960）

第九篇　青年運動員20次下蹲運動試驗結果分析

醫學體育教研組　林馨曾　卓大宏

一、前言

　　近年來，中國各類學校和體育團體的體育醫務監督工作日益開展，對學生和運動員施行綜合醫學檢查已成為一種制度。在這種檢查中，心血管系統機能試驗占有重要地位，這種試驗能反映出被檢心臟工作能力的水準和潛力，也能在一定程度上反映出運動員的機體訓練程度。目前各地對普通學生多採用「下蹲運動」來檢查他們做輕負荷量運動後心血管系統的反應，對運動員有時也只採用下蹲運動檢查法（但多數加上其他負荷量更大的運動）。所以，中國普通青年和運動員下蹲運動後的脈搏和血壓變化標準亟宜早日確定，以供醫務及體育工作者參考。

　　吉田章信、JleTyHoB等氏曾分別報導過日本和蘇聯青年做「下蹲運動」試驗後脈搏、血壓的變化，並得出了標準（1,2）。中國運動醫學工作者亦曾對北京一千多名大學生進行過此項檢查，獲得若干資料（3）。作者根據年來在廣州對運動員進行這項檢查的資料，加以統計分析，將結果在本文報導，並與國內外資料比較。希望這一資料對評定中國運動員對「下蹲運動」試驗的反應有所幫助。

二、調查方法及對象

　　木調查採用馬爾金納（MapTNH３）氏試驗（於30秒鐘做20次下蹲運動），方法如下：被檢者安靜休息2至3分鐘後靠桌旁坐於醫師左側，先檢查其安靜時之脈搏（以10秒鐘為單位，便於應用），量取數次10秒鐘之脈搏，取其穩定脈搏數；接著測量血壓2次，亦取穩定值；然後命被檢者兩手叉腰在30秒鐘內做下蹲運動20次（由醫師數口令以控制其速度），做完後立即坐回原位，

檢查運動後第1分鐘開始10秒鐘的脈搏數，其餘50秒用來測量血壓；第2至3分鐘檢查脈搏、血壓之方法均同上，直至脈搏、血壓恢復至運動前水準為止。檢得之數值均記錄於特定之表格上，最後用統計學方法計出運動前後脈搏、血壓變化的算術平均數（見表1、表2）。全部檢查均由具有運動醫學實際工作經驗之醫師執行，血壓計於檢查前經校正無誤。

調查時間為1957年4月至1958年4月，大部分檢查均在上午8至12時進行，少數在早上及下午檢查，規定於檢查當天不做劇烈運動（允許做一般早操活動，對於檢查前一天的運動量未加限制）。檢查時間距進食1小時以上。所有身體不適（如感冒、發熱等）及有過度訓練主訴和症狀者均於統計時被除外。

調查青年運動員共774名，男598名（平均年令22.37歲），女176名（平均年令20.49歲）。774名運動員中包括：

1.參加1957年11月全國舉重比賽的運動員97人。

2.參加1958年2月全國春季田徑錦標賽的運動員男266人，女98人。

3.參如1958年4月全國游泳運動會的運動員男48人，女24人。

4.其他為廣州體院運動系運動員（包括籃球、足球、排球、游泳、水球、跳水、體操等項目），及華南師院體育系學生和廣州第一青少年業餘體育學校學生。

上列1、2、3項所列運動員均處於比賽前10天以內之緊張訓練時期。

絕大部分運動員均為國家等級運動員，僅師院體系學生中有少數未有等級。

三、結果及討論

一般認為，在正常情況下，做20次下蹲運動後脈搏增加不超過原數的70%，收縮壓升高在120至150毫米汞柱以內，舒張壓多有輕度下降（在10毫米汞柱以內），脈搏及血壓均經2至3分鐘恢復至運動前水準。由表1可見，調查的結果全部均在正常範圍內，脈搏增加不超過原數50%，收縮壓升高至140毫米汞柱左右，舒張壓輕度下降或不變，平均恢復時間約為2.5分鐘。這些結果均說明運動員對20次下蹲運動完全適應，並表現了所謂較「節省」的反應（4）。

表1　774名青年運動員做20次下蹲運動後脈搏、血壓變化的平均值

性別	人數	平均年齡	脈搏（次／10"）					血壓（毫米汞柱）						
			平靜時	運動後	增減數	增加%	恢復時間	收縮壓			舒張壓			恢復時間
								平靜時	運動後	增減數	平靜時	運動後	增減數	
男	598	22.37	11.32	16.40	+5.08	45%	2'23"	121.88	144.06	+22.18	78.72	75.35	-3.37	2'3"
女	176	20.46	11.76	17.46	+5.70	48.5%	2'36"	109.53	121.85	+12.32	70.60	67.38	-3.27	2'36"

　　上列結果與北京一千多名大學生的檢查資料比較，運動後脈搏、血壓變化及恢復時間均極為接近。根據吉田章信及JleTyHOB的資料，20次下蹲運動後脈搏增加為原數的38-70%，收縮壓增加18毫米汞柱，舒張壓減少7.7毫米汞柱，與本調查結果亦無明顯差別。

表2　不同項目的男運動員20次下蹲運動前後脈搏、血壓變化比較

組別	人數	平均年齡	脈搏（次／10"）					血壓（毫米汞柱）						恢復時間
			平靜時	運動後	增減數	增加%	恢復時間	收縮壓			舒張壓			
								平靜時	運動後	增減數	平靜時	運動後	增減數	
中長跑	52	22.62	10.72	15.94	+5.22	48%	2'14"	122.86	145.42	+22.52	78.78	74.11	-4.67	2'34"
投擲	32	22.50	11.90	15.80	+3.90	40%	2'42"	131.40	158.00	+26.60	83.30	80.50	-2.80	2'54"
舉重	97	24.60	12.06	16.90	+4.80	40%	2'29"	120.21	137.60	+17.39	81.04	80.77	-0.37	2'42"
健將一級	83	22.73	10.97	16.60	+5.63	51%	2'11"	119.59	141.47	+21.88	77.00	73.17	-3.83	2'21"

　　由表2可見：不同項目運動員運動後脈搏、血壓反應情況甚本一致，但與舉重及投擲運動員比較，中長跑運動員及健將級、一級運動員在安靜時的脈搏

較慢，後者的血壓亦較低，同時脈搏、血壓的恢復所需時間明顯縮短。此一表現可能與中長跑的運動性質及健將級、一級運動員有較高的訓練水準及身體素質發展水準有關。

　　根據以上分析，我們認為：20次下蹲運動負擔量較小，對一般身體健康的青年（包括運動員及普通大學生）所產生的反應基本上一致，而在評定運動員訓練狀態方面作用不大。同時，我們也同意蘇聯學者的意見：擔負量小的試驗只能用來瞭解運動員心血管系統機能的特點，在採用負擔量小的運動試驗獲得良好結果時不能得出運動員機體沒有機能改變的結論（4），如果20次下蹲運動試驗反應不良則不論是青年學生或運動員均應認為其心臟血管系統機能較差。

　　我們將青年男女運動員做20次下蹲運動後脈搏、血壓變化的分佈情況列於表3。全部運動員運動後脈搏均有不同程度的增加，93.64%的男運動員和90.40%的女運動員於做20次下蹲運動後脈搏增加在70%的正常範圍內，其中增加不超過原數50%者，分別占男的68.22%，及女的61.93%；有13.37%的男運動員和7.96%的女運動員運動後脈搏增加不超過原數的30%。一般來說，上述情況是經過系統訓練具有良好訓練水準的運動員反應的特點。

表3　青年運動員20次下蹲運動後脈搏、血壓變化分佈

脈搏、血壓變化情況		男		女	
		人數	%	人數	%
脈搏（增加%數）	30%以下	80	13.37	14	7.96
	31-40%	144	24.08	39	22.15
	41-50%	184	30.77	£6	31.82
	51-60%	88	14.38	28	15.91
	61-70%	60	11.04	22	12.50
	71-100%	37	6.19	17	9.60
	100%以上	1	0.17	0	0
	總數	598	100	176	100
收縮壓（毫米汞柱）	減少	5	0.9	1	0.6
	+0-10	92	15.3	34	19.3
	+11-20	255	42.6	75	42.6
	+21-30	183	30.7	53	31.2

脈搏、血壓變化情況		男		女	
		人數	%	人數	%
收縮壓 （毫米汞柱）	+31以上%	63	10.5	11	6.3
	總數	598	100	176	100
舒張壓 （毫米汞柱）	增加	108	16.1	36	20.4
	-0-6	334	55.8	S3	54.6
	-7-10	103	17.3	31	17.6
	-11-20	45	7.5	12	6.8
	-21以上	8	1.3	1	0.6
	總數	598	100	176	100

　　運動後動脈壓的變化情況是：收縮壓下降的情況極為少見（此時應考慮為不良反應中的無力型，常出現在較嚴重的過度訓練或心臟血管系統功能障礙的情況下）。大部分運動員（男88.6%，女93.1%）運動後收縮壓均增加在30毫米汞柱以內，此結果與國內外報告結果一致。增加在31毫米汞柱以上者變僅為少數，此時在排除由於運動員在檢查時精神緊張或情緒興奮引起的血壓高度上升後，亦應考慮為不良反應或為缺乏訓練而對體力活動不能適應的表現。

　　運動後舒張壓升高的在本調查中分別占18.1%（男）及20.4%（女），一般認為運動後舒張壓升高超過10毫米汞柱以上是機體訓練程度不足、過度訓練或心臟血管系統功能不良的表現。本調查中舒張壓升高一般不超過6毫米汞柱，最高亦不超過10毫米汞柱，故仍可認為是正常的。大多數運動員運動後舒張壓均不變或減少在10毫米汞柱以內（男占73.1%，女占72.2%），減少11毫米汞柱以上者占少數（男占8.8%，女占7.4%），舒張壓變化情況與北京大學生的資料對比亦相近似。

　　由表4可見：多數運動員運動後脈搏、血壓在同一分鐘內恢復，但亦有脈搏先恢復或血壓先恢復者，其中男運動員以脈搏先恢復者較多見，女運動員則血壓先恢復者略多。我們認為只要恢復時間仍在正常範圍內，恢復先後沒有特殊意義。

　　將28名運動健將（男）做20次下蹲運動後血壓、脈搏變化的情況畫成曲線如圖1，由曲線可見：運動後脈搏及收縮壓中等度上升，經2至3分鐘恢復至運

表4　運動後脈搏、血壓恢復快慢比較

人數＼性別 恢復情況	男	女
脈搏恢復較快者	168	13
血壓恢復較快者	40	22
脈搏、血壓同時恢復	390	141
總數	598	176

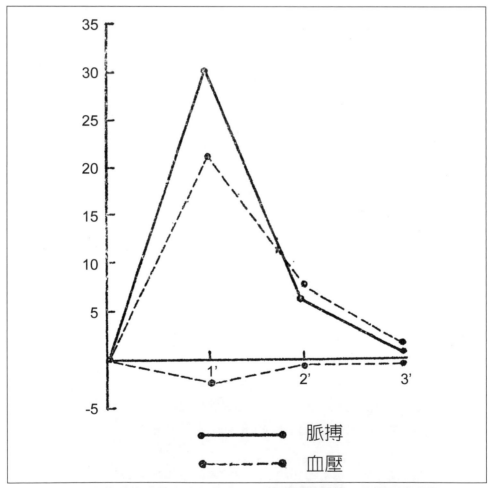

脈搏

血壓

圖1　運動健將（男28人）做20次下蹲運動後脈搏、血壓反應曲線
（縱座標為增減數，橫座標為恢復時間）

動前水準，舒張壓輕度下降，第二分鐘即恢復至運動前水準，這是一個典型的反應曲線，可供評定時參考。

四、總結

　　本文報告對中國774名男女青年運動員做20次下蹲運動試驗的調查結果，運動後脈搏較原數增加約50%，收縮壓上升至140毫米汞柱左右，舒張壓輕度下降或不變，平均恢復時間為2.5分鐘。

五、參考文獻

1. 吉田章信，《體力測定》（東京，昭和19年），頁91-95。
2. 醫師督導醫療體育師資訓練班：醫師督導資料統計（內部參考資料）（北京，1956）。
3. 浦鈞宗等譯，《運動醫學》（北京：人民體育出版社，1959），頁154-161。

第十篇　運動員各類疾患就診率的分析（摘要）

中山醫學院醫學體育教研組　卓大宏、林馨曾

　　為了瞭解運動員的健康狀況與普通人之間的差別、運動員患病的種類和性質有何特點，作者分析了某體院運動系220名運動員在中山醫學院第一附屬醫院的門診病案，對這些運動員在1959至1963年間所患疾病進行分析，發現：

　　1.有運動創傷就診紀錄者共220人，占100%；有運動創傷和其他疾患就診紀錄者共136人，占61.8%；只有運動創傷就診紀錄，而無其他疾患就診紀錄者84人，占38.2%。

　　2.136名運動員除有運動創傷就診紀錄外，尚患過其他疾病共295例，以口腔疾患、消化系統疾患、皮膚疾患、耳鼻科疾患和眼科疾患較多，共229例，占77%。

　　3.游泳、跳水、水球運動員，眼科和耳鼻喉科疾患的就診例數明顯地高於其他運動員。除此以外，不同項目運動員的患病種類無明顯區別。

　　4.49名運動健將與46名未定級運動員各類疾病就診例數相差不遠。不能證明運動等級愈高，健康情況愈好。

　　5.62名女運動員中，月經異常就診紀錄者11名，占17.7%。

　　6.與普通大學生相比較，大學生運動創傷就診例數少，其他專科疾病就診例數較多。大學生神經衰弱、關節炎（風濕性及類風濕性）、泌尿生殖系疾患、皮膚疾患的就診例數明顯地多於運動員。

　　作者對上述結果進行討論後指出，本文報告的資料只是初步的，有必要聯合各地運動醫學工作者的力量，觀察更多的運動員，並且從多方面研究運動員健康狀況和患病的特點，研究運動對健康的影響。

　　本文發表於《1964年全國體育科學報告會論文摘要彙編》（1964，北京）

第十一篇　運動員髕骨軟骨病100例分析

一、前言

　　髕骨軟骨病為運動員較常見的疾患。原義為髕骨軟骨軟化（Chondromalacia Patella），它是慢性勞損為主所致的髕骨軟骨退行性病變。早期髕骨軟骨面發生水腫與彈性消失，漸漸出現纖維性變與紋裂，晚期可脫落前成為關節小體。早期症狀為膝關節酸軟無力，繼而疼痛以致出現不同程度的功能障礙。

　　1906年Branitsky與Budinger氏首先描述此病，1924年Konig氏以髕骨軟骨軟化症命名。以後很多學者相繼報告，但多為部隊醫院病例。中國曲綿域氏於1962年報告241例，均為運動員患者。

二、一般資料分析

　　我院運動創傷門診自1962年至1963年3月共發現100例髕骨軟骨病患者，占同時期運動創傷患者總數582人的17.2%。比曲氏報告的發病比率9.8%高。性別：男63人，女37人，因男子運動項員較女子多之故。年齡：20歲以下44人，21至25歲46人，25歲以上10人。本組發病年齡較低，主要由於100例均為運動員或體育學院學生。

三、運動項目與發病關係

表1　運動項目與發病關係

籃球	排球	足球	水球	體操	由徑	跳水	舉重	游泳	學生	總計
46	9	9	4	7	2	2	2	5	14	100例

本組以籃球運動員發病最多，占46例（46%），此與籃球運動要經常保持在半蹲位置活動及跳躍較多有關。據Habert Haxton氏動力解剖學，在屈膝150度時股四頭肌收縮力最強，髕股間摩擦力也最大。又按Hirsch氏見解，如髕股間的軟骨每單位面積所受壓力較大或時間過長次數較多，則髕骨面首先發生退行性變。因髕骨軟骨比股骨髁的軟骨較厚而營養較差。晚期股骨軟骨也可發生「鏡相」的損傷，此乃籃球運動員發病較多的原因。

四、運動年齡與發病關係

訓練年限3年以上者69人（69%），3年以下22人（22%），不詳9人。運動年齡較長發病較多，說明與勞損關係較大。

五、發病原因分析

關於此病的發病原因各家意見不一（1-5）。我們也認為此病以慢性勞損及反覆細微的小外傷為主，但直接外傷也可誘發。本組有外傷史的29例中，包括有直接撞擊傷、捩傷、震傷等。直接撞擊髕骨範圍可使髕骨軟骨面碰擊股骨內髁前上方，其壓力直接施於髕骨軟骨面，即可使之發生局限性壞死。捩傷時關節囊及其滑膜也必損傷，受傷後滑膜分泌的滑液成分改變了，因而關節面骨發生營養障礙而致退行性變（2,3）。Lack氏認為滑膜損傷後滑液中蛋白分解酶或血漿酶活動性增高，從而溶化軟骨基質，使軟骨基質硫酸軟骨素降低，而關節液中含量升高，因此軟骨發生紋裂（2,3）。本組無外傷史71例中，25例有局部過度訓練者，包括下蹲過多、彈跳過多等。這已足使髕骨軟骨面遭到磨損而無法修復。此外，在無過度訓練的46例中有24例為籃球運動員，上文已提及籃球運動員多在半蹲位置活動，實際也是一種慢性勞損的過程。

六、傷膝側別與起跳足關係問題

本組100例中：雙膝受傷57例；單膝受傷43例，其中左側18例，右側25

例；總共有157個髕骨受累。

　　在57例雙膝患者中：40例單側先發病，後因改換起跳足而另一側才相繼發病；只有17例為雙側同時起病。

　　關於起跳足與發病關係，一般認為起跳足先發病（1），我們對76例有統計資料患者進行分析，發現56例為起跳足得病，20例為非起跳足得病，故非起跳足得病並非少見。我們認為非起跳足很可能是著地足，在跳躍時著地足也須在膝半屈位著地，以減少震盪力量以及繼續進行下一個動作，因而在著地的一瞬間股四頭肌收縮力量不會比起跳足低。因要支持體重從高處下降時之加速度所增加的力量，所以著地時所承擔的力量也很大，髕股關節軟骨間的壓力也較大，突然互相撞擊受傷的機會也較多。所以，非起跳足得病也不難解釋。在症狀方面，起跳足症狀重者15例，非起跳足症狀重者13例，雙足症狀一致者14例，其差別不大。

七、典型症狀與體徵的分析

　　早期症狀是膝關節酸痛無力，本組100例均以此為主訴。症狀經休息後好轉，大運動量後反覆發生，早期做了準備運動疼痛消失，但運動後又更痛。當病情發展，則雖做好準備運動後疼痛仍不易消失，迫使患者改變起跳或負重足，因而另一膝負擔過重而相繼得病。嚴重或急性期患者上下樓梯及採半蹲位時疼痛加劇，以致不能完成此項動作，甚至走路亦痛（本組走路痛者有3例）。並可有摩擦感或膝關節不穩定出現，後者與股四頭肌萎縮有關。少數患者出現假「關節交鎖」症狀，是由於關節游離體或髕骨半脫位所致，前者由於髕骨軟骨紋裂脫落後者與股四頭肌高度萎縮有關典型患者均可發現以上大部分的體徵。這些體徵也可做療效的參考標準。根據我們的經驗，發現：

表2　各種體徵的陽性率（以100例的157個受累髕骨計算）

分類	脂肪墊增厚	髕壓痛	髕骨周圍壓痛	摩擦感	摩髕痛	股四頭肌收縮痛	抗阻伸試驗痛	半蹲或全蹲痛
例數	69	66	103	113	65	129	74	107
%	43.9	42.0	65.6	71.9	41.4	82.2	41.7	68.2

1.單純脂肪墊增厚的患者並不多見，因此凡有脂肪墊增厚的患者，均應注意有無髕骨軟骨病。

2.髕骨摩擦感一般出現在較晚期的病例，對此病的確診有較大價值。但此體徵與臨床症狀可不一致。摩擦感十分明顯，症狀不一定很重，只說明髕骨軟骨面已發生紋裂現象。

3.股四頭肌收縮痛對早期疹斷價值最大，陽性率也較高。

4.抗阻伸膝試驗與半蹲痛意義相同，只有程度上的區別。抗阻伸膝痛表示症狀更嚴重，而半蹲痛，尤其是單足半蹲痛，可發現於較早期或較輕患者。

5.晚期嚴重的患者多伴有股四頭肌萎縮。本組有7例兩側相差3釐米，8例相差2釐米。

八、診斷與鑑別診斷

對此病如有足夠認識與注意，則一般診斷並不困難。X光檢查對診斷價值不大，只有助於鑑別診斷。早期一般無X光改變，晚期偶可見髕骨骨質增生或骨刺形成，這是由於軟骨退行性變所引起骨質繼發改變的結果。在特殊髕骨軸位髕股關節照片偶可顯示關節面的不規則，空氣造影或可看到軟骨破壞與缺損。在屈膝60度、90度、150度及全屈位的側位X光照片觀察髕骨在股骨踝關節面上的行徑與位置，對診斷有一定價值（2）。臨床上須與單純脂肪墊增厚及其他關節內損傷與風濕性或類風濕性關節炎等鑑別。本組不少患者曾被誤診為風濕性關節炎致延誤治療。

九、治療及療效分析

治療成功的重要關鍵有三：

1.堅持體療的重要性。治療首先強調醫務人員、教練員、運動員三結合，按病情輕重安排訓練，對治療起著首要作用。對重型有股四頭肌萎縮患者應停止鍛鍊而著重股四頭肌的訓練。由股四頭肌靜止收縮、慣性前後擺腿、直抬腿、急踢腿與控腿等各種在伸膝下進行訓練的方法，循序漸進，使股四頭肌萎縮有所恢復，然後再做膝屈的股四頭肌鍛鍊。因在伸膝進行股四頭肌訓練，對髕股間壓力不大，即使髕骨軟骨有恢復機會，又使股四頭肌肌張力恢復而髕骨更趨向於穩定，同時也使來自股四頭肌的擴張筋膜及髕骨骨膜血循環更加豐富，改善髕骨及其軟骨的營養狀態。屈膝的股四頭肌練習包括靜止半蹲練習，要在半蹲痛症已消失後方可進行。或在大於半蹲痛的角度進行練習，逐漸可恢復快速下蹲訓練，次數由少至多。中型患者只適當限制某些增加膝關節負擔的局部運動。輕型患者只改變訓練方法，邊訓練邊治療即可。

2.堅持治療直至症狀及體徵消失，切實執行白我保護，是防止復發的主要關鍵。

3.治療手段以保守治療為主，並強調綜合治療的重要性，各種療法反覆交替使用。我們綜合為治療的原則是：急性期作關節內注射Hydrocortison acetate或Prednisolon為主，慢性期則在蠟療或其他透熱療法後進行按摩，並與碘游子導入療法交替使用。按摩手法包括股四頭肌按摩、膝關節囊按摩、髕骨骨膜按摩及髕骨軟骨間接按摩等。

本組共有81例接受治療，大部分採用綜合療法，除27例未能追蹤覆查外，其餘53例中，治癒者10例（占18.9%），好轉41例（77.3%），無效2例（3.8%），有效率達96.2%。我們治癒的標準是：症狀、體徵均消失，能參加大運動量訓練及比賽而無復發者；好轉是指自覺症狀好轉或消失，部分或大部分體徵消失，能夠恢復正常訓練及比賽，僅有大運動量後有輕微症狀者，本組2例無效主要是未能堅持治療所致。僅有2例復發，經治療後又好轉。本組無一例惡化或因此病而退出運動隊伍者。本組無手術適應病例，故未進行手術治

療。急性期關節腔內激素注射有效率達95.2%，值得重視。

本文發表在《廣東醫學（現代醫學版）》1（3）：99-100，1963

第十二篇　舞蹈創傷的調查研究

運動創傷門診　歐陽孝、林馨曾、馮兆強、鄭公道

關於舞蹈外傷的問題，國內至今未有文獻報導，作者等於1963年對廣東舞蹈學校6個班（其中4個民族舞班，2個芭蕾舞班）共64人進行了全面的病史詢問與骨關節檢查。根據檢查的結果結合觀察學生練功等有關資料，茲分析與討論於後。

一、調查結果分析

舞蹈創傷發病率比較高，被檢查的64人中有52人發病，發病率為81.3%。男同學比女同學發病率高：男生27人中有25人發病，占92.6%；女生37人中有27人發病，占72.9%。高年班比低年班發病率也較高：四年級民族舞班25人中有22人發病，占88%；二年級民族舞20人中有15人發病，占75%；二年級芭蕾舞班19人中有15人發病，占75.3%。

舞蹈創傷的部位以多發性居多：發病的52人中共有200例處創傷，平均每人有3.8處發病。男同學比女同學平均發病例處也較高：25例男生中有104處創傷，平均每人4.2處；而27例女生中只有96處創傷，平均每人只3.5處。

表1　舞蹈外傷發病情況

項目		總人數	發病人數	正常人數	發病率	發病例處	平均每人發病例處
四年級民族舞	男班	11	11	0	—	63	—
	女班	14	11	3	—	44	—
	合計	25	22	3	88%	107	4.8
二年級民族舞	男班	8	8	0	—	25	—
	女班	12	9	3	—	29	—
	合計	20	15	5	75%	45	3.0

項目		總人數	發病人數	正常人數	發病率	發病例處	平均每人發病例處
二年級芭蕾舞	男班	8	8	0	—	25	—
	女班	11	7	4	—	23	—
	合計	19	15	4	75.3%	48	3.5
全校男女生合計	合計	64	52	12	81.3%	200	3.8
其中男生總數		27	25	2	92.6%	104	4.2
其中女生總數		37	27	10	72.9%	98	3.5

　　舞蹈外傷以慢性勞損疾患居多：在200例處當中有187例處為慢性勞損，占93.5%；只有13例處為急性損傷治療不徹底遺留下的陳舊性疾患，占4.5%。

　　舞蹈外傷以髕骨軟骨病發病率最高：有33人發病，占51.5%；其中有27人雙側發病，共有60例處受累。足舟骨勞損為舞蹈員主要特殊創傷，其發病率僅次於髕骨軟骨病，有21人得病，占32.8%；其中有14人雙側患病，共有35例處受累。脛骨疲勞性骨膜炎有16人發病，占25%，居第三位；全部為雙側發病，與32例處受累。脂肪墊增厚患者有15人，占23.4%；其中有12人雙側同時患病，發病總例處為27處。腰痛患者有23人，占35.9%，但腰痛僅為一症狀，不能直接比較。其他疾患詳見表2。

表2　舞蹈外傷疾病種類分佈情況

疾病名稱	發病人數	雙側發病人次	發病總例處	占64人的百分率
髕骨軟骨病	33	.27	60	51.5%
足舟骨疲勞	21	14	35	32.8%
脛骨疲勞骨膜炎	16	16	32	25.0%
腰痛	23	0	23	35.9%
膝脂肪墊增厚	15	12	27	23.4%
踝關節扭傷	7	1	8	10.9%
脛骨結節骨軟骨炎	4	2	6	6.2%
足拇蹠趾關節挫傷	4	2	6	6.2%
其他	3	0	3	4.6%
合計	—	—	200例處	—

二、討論

（一）舞蹈創傷發生率較高

關於舞蹈創傷發生率比較高的問題，我們認為有下面幾種因素：

1.由於被檢查的舞蹈學生均為14至17歲的少年，在新生入學取錄時較偏重於身段與儀表，忽視身體素質的選擇。又因少年身體發育尚未成熟，營養狀況不夠理想，加上沒有很好的身體素質基礎，對於訓練量的耐受能力較差，因此容易造成勞損。

2.由於學校開辦只有數年，缺乏教學訓練經驗，訓練安排不夠合理。且訓練前無準備活動，課後無整理放鬆活動，安排舞蹈動作過分集中，特別是跳躍活動較集中，都是容易造成勞損的因素。

3.舞蹈動作的特點是動作如跳躍與下蹲較多，而靜的動作，特別是單足站立及靜止半蹲、全蹲等動作時需要肌肉在靜力緊張收縮狀態下去維持舞姿的平衡，特別在未掌握技術時肌肉更形僵硬，不像其他運動項目有鬆弛階段，所以更容易造成勞損。

4.醫療設備較差，學生對職業病未有足夠的認識，衛生常識較差，有傷病未能及早治療，或治療未能徹底，這也是發病率較高的原因之一。至於男班比女班發病率高，主要由於男班多一門以跳躍翻騰為主的毯子功課程，因而跳躍訓練特別多，勞損的機會更多。高年班發病率較高之原因，是由於高年班的舞蹈動作較複雜，較容易造成損傷。同時，也是由於早期勞損率有治療或治療不徹底而積累下來的結果。所以，舞蹈外傷是以勞損居多。

（二）舞蹈外傷以多發性居多

舞蹈外傷以多發性者居多的原因，是由於舞蹈動作以下蹲與跳躍最多。而舞蹈員一般既無起跳足之分，也無支撐足之別，須兩足輪換支撐與起跳，故一旦發生勞損則較多為雙側同時發病。本文髕骨軟骨病患者33人中有27人雙側患病，足舟骨疲勞21人中有14人雙側患病，脛骨疲勞性骨膜炎16人全部雙側患病，更可說明此點。由於跳躍與下蹲過多可同時造成髕骨軟骨勞損與脛骨應力

性損傷，因此同一個患者可同時患有雙側髕骨軟骨病及脛骨疲勞性骨膜炎，每人平均發病例處就較多。

（三）舞蹈員主要而特殊的慢性創傷：足舟骨勞損與足弓勞損

足舟骨勞損或足弓勞損為舞蹈員主要特殊的慢性創傷，在其他運動創傷中較少見。由於舞蹈動作較多要求足部維持在一字位進行站立或下蹲甚至跳躍，特別是芭蕾舞要求站一字位更多，而民族舞較多用丁字位，因此芭蕾舞班足舟骨勞損的患者較多（表3）。因足一字位須髖關節及足跗骨小關節在極度外旋位來完成。舞蹈工作者一般認為足舟骨勞損是由於開胯不夠造成的，其所謂開胯即髖關節的外旋、外展與前屈的動作，而主要是外旋動作。假如髖關節的訓練水準不高、活動度較小時，即迫使距舟及舟楔等關節在被動強力外展及外翻位置去完成，因而造成足弓勞損。我們對所有患足舟骨勞損的髖關節及正常足舟骨的髖關節的平均活動度進行對比，發現前者的外旋、外展、前屈等角度比較差，而內收、內旋及後伸角度相對比較好（表4）。這說明開胯與足舟骨勞損的發病有一定關係，但並不能說開胯差即為發生足舟骨勞損的原因；因為我們亦發現有少數患者，患足舟骨勞損的髖關節開胯的活動度反而比健側髖關節好。我們認為站立的重心很重要，假如站立的重心前傾，壓在內側縱弓處，則漸漸可造成足弓的疲勞與跗骨小關節韌帶、關節囊的鬆弛，最先發生足舟骨處疼痛，漸漸發生足舟骨突出、足弓下塌而扁平，因此我們稱之為足舟骨勞損或足弓勞損。二者似有在程度上之不同，早期症狀表現於舟骨，嚴重時可累及整個足弓。

表3　足舟骨勞損發病情況

班別	總人數	發病人數	發病百分率	總舟骨數	發病舟骨數	舟骨發病率
芭蕾（二）	19人	7	36.8%	38個	13	34.2%
民（二）	21人	6	28.5%	42個	11	26.1%
民（四）	25人	8	32%	50個	12	2.4%

表4　髖關節平均活動度對此

	外旋	外展	前屈	內旋	內收	後伸
患側	58.7°	92.5°	95.5°	49.2°	52°	88.3°
健側	64.4°	93.3°	99.8°	50.1°	40°	82.7°
相差	5.7°	0.8°	4.3°	0.9°	12°	5.6°

（外旋以33個髖關節計算平均值，其他均以24個髖關計算其平值；外旋、外展、前屈是在開胯動作時測量的）

（四）髕骨軟骨病與脛骨疲勞性骨膜炎發病率高

　　至於髕骨軟骨病發病率高的原因（表5），與一般運動外傷致病原因相同，乃由於下蹲跳躍過多所致。作者等已有專文發表*。髕骨軟骨病在民族舞班比芭蕾舞班發病率高，而高年班又比低年班發病率高，是由於民族舞的跳躍及翻騰較多，而高年班跳躍及翻騰動作較複雜之故。脛骨疲勞性骨膜炎在舞蹈創傷中較多見之原因（表6），除跳躍翻騰外，由於舞蹈訓練多穿薄布底鞋，排練場地均為木板地，僅用較薄地氈覆蓋，假如跳躍技術掌握不正確，更容易引起足跟或全足底著地所致的脛骨應力性損傷。

（五）腰痛、椎間盤脫出

　　腰痛問題在舞蹈創傷中亦相當重要，本組23人腰痛（占34.4%），其中腰肌勞損8人，腰骶關節勞損7人，棘突骨膜炎4人，椎間盤脫出3人（輕度），脊椎骨骺骨軟骨炎2人。因為腰痛直接影響訓練比較嚴重，故值得重視。椎間盤脫出的患者，有著運動員椎間盤脫出的特點，即直腿抬高試驗多數是陰性，一般均超過90度以上，只是雙側對比有些差別或甚至沒有差別。坐骨神經痛往往不顯著或沒有出現。

表5　髕骨軟骨病發病分佈

班別	總人數	發病總人數	百分率	總髕骨數	發病髕骨數	髕骨發病率
民四	25	16	64%	50	29	58%
民二	21	11	52.3%	42	19	45.2%
芭二	19	6	31.5%	38	12	31.5%

表6　脛骨疲勞骨膜炎發病分怖

班別	總人數	發病總人數	百分率	總脛骨數	發病脛骨數	膝骨發病率
民四	25	15	60%	50	30	60%
民二	21	0	0	42	0	0
芭二	19	1	0.5%	38	2	0.5%

（六）預防問題

1.新生選擇時除注意舞蹈本身要求的條件外，也要注意身體的素質基礎，入學後應該有身體素質全面訓練的課程。適當增加營養，使學生有充沛體力去接受較大訓練量。

2.合理安排教程，訓練不要採取單一及過分集中的辦法，特別跳躍與下蹲的訓練要有間歇。應做到課前有準備活動，課後有放鬆活動，課間有小休及鬆弛活動，這樣可以避免髕骨勞損的發生。

3.要求學生站一字位的動作時應注意勿使重心前傾壓在內側縱弓上，最好先訓練髖關節外旋、外展活動度以避免舟楔及距舟關節被強力置於外展、外翻位而造成舟骨勞損。

4.舞蹈訓練的鞋跟甚至鞋底可適當加上較薄的海棉墊，可以減少脛骨應力性的損傷及髕骨軟骨病的發生。跳躍翻騰注意著地技術並用較厚地毯可以減少震動力量。

5.授予學生運動生理及運動保健應有的常識，以便加強自我監督與保護。可以開展預防性的自我按摩及互相按摩。考慮設立預防性的理療如水療等措施，以減少職業病的發生。

6.加強醫療技術設備，有傷病立即診治。並做到學生、醫師、老師三結合，更好決定安排訓練問題。

註1：〈運動員髕軟骨病100例臨床分析〉，《體育科學技術資料》123：23，1963。
註2：本文技術協助：杜本荊、潘橋、陳孟華、居燕萍、曾蒲珠。

第十三篇　廣州運動員體格發育調查研究

中山醫學院（醫學體育教研組）　卓大宏、林馨曾、鄭錦泉

　　在運動醫學實際工作中，研究運動員的體格發育具有重要意義。醫師及教練員在指導運動員選擇運動專項時，必須考慮到運動員體格發育的特點。通過觀察不同專業運動員體格發育的特點，可以論證各項運動對體格發育的特有影響。近世以來，Arnold、Kohlrauach、Bach、Matthias、吉田章信，JleTyHOB諸氏對此曾進行過詳細的研究，他們的材料都表明運動員比不運動者有較高的體格發育水準，而各項運動員在體格發育上又各有其特點。在中國解放前的醫學及體育文獻中，沒有關於中國運動員體格發育的詳細資料可查；只有在解放後，由於黨的重視，人民保健及體育事業有了蓬勃的發展，運動員的體格發育及健康狀況才受到密切的注意。1955年在北京的一批運動生理學研究生，曾對北京體育學院學生的體格發育情況進行過調查，唯資料簡單。作者於1957年4月至10月對廣州市運動員體格發育情況進行過一次調查。本文報告這次調查結果，並做分析討論。

一、研究方法

　　1.調查對象：包括廣州體育學院競技指導科運動員，華南師範學院體育系學生和廣州市青少年業餘體育學校運動員。這些運動員經過較長時期的正規訓練，技術水準較高，因此，挑選他們作為調查對象所得的資料比較典型。他們的各項條件如後。

　　人數與性別的分佈見表1：

表1　性別與人數

性別＼單位	廣州體育學院 競技指導科	華南師範學院 體育系	廣州青少年 業餘體育學校	總數
男	88	94	76	258
女	31	20	38	89
總數	119	114	114	347

年齡：14歲20人，15至16歲72人，17至18歲32人，19至20歲70人，21至29歲151人。

訓練年限及運動水準：普遍經1年以上之全面訓練或專項訓練。少年運動員平均經過1年半的專項訓練，師院體育系學生經1至4年全面訓練，廣州體院運動員運動齡平均約3年，其中約有三分之一運動員有4年以上的運動齡。以上運動員的運動水準都比較高，多數為等級運動員（自少年級至一級）。

2.對照組：以中山醫學院19歲以上男學生236名，廣州第十六中學13至18歲男學生140名做對比。對照組之年齡、生活環境與調查組相當，但一般未經過系統體育訓練。

3.觀察指標及方法：選擇一般公認能反映體格發育水準的各項人體測量指標：包括身長體重、胸圍、呼吸差、肺活量、握力、肩寬、胸矢狀徑、胸橫徑、頸圍、上臂圍、前臂圍、股圍、小腿圍等。所有測量均由作者及技術熟練的護士按照國際公認的人體測量規則和方法執行。紀錄中有的單位除體重、握力為公斤，肺活量為毫升外，其餘均為釐米。

在評定運動員體格發育時，我們運用了「指數方法」及「標準方法」。所採用的指數有：Pignet指數〔身長－（胸圍＋體重）〕；體重－身長指數（體重（克）／身長釐米）；胸圍指數（胸圍／身長×100）；肺活量指數〔肺活量（毫升）／體重（公斤）〕；握力指數（握力／體重）。

4.資料整理：根據年齡、運動員專項不同的各個分組，運用統計學方法求出各項指標的算術平均數（M），在多數場合下，同時還求出了各項指標的均差方（σ）和算術平均數的標準誤（m）。

二、結果

1.調查結果：廣州市347名主要運動員體格發育各項指標的算術平均數如表2。

2.廣州市各年齡組男運動員體格發育與相當年齡組不運動或少運動者的比較。前者有較高的體格發育水準（表3）。

3.在青年運動員中，我們分別研究了廣州體院競技指導科與華南師院體育系兩組運動員的體格發育情況，發現兩者相差不遠。但在幾個重要指標上，前者的平均值較後者為高（表4）。

以上差別還可用體格發育斷面圖表示（表5）。

根據體格發育各項指數來評定青年及成年運動員的體格發育水準，可以看出他們的體格發育水準屬於中上，其中體院運動員的體格發育水準較高（表6）。

4.在研究體育學院不同專業項目男運動員的體格發育情況時，我們發現以下事實：籃球運動員有最高的平均身長。胸圍和肺活量平均值最大的首推水球隊、游泳跳水隊，其次是籃球隊和排球隊。握力平均值最大的是水球、籃球和排球運動員。在肌肉發育方面，水球運動員有最粗的頸圍和上臂圍。現把這幾項指標和體格發育指數列表比較如表7。其他指標的比較各隊雖有所出入，但相差不遠，且意義較小，就不一一細述了。

總的來說，水球運動員的體格發育最均勻而又強壯。我們又單獨研究了5名乒乓球男運動員的體格發育情況，其平均值為：體重56.5，身長168.2，胸圍84.1，肺活量3,800，握力41。這指標均較廣州體院男運動員各指標之中等值為低。

表2　廣州市主要運動員體格發育指標之平均值（347例）

指標		性別	13-14	15-16	17-18	19-20	21-30
身長		男	155.5	161.4	168.3	169.3	168.0
		女	151.9	154.1	156.9	160.0	159.2
體重		男	41.0	50.0	57.3	59.2	60.2
		女	41.7	43.6	47.6	53.5	52.4
胸圍		男	73.2	76.6	82.4	85.5	86.9
		女	73.4	72.3	75.5	81.5	80.6
呼吸差		男	5.6	6.7	7.4	8.0	8.3
		女	7.6	6.3	6.0	7.9	6.2
肺活量		男	2827	3325	3755	3850	3822
		女	2457	2600	2816	2980	2835
握力		男	29.3	35.6	49.9	49.4	53.1
		女	20.5	22.7	26.4	34.7	31.3
胸廓徑度	矢狀徑	男	15.5	17.0	18.1	18.5	18.8
		女	15.2	15.3	16.0	16.8	16.0
	橫徑	男	22.8	24.4	26.0	25.9	25.9
		女	21.8	22.2	23.3	24.6	23.1
寬度	肩寬	男	32.1	32.6	33.0	33.9	35.0
		女	31.7	30.8	29.4	30.8	32.5
	骨盆寬	男	23.7	24.3	25.5	25.4	26.1
		女	23.9	24.0	24.5	25.0	25.0
圍度	頸圍	男	29.4	31.6	33.3	34.0	34.7
		女	28.5	28.5	29.7	31.0	29.9
	上臂圍 屈	男	22.8	25.6	28.0	28.9	29.7
		女	22.9	22.9	25.1	26.0	26.3
	伸	男	20.7	22.9	24.6	25.7	26.2
		女	21.1	20.8	22.8	24.4	24.1
	前臂圍	男	19.6	21.9	23.8	24.2	24.7
		女	19.9	20.3	21.5	22.0	22.0
	股圍	男	41.3	45.2	49.6	50.6	51.8
		女	44.8	46.0	49.6	51.9	51.5
	小腿圍	男	30.9	32.4	33.6	34.5	35.2
		女	30.8	30.9	32.3	33.7	33.8

表3　運動員與普遍學生體格發育指標比較（男性，共624例）

指標 年齡	組別	身長	體重	胸圍	呼吸差	肺活量	握力
13-14	運動員	155.5±1.00	41.0±1.06	73.2±0.87	5.6±0.59	2827±118	29.3±3.56
	普通中學生	147.2±0.98	38.3±0.87	65.9±0.57	6.5±0.22	2125±91	19.1±1.25
15-16	運動員	161.4±1.21	50.0±1.35	76.6±0.92	6.7±0.23	3325±81	35.6±1.46
	普通中學生	157.1±0.84	43.3±0.66	69.4±0.41	6.8±0.18	2855±60	32.2±1.23
17-18	運動員	168.3±1.72	57.3±1.61	82.4±0.79	7.4±0.49	3755±135	49.9±2.02
	普通中學生	160.9±1.17	49.2±1.13	74.3±0.81	7.0±0.25	3475±95	44.1±2.08
19-30	運動員	169.6±0.48	59.7±0.47	86.5±0.31	8.2±0.17	3833±43	52.0±2.2
	普通大學生	165.0±0.35	51.0±0.33	79.3±0.25	—*	3330±22	40.9±0.44

註：*表此項資料缺。

表4　兩組運動員體格發育指標比較

性別指標		廣州體院 競技 指導科 男18-29歲（平均21.4歲），82人，女17-23歲（平均19.6歲），27人 M±m	華南師院 體育系 男19-25歲（平均22歲），85人，女20-23歲（平均22.7歲），20人 M±m	性別指標		廣州體院 競技 指導科 男18-29歲（平均21.4歲），82人，女17-23歲（平均19.6歲），27人 M±m	華南師院 體育系 男19-25歲（平均22歲），85人，女20-23歲（平均22.7歲），20人 M±m
身長	男	170.9±0.82	166.6±0.57	寬度	肩寬 男	33.5±0.18	36.9±0.29
	女	160.9±1.18	156.9±0.67		肩寬 女	30.5±0.27	32.8±0.60
體重	男	62.0±0.75	59.8±0.56		骨盆寬 男	26.1±0.16	25.7±0.23
	女	52.3±1.11	51.7±0.95		骨盆寬 女	25.0±0.19	25.8±0.26
胸圍	男	87.5±0.49	86.1±0.38	圍度	頸圍 男	34.6±0.17	34.6±0.15
	女	80.5±0.95	80.6±0.84		頸圍 女	30.6±0.29	30.0±0.21

性別指標			廣州體院競技指導科 男18-29歲（平均21.4歲），82人，女17-23歲（平均19.6歲），27人 M±m	華南師院體育系 男19-25歲（平均22歲），85人，女20-23歲（平均22.7歲），20人 M±m
呼吸差		男	8.5±0.27	8.1±0.25
		女	7.2±0.51	6.1±0.28
肺活量		男	4172±62	3642±50
		女	3170±65	2587±67
握力		男	50.8±0.94	53.9±1.04
		女	31.2±1.15	33.2±1.47
胸廓徑度	矢狀徑	男	19.0±0.14	18.7±0.11
		女	17.0±0.22	16.2±0.17
	橫徑	男	26.5±0.17	25.2±0.19
		女	23.9±0.31	24.0±0.45

性別指標			廣州體院競技指導科 男18-29歲（平均21.4歲），82人，女17-23歲（平均19.6歲），27人 M±m	華南師院體育系 男19-25歲（平均22歲），85人，女20-23歲（平均22.7歲），20人 M±m
圍度	上臂圍	屈 男	29.9±0.18	29.9±0.22
		屈 女	26.6±0.35	26.3±0.37
		伸 男	26.2±0.19	26.2±0.19
		伸 女	24.5±0.29	24.0±0.34
	前臂圍	男	24.8±0.15	24.4±0.14
		女	22.2±0.22	22.2±0.23
	股圍	男	52.3±0.31	51.2±0.31
		女	51.6±0.57	50.6±0.92
	小腿圍	男	34.9±0.21	35.2±0.21
		女	33.4±0.35	33.8±0.39

表5　兩組運動員體格發育水準在斷面圖上的比較

指標／評價			身長	體重	胸圍	呼吸差	肺活量	握力	頸圍	胸廓徑 矢狀徑	胸廓徑 橫徑	寬度 肩寬	寬度 骨盆寬	上臂圍 屈	上臂圍 伸	前臂圍	股圍	小腿圍
+	35	很高	-185	-75	-85	-14	-5500 -5000	-75 70	-39 -39	-22	-30	-42 -41	-32	-34	-30	-28	-58	-40
+	25	高	-180	-70		-12	-4500	-65	-37 -36	-21 -20	-29 -26	-40 -39 -38	-30	-32	-28	-27 -25	-58	-38
	15	中上	-175	-65	-90	-10		-60			-27	-37	-28	-30			-54	-36
+	1/25	中等	-170	-60	-85	-3	-4000	-55 -50	-35 -34	-19	25	-35 -35 -34	26	-23	-25	-25 -24	-52	
-	1/25	中下	-165	-55		-6	-3500	-45		-18	-25	-33					-50	-34
-	15	低	-150	-50	-80	-4	-3000	-40 -35	-33 -32	-17	-24 -23	-32 -31 -30	-24	-25	-24	-23 -22	-43 -46	-32
- -	25 35	很低	-155	-45	-75	-2	-2500	-30	-31	-16	-22	-29 -28	-22	-24	-22	-21	-44	-30

運動員之體格發育斷面圖（男性十九—三十歲）

表6　廣州市運動員體格發育指數平均值

指數	Pignet指數		體重—身長指數		胸圍指數		肺活量指數		握力指數	
性別	男	女	男	女	男	女	男	女	男	女
廣州市運動員	21.6	—	350	326	51.6	50.6	65.5	55.4	87.8	61.5
體院運動員	20.9	—	361	327	51.4	49.8	67.5	58.7	82.4	58.8
師院體育系學生	22.3	—	339	325	51.5	50.5	63.6	51.1	93.1	65.2

表7　廣州體院男子各隊運動員體格發育指標

隊別		籃球隊	排球隊	足球隊	水球隊	游泳跳水隊	其他*
年歲		19.7（16-24）	23.4（19-29）	22.5（19-29）	23（18-29）	19.4（18-24）	21.2（19-25）
人數		15	9	21	13	15	10
指標							
身長	Mi-Ma M±m	175~198 184.3±1.43	172~180 174.3±0.96	163.5~181 169±0.90	162~178 169.4±1.37	160~173.2 166.4±1.03	156.5~172.5 164±1.72
體重	Mi-Ma M±m	60~78.5 68.5±1.49	61~77.5 65.0±1.12	52~69.2 59.6±1.01	61.5~70 65.8±0.80	49~70 59.3±1.44	46.8~61.5 54.0±1.50
胸圍	Mi-Ma M±m	79.5~97 85.9±1.09	86~93 87.9±0.84	77~92.5 85.6±0.78	87~99 93.1±0.91	83~97 89.4±1.03	82~91 84.6±0.99
呼吸差	Mi-Ma M±m	7~15 8.7±0.63	7~11 7.9±0.44	4.5~11.5 7.5±0.37	4~13.5 9.8±0.81	5.5~14.5 8.6±0.74	6~13 9.0±0.73
肺活量	Mi-Ma M±m	3650~5000 4457±99	3550~4800 4056±143	3150~5000 3923±97	3850~5600 4701±63	3500~5300 4191±133	2700~4100 3575±125
握力	Mi-Ma M±m	45~70 53.7±2.52	40~66 51.5±2.16	36~64 49.9±1.42	45~68 55.2±1.76	34~64 48.7±2.33	35~66 44.1±2.74
上臂圍	Mi-Ma M±m	22~30 26.0±0.50	26~27 26.2±0.14	23~27.5 25.2±0.25	27~30.5 28.1±0.31	24~30 26.8±0.38	24~31 26.4±0.58
Pignet指數		28.7	20.5	22.5	10.0	17.5	25.0
體m－身長指數		371	372	353	388	S55	329
胸圍指數		46.7	50.5	50.8	55.2	55.2	51.3
肺活M指數		65	61.5	68.7	71.6	71.4	66.6
抱力指數		79.7	78.2	84.1	84.7	82.6	82.9

註：*其他包括乒乓球運動員及體操運動員，因人數過少，不再分隊另列。

三、討論

1.關於運動員體格發育水準：從各指標的絕對值及其與普通人的比較可見：少年運動員體格發育中上；青年及成年運動員的體格發育水準亦屬中等以上，與普通人比較則為良好。他們的體重－身長指數、胸圍指數在正常標準範

圍內，而肺活量指數、握力指數更高於中等標準。按Pignet指數評價，這些運動員的體格發育屬中等。但Pignet指數僅為一參考指標，不能單純因此為評定依據。所以，應該得出的結論是，廣州市運動員的體格發育屬於中上，甚至良好的水準。雖然如此，他們的體格發育也有不足之處。按Brugsch氏胸圍指數分類的標準，在被檢214名青年或成年運動員中，闊胸（胸圍指數大於55）的僅有22人（占10%），而狹胸（胸圍指數小於50）者則達57人（占26%）；至於體重方面，亦有92名（占43%）運動員之體重－身長指數低於正常標準（男350，女320）。

　　2.關於運動員與不運動者體格發育水準的差別：本文的材料證實了運動員比普通不運動或少運動的健康人較高的體格發育水準。這是長期（1年以上）系統的體育訓練促進了個體體格發育的一個側面證據。體格發育的進程和水準取決於許多內在因素（中樞神經系統、內分泌腺）和外界因素（生活條件、周圍環境、營養、運動制度等）。學者們一致認為體育運動是體格發育強有力的刺激因素。Matthias、JIeTyHOB等的研究材料都證明了這一點。根據我們的材料（表3），運動員比普通人身長多4.3至8.3釐米，體重多2.7至8.7公斤，胸圍多7.2至8.1釐米，肺活量多500至700毫升，握力多3.4至10.2公斤。以上現象的解釋除因運動員的選擇有一定影響外，應考慮：在發育期間，系統體育訓練（尤其是跳躍之類的練習）刺激了骨小梁的增長過程，從而促進了身長的發展（5）。由於系統訓練使肌肉組織在數方面增長和肌纖維在質方面增粗，肌肉變得豐滿了；這表現在體重的增加和四肢圍度、頸圍、胸圍的增大。胸圍增人除了由於胸壁肌肉增厚外，與胸廓的發展、呼吸功能的改善也有關。肺活量的增加，是由於系統的體育訓練使呼吸肌肉力量增強，肺組織彈性改善，使有更深的吸氣和更深的呼氣。握力的增加，是由於體育訓練增加了肌肉的體積和張力，使肌肉有更大的力量。當然，觀察體育訓練對體格發育的影響，還應採取追蹤觀察同一組對象的方法，研究具體在前後不同階段內體格發育的變動。本文材料也從橫的方面提出了有關的證據。例外的是13至14歲、15至16歲兩組運動員的呼吸差反較不運動者小：這點我們認為是在不多的例子（共166人）中所出現的偶然現象，可能由於統計學上的偏差所致。

　　3.關於廣州體院運動員比師院體育系學生的體格發育水準略高，這是由於

體院運動員的訓練期限較長（專業訓練平均有3年），訓練強度較大（頻繁的競賽活動，和日常運動量較大的正規訓練）；而師院學生則僅為一般的體育專業全面訓練，訓練期限較短（平均1.5至2年），訓練的強度也較小。

4.關於廣州體院各隊運動員體格發育情況：在男子各隊運動員中，水球運動員的體格發育水準最高。這是由於水球運動對機體的作用是全面的：它既要求速度（游得很快），也要求力量（有力地傳球和射門）和耐久力（緊張地進行全場比賽）等；它既有水上運動的一般良好作用（鍛鍊體溫調節機制、訓練呼吸器官），同時，也具有類似投擲運動和一般球類運動的良好影響（肌肉系統的顯著發展和動作靈活性的提高）。所以，水球運動員的體格發育均勻而強壯（其Pignet指數竟達10），其中最突出的是胸廓的發展和呼吸功能的完善：胸圍87至99釐米，平均93.1釐米；呼吸差最高有達13.5釐米，平均9.8釐米；肺活量由3,850至5,600毫升，平均4,701毫升。這些是由於游泳時，呼吸受到水的阻力作用，呼吸肌遭到了額外的負擔，因而受到了特殊的訓練，加強了呼吸肌的發展。KpecTOBHNKOB、KpaKOBRK等氏都有這種主張。籃球運動員的身長最高，由175至198釐米（平均184.3釐米）：這主要是人為挑選的結果，而不是籃球運動員促使他們發展成這樣高的身長，因為他們中許多人在加入籃球隊前已有身材高這一有利條件，才被挑選入籃球隊的。至於排球、籃球、水球等項運動員有較大的握力，是由於這些運動都屬於使用上肢為主的球類運動，自然會促使上肢肌肉力量的發展。乒乓球運動員體格發育水準較低，是由於該項運動訓練強度較小，除專項外又缺乏全面的訓練。這值得提供有關方面加強注意。

在女子運動員中，我們也觀察到類似的情況，不做詳述了。

5.這次調查的缺陷為：由於調查對象的限制，未能取得大批青年及成年的田徑、體操、重競技等專案水準運動員體格發育的資料，因此，不能對各主要項目運動員的體格發育做更全面的研究。這有待今後進一步研究，加以補足。

四、總結

本文提出了廣州市347名運動員體格發育資料的分析，發現如下事實：

　　1.廣州少年運動員體格發育水準中上，青年及成年運動員體格發育尚佳，各項指標均高於或等於正常的中等標準，但在體重和胸圍方面仍不夠滿意。

　　2.各年齡組的運動員與普通學生比較，前者的體格發育水準較高，其差別以成年組者最大。

　　3.廣州體院競技指導科之運動員與華南師範學院體育系學生相比，前者體格發育水準稍高。在體院各隊運動員中，以水球運動員之體格發育最均勻而強壯，乒乓球運動員之體格發育水準居於末位。

五、參考文獻

1. Arnold, A, Lehrbuch der Sportmedizin S.101-123 Johann Ambrosius Barth, Leipzig, 1956.
2. 吉田章信，《體力測定》（過本印藏，東京，昭和19年），頁31-83、111-112頁。
3. 北京體育學院，《1955-1956學年科學討論會報告選集》（北京：人民體育出版社，1956），頁77-82。

本文發表於《人民保健》4:193-198,1960

第十四篇　中國田徑運動員體格發育的調查分析

中山醫學院（醫學體育教研組）　　林馨曾、卓大宏

　　田徑運動是各項運動的基礎。它著重發展人們的自然實用技能（走、跑、跳躍、投擲等），對加強國防、提高勞動生產率及日常生活活動均具有重大意義。系統地長期地參加田徑運動，能促進體格發育，增強體質（特別是增強心、肺等內臟器官功能），並使運動員獲得優良的運動素質（速度、力量、耐久力和靈敏）。因此，田徑運動在中國和世界各體育運動發達的國家都受到熱烈的提倡，並有著廣泛的群眾基礎。

　　有關田徑運動員體格發育情況的資料，在中國尚無文獻報告。本文目的是通過調查瞭解各項田徑運動對體格發育的影響及其特點，提出中國田徑運動員各體格發育指標的平均值，供保健及體育工作者參考。

一、調查對象和項目

　　調查的對像是參加1958年全國春季田徑錦標賽（1958年2月在廣州）的優秀男運動員共267人，他們的平均年齡是22.1歲（最小15歲，最大35歲），籍貫分佈於全國各地。267人中有運動健將14人，一級運動員38人，二級運動員215人，包括全國各地最優秀的田徑運動員在內，故調查結果具有一定的代表性。

表1　田徑運動員的體格發育情況

指標	M±m	σ	指標	M±m	σ
體重	64.58±0.45	7.46	胸矢狀徑	19.22±0.10	1.65
身長	171.72±0.72	5.88	胸橫徑	27.08±0.15	2.49
坐高	92.00±0.20	3.82	上臂圍		
胸圍	87.28±0.30	5.00	屈	29.26±0.14	2.32
呼吸差	8.65±0.14	2.35	伸	25.93±0.13	2.11
肺活量	4068±21	350	前臂圍	24.86±0.10	1.76
握力	58.85±0.60	9.84	骨盆寬	26.28±0.11	1.83
頸圍	34.85±0.11	1.79	股圍	52.40±0.20	3.30
肩寬	35.44±0.16	2.70	小腿圍	36.40±0.12	2.30

註：男性267人，平均年齡22.1歲（15-35）。

　　按國際公認的人體測量方法對上述267名運動員進行了調查，包括體重、身長等16項（表1）。其中體重與握力以公斤為單位，肺活量以毫升為單位，其餘各項均以釐米為單位。調查結果按統計學方法處理。

二、調查結果

　　1.中國男子田徑運動員（267名）的各項人體測量結果（中等值、標準差、均方差）列於表1。

　　2.按性質的不同，將田徑運動分為短跑（包括100公尺、200公尺、400公尺，及跨欄運動），中跑（包括800公尺及1,500公尺）、長跑（包括3千公尺障礙跑、5千公尺、1萬公尺）、跳躍運動及投擲運動等5個基本項目，分別進行統計並列表（表2）加以比較。

表2　各項田徑運動員（男）的體格發育情況

指標＼項目　中等值	短跑	中跑	長跑	跳躍	投擲
體重	63.22±0.45	61.88±0.94	60.32±1.08	64.02±0.71	75.28±1.76
身長	171.00±0.51	170.48±0.96	169.92±1.14	172.80±0.73	176.10±0.97
坐高	91.90±0.27	91.08±0.19	90.48±0.48	91.66±0.35	95.22±0.66
胸圍	86.22±0.40	84.58±0.38	86.32±0.76	87.60±0.51	93.94±0.88
呼吸差	8.52±0.21	8.02±0.39	8.74±0.43	8.95±0.30	8.90±0.40
肺活量	3900±50	4145±120	4100±100	4000±65	4662±94
握力	57.54±0.80	51.45±1.84	52.11±0.58	60.15±1.12	68.10±1.18
頸圍	34.84±0.16	34.02±0.24	34.37±0.24	34.34±0.17	36.85±0.30
肩寬	35.84±0.25	34.72±0.53	35.06±0.58	36.76±0.29	36.53±0.51
胸厚	18.90±0.11	19.20±0.39	19.25±0.23	18.80±0.15	21.00±0.39
胸橫徑	27.00±0.23	26.15±0.22	26.26±0.38	26.67±0.21	30.00±0.39
上臂圍 屈	28.90±0.16	28.33±0.29	27.76±0.36	29.14±0.24	32.85±0.44
上臂圍 伸	25.65±0.15	24.20±0.24	24.80±0.35	26.00±0.23	28.73±0.38
前臂圍	24.64±0.15	23.93±0.26	23.96±0.26	24.86±0.17	27.09±0.26
骨盆寬	26.00±0.15	25.16±0.23	26.10±0.33	26.37±0.20	27.88±0.37
股圍	51.98±0.23	50.32±0.47	50.06±0.47	52.58±0.34	57.00±0.66
小腿圍	36.13±0.16	35.47±0.26	35.00±0.31	36.27±0.22	38.61±0.73

註：短距離跑：120人，平均年齡：21.8歲
　　中距離跑：23人，平均年齡：21.7歲
　　長距離跑：30人，平均年齡，23.2歲
　　跳躍運動：60人，平均年齡：21.7歲
　　投擲運動：34人，平均年齡：22.4歲

三、討論

　　從表1可見：經過系統的田徑運動訓練的運動員具有較高的體格發育水準。在具體分析每一指標並列表與其他項目運動員比較（表3）時發現，田徑運動員體格發育的特點是體格發育均勻，各指標間沒有特別突出的現象。田徑運動員沒有像舉重運動員那樣特別發達的肌肉系統（表現在突出的體重、胸圍和四肢圍度）和力量（特大的握力），沒有像游泳運動員那樣特別發達的呼吸器官（較大的肺活量和呼吸差），也沒有籃球運動員那樣特別高的身長，這一均勻發育的體格說明田徑運動是一種全面鍛鍊、全面發展的運動，它要求運動員具備力量、速度、靈敏、耐久力等優良的運動素質，這些運動素質只有在全面發展的體格的基礎上才能獲得。

表3　田徑、舉重、游泳、籃球運動員的體格發育比較

指標／項目	身長	體重	胸圍	呼吸差	肺活量	握力	上臂圍		股圍
							屈	伸	
田徑	171.72	64.58	87.28	8.65	4068	58.35	29.16	25.69	52.40
舉重	166.10	69.20	93.10	8.60	3900	61.10	33.90	30.20	55.30
游泳	167.60	59.50	85.40	8.80	4325	46.10	29.20	26.10	50.30
籃球	184.30	68.50	85.90	8.70	4457	53.70	30.20	25.70	53.00

　　由表2及圖1可見：在各項田徑運動中，投擲運動員的體格發育水準最高，其次為跳躍運動員，第三為短跑運動員，長跑及中跑運動員的體格發育居於較低的水準。這一結果與國外文獻報告結果基本一致。從表4所列蘇聯田徑運動健將體格發育情況也可看到相似的結論。

表4　蘇聯田徑運動健將的體格發育情況

項目＼指標	身長	體重	胸圍	肺活量	握力	上臂圍		股圍
						屈	伸	
短跑	173.30	70.60	92.10	5280	58.00	32.80	28.20	54.10
長跑	169.00	64.60	91.30	4715	50.00	29.80	26.90	51.60
投擲	185.50	92.00	99.50	5780	62.00	35.50	31.00	60.10

　　圖1的曲線顯示：投擲運動員的絕大多數體格發育指標均處於「高」或「中上」的水準，表現在體重、胸圍、握力和四肢圍度方面均很突出。這是由於投擲運動員為了將定量的重物一次移動至最遠的距離，首先必須具有過人的力量，在長期訓練中，決定力量大小的肌肉群當然就受到了最有效的鍛鍊。另一方面，單有力量也不能成為優秀的投擲運動員，如舉重運動員雖然力量很大，但往往不能取得優秀的投擲成績，因為從運動素質方面來看，投擲運動員缺乏必要的速度和靈敏的動作是不行的。此外，在投擲運動中沒有按體重分等級的限制和規定。所有上述因素使教練員在選擇運動員和運動員在選擇自己的運動專項時，都將那些身高而肌肉不夠發達或肌肉發達而身材矮小的人摒棄在投擲運動員行列之外，因為他們要取得優秀的成績是比較困難的。因此，幾乎所有的投擲運動員都是身材魁梧、肌肉發達、力量巨大的人，結果是使投擲運動員的體格發育水準高而均勻，凌駕其他項目運動員之上。

　　跳躍運動員在身長、體重、胸圍、肺活量、握力和四肢圍度等方面都較短跑運動員稍高，但二者相差甚微，反映在運動性質上二者亦甚相似，如均需要有最好的速度和強大的下肢力量，需要有良好的彈跳力和很高的靈敏性等。從曲線分佈情況看來，跳躍及短跑運動員各指標均在斷面圖的中等部分，這說明在一定程度上二者可作為田徑運動員體格發育方面的代表項目。此外，值得提出的是：在身長與坐高之間所形成的曲線上，短跑、長跑及投擲運動員都是接近平行的，只有跳躍運動員形成下降曲線。就是說：跳躍運動員的坐高（軀幹長度）較其他項目運動員為低；相應地，其下肢長度所占身長的比例是較大了。這一特點一方面與長期的跳躍練習刺激下肢管狀骨骨骺生長而使下肢增長有關，另一方面更可能的是運動項目上的選擇性原因，即下肢比例較長的運

動員特別適宜於進行跳躍訓練並取得優秀成績，這正同身材高的人適於籃球運動、身材矮的人適宜於舉重運動一樣。

由曲線可見：中跑及長跑運動員的體格發育水準較低，特別是肌肉系統發育較差，表現在體重、握力和四肢圍度等指標均在「中下」水準；這是由於中、長跑運動員主要要求有良好的耐久力，而不要求有巨大的暴發的肌肉力量；同時，在中長跑訓練中消耗能量較多，長期訓練中大量能量的消耗只使肌肉變得堅實而在外形上卻沒有其他項目運動員的肌肉那樣發達。過於發達的肌肉形成過大的體重，往往增加能量的消耗，並減低動作的靈敏度，妨礙著運動成績的提高。因此，中、長跑運動員多是身材比較瘦小的。此外，中、長跑訓練中氧氣的消耗特別多，這就要求呼吸系統在訓練及比賽中能長時間保持高度的活動能力，並且供給機體以足夠的氧氣，即要求呼吸系統有巨大的工作能力，這一點反映在體格發育上就是中、長距離跑運動員具有較大的胸圍、呼吸差和肺活量。圖1曲線中的情況完全說明這一點，長跑運動員的胸圍和呼吸差較短跑大，肺活量則僅次於投擲運動員而居第二位。更準確而有說服力的是從肺活量指數〔肺活量（毫升）／體重（公斤）〕來檢查長跑運動員的呼吸系統發育情況（表5），長跑運動員的肺活量指數僅次於游泳及水球運動員而遠遠超過短跑、跳躍、投擲及舉重等項目運動員1,2,3。

表5　各項目運動員的肺活量指數比較

項目	短跑	長跑	跳躍	投擲	游泳	水球	舉重	籃球
肺活量指數	61.7	67.9	62.4	61.9	72.7	71.4	56.3	64.5

最後，我們將本調查中52名健將級及一級運動員的人體測量材料加統計分析（表6），發現在體格發育的各主要指標（包括身長、體重、肺活量、握力）均高於表1所列平均數字（胸圍相差不大）；這說明體格發育水準高低與運動員的訓練程度及運動成績水準是一致的，具有較高運動能力的優秀運動員在體格發育方面亦處於較高的水準，這是運動訓練促進了體格發育、增強了體質的又一明證。

表6　健將，一級田徑運動員的體格發育情況

體重	身長	胸圍	肺活量	握力
66.81	173.15	87.00	4175	60.63

註：健將14名，一級38名。

四、總結

　　1.對參加1958年全國春季田徑錦標賽的267名男性健將級、一級及二級運動員進行了詳細的人體測量調查，按統計學方法加以整理和分析。

　　2.列表提出中國田徑運動員的體格發育情況，各項田徑運動員的體格發育情況和田徑運動員的體格發育斷面圖。由於所調查的運動員具有一定的代表性，故所列數字及圖表可作為1958年中國田徑運動員體格發育的標準。

　　3.分析表明，田徑運動員具有均勻而較高的體格發育水準。各項田徑運動中，投擲運動員的體格發育水準最高，中、長跑運動員較低，短跑及跳躍運動員居於中等。

　　4.對各項田徑運動員的體格發育特點及健將級、一級運動員的體格發育情況進行了分析和討論。

註：人體測量工作得廣州體育俱樂部醫療室唐世耀醫師及護士同志大力協助，
　　特此致謝。

五、參考文獻

1. 卓大宏、林馨曾等，〈廣州市運動員體格發育的調查研究〉，《人民保健》
　　4:193-198,1960。
2. 卓大宏、林馨曾等，〈中國舉重運動員體格發育之分析〉（見本輯）。
3. 卓大宏、林馨曾等，〈中國游泳運動員體格發育之分析〉（見本輯）。

本文發表於《人民保健》2:81-84,1960

第十五篇　中國舉重運動員體格發育之分析

中山醫學院　卓大宏、林馨曾、唐世耀

　　舉重運動素被稱為「強壯者的運動」，舉重運動員的體格發育被認為是十分強壯的。解放後中國舉重運動成績已躍居世界水準的前列，迄今仍保持著4個單項的世界紀錄。關於中國舉重運動員的體格發育情況尚未見有文獻報告，本文根據對1957年參加全國舉重運動會的全體運動員進行體格檢查的結果，報告中國舉重運動員的體格發育情況。

一、研究對象及方法

　　調查舉重運動員共97名，包括世界紀錄保持者陳鏡開及其他中國最優秀之舉重運動員在內，籍貫分屬全國各地，均經系統舉重訓練，其中運動健將12名，一級運動員30名，二級運動員30名，三級運動員25名。分別屬於各個體重分級，年齡從18歲至44歲，平均24.6歲，調查時間為1957年11月。

　　對上述運動員按國際公認的規則進行人體測量，並將結果用統計學方法進行整理分析，所選用的指標包括體重、站立身長、坐高、平靜時胸圍、呼吸差、肺活量、握力、頸圍、肩寬、胸厚、胸橫徑、骨盆寬、上臂圍、前臂圍、股圍、小腿圍、腰圍、臂長等共18種，度量單位除體重與握力為公斤、肺活量為毫升外，其餘均為釐米。對每一指標均求出其中等值、均方差、中等值之標準誤差。

二、結果

　　舉重運動員經人體測量所得的體格發育指標如下（表1）。

三、討論

從表1及表2結果可以看出舉重運動員的體格發育指標按體重分級而有差別，體重愈大者，其他指標亦愈高。與其他專項運動員比較，舉重運動員的體格發育具有下列特點（1）、（2）、（3）。

1.體重－身長指數高：舉重運動員肌肉發達，體重較大，而身長平均值較低（見表3），故體重－身長指數甚高〔體重－身長指數由（體重[克]／身長[釐米]）公式而得〕。

2.肌肉發育程度高：舉重運動員肌肉發達，頸圍、上臂圍均為各隊之冠，股圍僅次於投擲運動員。

3.肌肉力量很大：舉重運動員右手握力在39至75公斤之間，平均值為61.1公斤。絕對握力以重量級為最大，相對握力數（與體重比）則從重量級至最輕級逐漸增加，而以最輕級為最大，這主要是由於體重相差比握力的相差較大（握力指數＝握力／體重×100）。

4.臂長較小：一般公認成年男子之平均臂長超過其身長約3釐米。若超過其身長4釐米或4釐米以上時，可視為長臂，若超過身長僅1至2釐米，甚至比身長還小時，則視為短臂。我們所觀察的舉重運動員臂長平均值為166釐米，與平均站立身長（166.1釐米）相近。在97名運動員中，臂長情況見表8。

在短臂的73人中，有46人之臂長小於其站立身長。體育界公認臂短是舉重運動員的一個天賦優點，臂短者舉起重物所至的高度比臂長者為小，因此所做的功亦較小，動作較易完成。我們的調查證明了中國大多數舉重運動員具有這個天賦的優點。

5.肺活量較小：文獻上許多作者認為從事力量練習者肺活量比從事其他項目練習的運動員小（4）、（5），許多作者的實際研究工作亦證明了這一點（6）、（7）、（8），但按其絕對值來說，從事舉重練習者肺活量仍比普通人大，KpeCTOBHNKOB氏解釋為：由於舉重運動員的呼吸肌反射性強烈收縮的作用，能促進呼吸肌的發達和肺活量的增加。我們的調查工作也證實了這一點。在舉重運動員中，一般來說，體重級別愈高，肺活量亦愈大。

6.Pignet指數低：按Pignet指數計算〔即站立身長－（胸圍＋體重）〕，97名舉重運動員之Pignet指數如表10。應用Pignet指數評定體格發育，原有一定缺點，一般認為該指數之標準偏高。但即使如此，中國舉重運動員仍能輕鬆地通過此指數之考驗：67%運動員可評為「十分強壯」，29.9%運動員可評為「良好」，屬於「中等」者只占3.1%（全部為最輕級運動員）。至於有大量運動員（主要是體重級別較高的運動員）之Pignet指數出現負值，其解釋為舉重運動員肌肉發達，體重及胸圍之發展遠遠超過身長的發展。

表1　中國舉重運動員的體格發育指標：共97例，年齡平均24.6（18-44）

指標		Mi-Ma	M±m	σ
體重		50.25-116	69.2±1.16	11.42
站立身長		149-184	166.1±0.66	6.54
坐高		83.5-100	91.0±0.36	3.50
胸圍		82-122	93.1±0.64	6.42
呼吸差		2-16	8.6±0.27	2.69
肺活量		2750-5600	3900±55	550
握力		39-75	61.1±0.99	9.81
頸圍		34-45	36.9±0.22	2.18
肩寬		29-39	33.5±0.25	2.52
胸厚		17-28	19.9±0.20	1.91
胸橫徑		23-38.5	30.0±0.24	2.42
骨盆寬		23-32	26.6±0.16	1.65
上臂圍	屈	28-43	33.9＋0.28	2.8
	伸	25-39	30.2±0.28	2.78
前臂圍		24.5-34.5	27.5±0.20	1.95
腰圍		63-107	75.0±0.40	7.88
股圍		47-67	55.3±0.96	9.48
小腿圍		31.5-44	36.4±0.25	2.45
臂長		146-184	166.0＋0.70	6.78

表2　各體重級別舉重運動員的體格發育指標平均值

平均值＼級別　　　指標		重量級	次重量級	輕重量級	中量級	輕量級	次輕量級	最輕量級
體重		105.8	85.3	78.1	71.6	63.6	58.4	53.9
站立身長		178.0	171.5	171.6	169.9	163.8	161.6	158.0
坐高		98.2	94.5	94.2	92.5	92.3	88.2	87.3
胸圍		110.3	103.0	96.8	93.5	91.0	88.9	84.1
呼吸差		6.6	9.6	8.3	8.8	8.6	9.9	8.0
肺活量		4600	3920	4400	4202	3850	3740	3590
握力		70.6	66.1	61.0	63.7	59.3	57.4	60.0
頸圍		43.6	39.7	39.0	37.6	36.4	35.2	35.1
肩寬		36.9	34.7	33.6	34.4	33.5	33.5	31.5
胸厚		25.5	22.6	21.0	20.4	19.5	18.8	18.0
胸橫徑		34.5	31.5	29.0	29.8	27.4	26.5	25.9
骨盆寬		30.3	28.5	28.1	26.9	26.5	25.6	25.5
骨盆寬		30.3	28.5	28.1	26.9	26.5	25.6	25.5
上臂圍	屈	41.0	37.8	26.1	34.5	34.4	31.9	31.4
	伸	36.1	34.1	32.7	30.8	29.6	28.3	37.5
前臂圍		33.0	30.1	28.6	27.9	27.0	27.0	25.6
腰圍		97.1	87.5	81.0	76.2	73.2	69.3	67.1
股圍		65.0	63.5	60.0	51.2	53.5	50.9	50.2
小腿圍		42.6	40.2	38.3	36.7	35.4	34.4	34.5
臂長		175.0	170.8	171.4	169.9	163.7	161.9	156.6

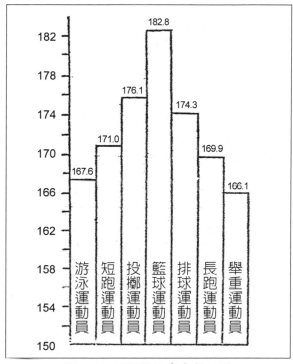

圖1　各項運動員之身長比較

表3　各項運動員的體重－身長指數

類別	籃球 運動員	排球 運動員	游泳 運動員	短跑 運動員	長跑 運動員	投擲 運動員	舉重 運動員
體重－身長 指數	374	376	356	369	354	427	417

表4　各項運動員的頸圍、上臂圍、股圍平均值

平均值　　級別 指標		籃球 運動員	排球 運動員	游泳 運動員	短跑 運動員	長跑 運動員	投擲 運動員	舉重 運動員
頸圍		34.7	35.7	34.2	34.8	34.4	36.9	36.5
上臂圍	伸	25.8	26.2	26.1	25.7	24.8	28.7	30.2
	屈	30.2	30.2	29.2	28.0	27.8	32.9	33.5
股圍		53.0	52.9	50.3	52.0	50.1	61.0	55.3

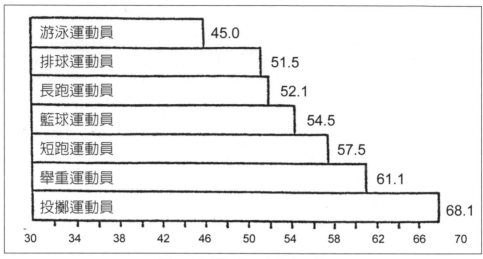

圖2　各項運動員的握力比較

表5　舉重運動員的握力指數

級別	重量級	次重級	輕重級	中量級	輕量級	次輕級	最輕級
握力指數	66	77	78	89	93	98	111

表6　舉重運動員的臂長

類別	長臂	中等	短臂
人數	18	6	73
百分率（%）	18.6	6.2	75.2

四、總結

　　本文報告中國97名優秀舉重運動員之體格發育情況，證實舉重運動員之體格發育十分強壯，其身長－體重指數甚高，肌肉發育程度高，肌肉力量很大，臂長較小，肺活量頗大。報告內列舉了中國舉重運動員（總合的和按體重分級的）體格發育各項指標之中等值、均方差和中等值標準誤差，並把其中一些指標與其他項目的運動員做出比較。

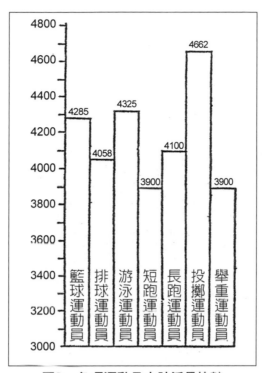

圖3　各項運動員之肺活量比較

表7　舉重運動員之Pignet指數

Pignet指數	低於0	0-10	11-20	21-25	26-35	大於35
人數	26	39	29	3	0	0
百分率（%）	26.8	40.2	29.9	3.1	—	—

五、參考文獻

1. 卓大宏等，〈廣州市運動員體格發育的調查研究〉，《人民保健》1960年，第4期，第193-198頁。

2. 卓大宏等，〈中國游泳運動員體格發育之分析〉（見本輯）。

3. 林馨曾等，〈中國田徑運動員體格發育之分析〉，《人民保健》1960年，第2頁，第81-84頁。

4. 布・恩・坦邊，《運動員的自我身體檢查》（北京：人民體育出版社，1955），頁110。

5. B.II. 包依科，《體育的醫師督導問題》（北京：人民衛生出版社，1955），頁64。

6. Arnold, A.: LeKrbuch der Sportmedizin. S. 103, Johan Ambrosius Barth, Leipzig. 1956.

7. 克列斯托甫尼科夫，《各項運動生理特點》（北京：中國青年出版社，1953），頁105-106。

本文發表於《中山醫學院論文集》第19輯（1964），頁53-57

第十六篇　中國游泳運動員體格發育之分析

中山醫學院　卓大宏、林馨曾、唐世耀

　　游泳運動具有寶貴的健身價值。人們從常識就瞭解到游泳運動員體格發育均勻，呼吸能力很強。但有關中國游泳運動員的體格發育的資料，迄今未見有文獻報告過。本文是作者就對1958年4月參加全國游泳比賽的優秀選手進行體格檢查的結果，報告中國游泳運動員的體格發育情況。

一、調查對象及方法

　　調查游泳運動員共72名，其中男48名，女24名，籍貫分屬北京、上海、廣東、江蘇、福建、廣西、河北、安徽等省市。運動員均經較長期之系統訓練，其中運動健將4名，一級運動員15名，二級運動員21名，三級運動員2名，其他尚未評級之運動員均為各省市最優秀的運動員，成績一般相當於二至一級水準。年齡男子14至28歲，平均18.9歲，女子13至25歲，平均18歲，調查時間為1958年4月。

　　對上述運動員按國際公認之規則進行人體測量，並將結果用統計學方法進行整理分析，所選用的指標包括：體重、身長、胸圍、呼吸差、肺活量、握力、頸圍、肩寬、胸厚、胸橫徑、骨盆寬、上臂圍（屈、伸）、前臂圍、股圍、小腿圍、腰圍。度量單位除體重、握力為公斤，肺活量為毫升外，其餘均為釐米。對每一指標均求出其中等值、均方差以及中等值之標準誤差。

二、結果

　　男、女游泳運動員經人體測量所得各體格發育指標數字如表1。

三、討論

從表1可以看出，游泳運動員大部分體格發育指標屬中上，如體重－身長指數為355，胸圍指數50.8，握力指數77.4。

與其他項目運動員比較，游泳運動員的肺活量較大（1）-（3）。

從上表可以看出：游泳運動員之絕對肺活量居上列各項運動之第二位，但小於投擲運動員；這一方面是由於中國游泳運動員的訓練水準仍不夠高，另方面是由於平均體重較投擲運動員輕：游泳運動員平均體重為59.5公斤，投擲運動員平均體重為75.3公斤。但游泳運動員之相對肺活量（比體重）則占明顯優勢，遠遠超過其他項目的運動員（見表2肺活量指數欄）。

游泳運動員肺活量的大小與其訓練程度有密切關係，訓練程度愈高，運動成績愈好，則肺活量愈大（見表3）。

游泳運動員肺活量的顯著發展是由於游泳時的呼吸運動受到水的阻力作用，呼吸肌遭到了額外的負擔，因而受到了訓練，使它的力量增強；同時，也是由於改善了胸廓的活動性（KpeCTOBHNKOB, KpaKOBRK）。

表1　中國游泳運動員體格發育情況，共72名（1958年4月）

指標	性別	Mi-Ma	M±m	σ	指標	性別	Mi-Ma	M±m	σ
身長	男	46-72	59.5±1.02	7.10	胸橫徑	男	22-30	26.2±0.28	1.94
	女	40-64	52.9±1.07	5.24		女	21-28	24.4±0.32	1.59
體重	男	156-182	167.6±0.95	6.60	骨盆寬	男	23-29	26.0±0.19	1.38
	女	150-16	158.7±0.70	3.46		女	24-30	25.8±0.62	3.04
胸圍	男	74-96	85.4±0.79	5.50	上臂圍 屈	男	24-34	29.2±0.36	2.50
	女	72-90	79.7±0.88	4.32		女	23-31	27.2±0.42	2.08
呼吸差	男	5-15	8.8±0.39		伸	男	22-30	26.1±0.20	2.01
	女	5-12	8.6±0.37			女	20-28	24.9±0.40	1.98

指標	性別	Mi-Ma	M±m	σ	指標	性別	Mi-Ma	M±m	σ
肺活量	男	2750-5750	4325±65	451	前臂圍	男	21-26	24.1±0.20	1.40
肺活量	女	2500-4000	3267±60	305	前臂圍	女	19-25	24.1±0.20	1.4
握力	男	21-72	46.1±1.40	10.25	股圍	男	42-60	50.3±0.52	3.64
握力	女	12-42	27.1±1.41	6.93	股圍	女	42-62	51.8±0.74	3.66
頸圍	男	30-38	34.2±0.24	1.68	小腿圍	男	29-39	34.3±0.33	2.35
頸圍	女	29-34	30.7±0.27	1.35	小腿圍	女	29-38	33.7±0.47	2.31
肩寬	男	31-41	34.9±0.38	2.64	腰圍	男	60-78	68.4±0.31	2.20
肩寬	女	28-39	33.5±0.45	2.23	腰圍	女	58-72	63.0±0.41	1.84
胸厚	男	15-25	18.8±0.23	1.61					
胸厚	女	15-19	16.9±0.25	1.24					

表2　各項運動員之肺活量及肺活量指數

隊別	籃球	排球	游泳	短跑	長跑	投擲	舉重
肺活量	4285	4058	4325	3900	4100	4662	3900
肺活量指數	65	61.5	72.7	61.7	67.9	61.9	56.3

表3　不同等級的游泳運動員（男性）的肺活量

等級 ＼ 肺活量 人數	3000-3500	3510-4000	4100-4500	4510-5000	5100-5500	總數
健將、一級	0	2	4	5	8	19
二級、三級	7	3	4	6	3	23

四、總結

　　本文提出了中國72名優秀游泳運動員的體格發育情況，跟據指數法及標準法評定，體格發育屬於中等，比較均勻。其中肺活量的指標較高，相對肺活量更遠遠高於球類、田徑、舉重等運動員，肺活量之高低與訓練程度大致成正比。

五、參考文獻

1. 卓大宏等，〈廣州市運動員體格發育的調查研究〉，《人民保健》1960年，第4期，第193-198頁。
2. 林馨曾等，〈中國田徑運動員體格發育之分析〉，《人民保健》1960年，第2期，第81-84頁。
3. 卓大宏等，〈中國舉重運動員體格發育之分析〉（見本輯）。

本文發表於《中山醫學院科學論文集》第19輯（1964），頁58-60

第十七篇　中國足球運動員體格發育調查報告

中山醫學院（醫學體育教研組）　卓大宏、林馨曾

　　國外運動醫學專家認為足球運動員之體格發育具有一定特點。中國著名足球教練（2）、（3）亦謂足球運動員的體格與其技術上之成就有一定關係，故研究足球運動員的體格發育不僅具有理論上的價值，且具實用意義。鑑於中國足球運動員體格發育資料尚未見有詳細報導，作者特於1963年春對中國148名著名足球運動員的體格發育情況進行調查。本文報告此次調查的結果。

一、材料及方法

　　調查對象為1963年春在廣州集訓的全國七隊優秀甲級足球隊（北京體院、八一、上海、天津、廣東、遼寧、北京青年），運動員148人，年齡19至32歲（平均24.8歲），平均球齡6.1年。

　　用人體測量法進行調查，測定體重、站立身長、坐高、胸圍、呼吸差、肺活量、握力、上臂圍、股圍、小腿圍，並計算Pignet指數和體重減身長指數，所有測量均由作者及技術熟練之助手按國際公認之方法進行，記錄用公斤、釐米、毫升等單位。

　　測量結果用統計學方法整理，求出各項標識之算術平均值、均方差、算術平均值之標準差。

二、結果

　　（1）148名足球運動員體格發育的各項標識見表1。

　　（2）前鋒組與後衛、守門員、前衛組相比較，後者的體格發育優於前者（表2）。

　　（3）不同位置的運動員其身長及體重有顯著差別，守門員和中衛身材最

高，前衛及前鋒身對較矮，後衛和守門員的體重亦明顯高於前衛及前鋒（表3）。

三、討論

　　1.體格發育水準：根據Pignet指數平均值（16.54）分析，中國足球運動員體格發育良好。與國內其他項目運動員比較，足球運動員體格發育各項指標（除握力外）比田徑運動員略高，而胸圍、呼吸差、肺活量、上肢圍度等不及游泳運動員，足球運動員之股圍明顯地大於田徑及游泳運動員（表4）。

表1　中國足球運動員體格發育指標

項目	M±m	σ
體重	70.44±0.46	5.72
身長	172.94±0.41	5.04
坐高	94.22±0.24	2.98
胸圍	87.54±0.41	5.00
呼吸差	7.15±0.16	2.04
肺活量	4183±41	502
握力	49.50±0.85	10.44
上臂圍（屈）	30.08±0.12	1.52
上臂圍（伸）	27.10±0.13	1.68
股圍	55.40±0.21	2.64
小腿圍	36.68±0.15	1.90
體重身長指數	395.5±2.29	28
Pignet指數	16.54±0.54	6.60

表2　兩組足球運動員體格發育指標的比較

項目	守門員、後衛、前衛	前鋒
體重	70.20±0.59	65.68±0.63
身長	174.46±0.54	171.14±0.52
坐高	95.10±0.31	93.2±0.33

項目	守門員、後衛、前衛	前鋒
胸圍	87.90±0.38	87.00±0.42
呼吸差	7.49±0.21	6.60±0.25
肺活量	4237±52	4012±57
握力	51.88±1.10	46.38±1.27
上臂圍（屈）	30.16±0.16	29.98±0.16
上臂圍（伸）	27.14±0.18	27.06±0.21
股圍	55.64±0.29	54.52±0.34
小腿圍	37.02±0.20	36.22±0.20
體重身長指數	40.36±2.92	384±3.20
Pignet指數	15.4±0.66	18.22±0.82

表3　不同位置足球運動員的體重身長

	守門員 （16人）	中衛 （19人）	邊後衛 （32人）	前衛 （20人）	內鋒 （32人）	邊鋒 （29人）
體重	73.9	71.21	73.88	65.72	65.62	65.19
身長	177.94	177.31	174.37	169.44	171.65	170.08

表4　足球，田徑，游泳運動員體格發育指標的比較

隊別	足球	田徑	游泳
作者	本文	林馨曾等4（1960）	北京體院5（1961）
體重	70.44±0.46	64.58±0.45	63.45±1.05
身長	172.94±0.41	171.72±0.72	170.33±0.53
坐高	94.22±0.24	92.00±0.20	92.00±0.30
胸圍	87.54±0.41	87.28±0.30	90.64±0.22
呼吸差	7.15±0.16	8.65±0.14	10.90±0.28
肺活量	4183±41	4068±21	4400±51.4
握力	49.50±0.85	58.35±0.60	—
上臂圍（屈）	30.28±0.12	29.16±0.14	31.71±0.15
上臂圍（伸）	27.10±0.13	25.96±0.13	28.32±0.15
股圍	55.40±0.21	52.40±0.20	52.14±0.01
小腿圍	36.68±0.15	36.40±0.12	36.17±0.15

　　與外國資料比較（6），中國足球運動員之體重、身長接近世界著名足球運動員的水準，但在體重方面仍稍遜（表5）。

表5　世界優秀足球運動員與中國優秀足球運動員體重身長的比較

	1962年 世界冠軍 巴西隊	1962年 蘇聯國家隊	1962年 世界錦標賽 決賽16個隊	中國北京 體院隊	中國7個優秀 甲級足球隊
體重	70.7	74.8	73.3	70.54	70.44
身長	173.8	176	175	174.98	172.94

　　2.體格發育之特點：A.Arnold謂足球運動員上肢、下肢肌肉不一定對稱發展，常見上臂圍中等度大，而股圍特大；因股外展肌、內收肌及股中間肌十分發達，強而有力。我們這次的調查證實了這種說法，足球運動員上臂圍為30.08釐米／27.10釐米，與田徑運動員相差不遠而小於游泳運動員，但股圍55.40公分則明顯高於田徑及游泳運動員。

　　3.各個位置的足球運動員體格發育上之特點：在身體素質和技術修養相同的條件下，運動員的體格與技術水準的發揮有一定關係。中國著名足球教練陳成達（2）謂：中衛和守門員應該有一定的高度以便控制空中的範圍。曾雪麟（3）謂：守門員一般身高應在175至180釐米，體重在65至75公斤，大腿粗壯，小腿細勁。因為身材過矮則不利於處理高球，過高則不利於處理低球，身體過輕則不利於門前激烈的衝撞搶奪，過重則行動遲緩、靈敏性差，影響彈跳。以這個標準來衡量，中國足球中衛身長在171.5至184釐米，平均177.31釐米；守門員的身長、體重、股圍、小腿圍基本上也是符合要求的（表6）。

表6　守門員體格發育的幾個指標

	體重	身長	股圍	小腿圍
最大值－最小值	86-67	184-174	61-52	41-34
平均值	73.90	177.94	56.09	37.53

相反地，前衛和前鋒須快速移動，身體應較輕便，尤其前衛活動範圍較大，搶截、輸送、助攻都需要有很好的耐久力和靈活性。據一個統計資料報導，前衛每場平均活動距離達5,500米，為各位置隊員之冠，故體重宜較輕，身材不宜過高，應該具有類似耐久力項目運動員的身材；中國一些著名前衛如張京天、周興、王錫文、黃福孝、高建雲等都具有這樣適當的身材（身長在164至167.5釐米，體重60.70公斤）。

四、總結

本文報告中國148名優秀足球運動員的體格發育情況，Pignet指數16.54，顯示發育良好，後衛和守門員的體格優於前鋒，各位置運動員的身材基本上與該位置的技術要求相適應。

五、參考文獻

1. Amoid, A, Lehrbuch der Sportmedizin s. 101-123. Johann Ambrosius Barth, Leipzig,1956.
2. 陳成達，〈培養足球運動員的幾點見解〉，《體育科學技術資料》1960年，第98期，第2-10頁。
3. 曾雪麟，〈守門員技術〉，《體育科學技術資料》1963年，第123-124期，第44-63頁。
4. 林馨曾等，〈中國田徑運動員體格發育的分析〉，《人民保健》1960年，第2期，第81-84頁。
5. 北京體育學院理論系57級剖解班，〈對中國游泳運動員身體發育情況的初步調查分析〉，《北京體育學院科學論文選集》1962年，第4期，第20-32頁。
6. 易人，〈第七屆世界足球錦標賽說明了什麼〉，《體育科學技術資料》98:10-14, 1962。

7. 〈1962年全國足球甲級聯賽第二階段北京賽區技術統計資料〉，《體育科學技術資料》1963年，第109期，第20-29頁。

本文發表於《中山醫學院科學論文集》第19輯（1964），頁61-64

第十八篇　在綜合治療中應用醫療體育治療高血壓病的效果的初步觀察

中山醫學院　卓大宏、林馨曾

醫療體育是現代治療高血壓病較新的療法之一。近十年來蘇聯學者在這方面做了許多工作。B.H. MouIKB曾報導蘇聯中央療養研究所1,100例高血壓病患者應用醫療體育合併礦泉治療的效果（1），肯定了醫療體育的良好作用。中國近年來亦開始了這方面的工作，本文報告作者所觀察到的一批高血壓病患者應用醫療體育治療的效果。

一、一般資料

觀察對象為1957至1958年在中山醫學院第一附屬醫院進行醫療體育的高血壓病患者，共30人（男26，女4），其中門診患者8人，住院患者22人。按米氏分類，I期11人，I-II期1人，II期14人，II-III期3人，III期1人。年齡19至71歲，多數為35至55歲。30人中有25人為腦力勞動者，患病年限1至8年。

半數患者除進行醫療體育外，同時接受降壓藥物治療，另半數患者只進行醫療體育或合併使用一般鎮靜劑。

患者每天進行醫療體操2次，每次15至35分鐘，療程一般為20至40天，少數患者在我們觀察下進行了2至3個月的醫療體育。

醫療體育方式以醫療體操和按摩為主，少數患者進行了徒步旅行、遊覽、划船、散步、游泳等活動。

醫療體操和按摩基本上按MoiukoB氏方法（2）-（3）進行，我們根據實際情況，編擬了幾套分別適合於各期患者的醫療體操。體操內容包括有個別太極拳動作、呼吸練習、放鬆練習、訓練平衡和發展協調性的練習、簡單和複雜的步行、遊戲，體操結束後進行頭頸、肩膊部的鎮靜性按摩。

療效觀察指標包括全身一般狀況、自覺症狀、脈搏、血壓、直立試驗、醫

療體操前後脈搏和血壓的變動。

二、療效分析

　　30例中獲不同程度療效者有24人，占80%；無效者6人，占20%。療效標準如下：血壓明顯下降甚至退至正常水準，症狀消失或顯著減輕，精神、體力和工作能力有顯著進步者評為顯著好轉；血壓輕度下降，症狀有所改善者評為好轉；經10天以上治療，血壓和症狀無改善者為無效。療效分析見表1-6。

表1　高血壓患者進行醫療體育療效分析

療效 分期	顯著好轉	好轉	無效
I	6	3	2
I-II	1	0	0
II	7	5	2
II-III	1	1	1
III	0	0	1
總數	15	9	6
百分比	50%	30%	20%

表2　兩組患者進行醫療體育療效的比較

療效 分期	顯著好轉	好轉	無效
只用醫療體育及 一般鎮靜劑	7	5	3
合併使用足量 降壓藥物	8	4	3

表3　15例應用降壓藥合併醫療體育的療效分析

合併應用醫療體育前		合併應用醫療體育後		
情況	例數	顯著好轉	好轉	無
顯著好轉	0	0	0	0
好轉	7	4	3	0
無效	8	3	2	3

表4　醫療體育效果與治療時間的關係

療效 治療時間	顯著好轉	好轉	無效
30天以下	4	7	3
30天以上	11	2	3

表5　醫療體育治療前後症狀改變

治療前症狀及例數	治療後症狀改變		
	消失	減輕	無改變
頭昏22例	11	7	4
頭痛12例	10	6	3
失眠13例	6	3	4
心悸9例	4	3	2
四肢麻木6例	0	4	2
眼花4例	1	1	2

表6　綜合治療（包括醫療體育）後血壓下降的情況

下降幅度 人數 血壓	顯著下降 （下降20毫米 汞柱以上）	輕度下降 （下降10-20毫米 汞柱）	無改變或下降極少
收縮壓	15	7	3
舒張壓	10	6	14

　　從表1可著出I期和II期患者療效多屬良好；從表2可看出部分病例只用醫療體育亦獲良效，在無效病例中也有兼用藥物的；從表4可看出治療時間愈充分，效果愈佳。

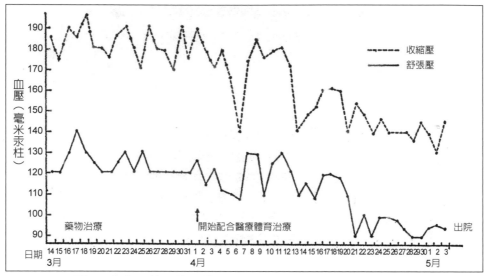

圖1　患者夏某在使用醫療體育的綜合治療中血壓下降曲線

療效表現為下列各方面：

1.自覺症狀消失或減輕。一般從進行醫療體育後經7天起，症狀開始有所改善，以後繼續減輕甚至消失。從表5可見頭痛、頭昏、失眠、心悸等症狀多能獲得改善。

2.動脈血壓降低。一般經7至10天醫療體育後，血壓開始有下降趨勢，但仍有相當幅度的上下波動；至第3週左右血壓明顯下降至一個較低水準，且趨於穩定。表6示30例患者治療前後血壓變化情況。圖1示一典型的降壓曲線。

3.患者情緒改善，加強了痊癒信心。開始醫療體育前，多數患者對疾病前景憂慮，情緒抑鬱，不敢活動，怕影響血壓增高。進行醫療體育可改善患者情緒，做操時輕鬆自由的體操動作，與指導員之間的談笑，觀察其他病友做操，這些因素都使患者感到輕鬆愉快。一位患者說，做醫療體操時間是他一天中心情最舒暢的時間。患者經體操後，症狀不但沒有變壞，反而好轉，於是克服了懼怕活動的心理，對日常生活逐漸適應；經一段時間治療後，症狀減輕，血壓下降並穩定，患者就增強了痊癒信心。一位患者在進行醫療體育前用多種療法均未奏效，施用醫療體育後病情顯著好轉，他認為醫療體育幫助他渡過了一生

中最大的考驗。

4.中樞神經系統的調節活動改善，消餘了一些神經官能性症狀。 在系統的醫療體育影響下，患者安靜時脈搏頻率減少，有20例減慢6-8次／分，直立試驗結果有6例明顯好轉，立位比臥位脈搏增加率開始時平均為23%，療程結束時降至10%。進行醫療體育後，患者心情較穩定，應激過敏的程度減輕，一些官能性症狀，如心神恍惚、面部灼熱感、胃腸不適等症狀消失。

5.體力增強，勞動能力提高。 表現在治療後能適應較強的體力活動，耐力增加，有17名患者醫療體操之後脈搏增加數在治療後比採用醫療體育前為少，在療程中有15名患者體操之後血壓的變化向良好方面發展，即收縮壓增高不多，甚至有輕微下降，舒張壓下降。醫療體育還提高了患者的腦力勞動能力，輕症病例每天恢復5至6小時的腦力勞動。部分病例在未用醫療體育前，血壓雖已降低，但在出院後恢復腦力勞動，血壓又回升，而在醫療體育訓練下，患者出院後適應定量腦力勞動，無血壓回升現象。

典型病例介紹：夏某，住院號13728，男，39歲，幹部，發現高血壓已7個月，於1958年1月8日住院治療，診斷為原發性高血壓II期。持續用Serpasil、Hexamethonin及Apresolin等藥物治療約90天，血壓未見明顯下降，經常在180-190/120-130毫米汞柱，有頭痛、頭昏、心悸、失眠、便祕、體力衰弱，步行200公尺即覺疲乏，乃於1958年4月1日合併應用醫療體育治療。當時除有上述症狀外，檢查脈搏86次／分，血壓190/130毫米汞柱，體重77公斤，肺活量2,600毫升。患者進行醫療體育最初兩週，血壓稍降，但仍有明顯波動，症狀開始改善；至第三週血壓已明顯下降，症狀顯著改善，於第五週末出院。出院時失眠、頭痛、頭昏、心悸、便祕等症狀消失，體力增長，步行400公尺亦不覺疲乏。血壓降至130/96毫米汞柱左右，且穩定，脈率減慢至57次／分，體重73.5公斤，肺活量3,600毫升（血壓下降曲線見圖1）。

三、討論

上述療效為現期療效，且療效的獲得應歸功於綜合療法中的各項因素，除醫療體育外還有休養制度、藥物等。不過，我們仍可看出醫療體育在其中所起

的特殊作用。

第一，15例患者只應用醫療體育或合併使用一般鎮靜劑，其中12例獲肯定效果。由此可見，早期和症狀不嚴重的患者，不用降壓藥物，單用醫療體育也能獲良好效果。

第二，另外15例患者在應用醫療體育前雖已用了足量降壓藥物，仍有8例無效，而在合併使用醫療體育後，該8例中有5例獲好轉或顯著好轉。單用藥物時有7例好轉，合併使用醫療體育後，該7例中有4例變為顯著好轉（見表3）。

第三，醫療體育對高血壓病的某些治療作用，確是藥物治療所不能代替的，如改善患者情緒、增強患者體力、使對日常生活勞動逐漸適應等。

至於醫療體育對高血壓病的作用之機制，至今尚未經充分闡明，MoWKOB之理論及X. II. XNTPNK實驗之推論均可參考。此兩學者均主張醫療體育可以影響大腦皮層的興奮和抑制過程，改善大腦皮層的機能狀態，並通過它影響皮層下的血管調節中樞，促使血壓下降。

本組有6例患者治療無效，其中一例病程遷延達7至8年，患者思想情況極為複雜：一例患者臨床診斷疑合併有其他疾患；2例是由於生活不規律，缺乏休息條件，治療不夠系統，情緒特別憂鬱；另2例可能與沒有使用足量降壓藥物有關。

最後，我們根據工作中的體會，提出組織醫療體育應注意的一些問題：

1.要充分運用第二信號系統的影響，經常向患者進行解釋、安慰和鼓勵。

2.要指導患者執行合理的生活制度，保證有充分的休息和適當的活動。

3.作操地點應寬闊、安靜，避免擁擠和各種嘈雜音響。

4.個別帶操時不喊口令，免使患者聞口令聲心情緊張。可由指導員在旁控制運動量。

5.患者作操時不緊張用力，不做重體力練習，不做頭下垂練習，呼吸自然，不使勁閉氣。

四、總結

30名高血壓病患者在綜合治療中應用醫療體育，其中24例獲肯定效果。本

文列舉了療效的各種表現，討論了醫療體育所起的治療作用，介紹了所用的醫療體育的方法要點。

本文發表於《中山醫學院論文集》第19輯（1964），頁77-81

第十九篇　醫療體操治療偏癱患者效果分析

中山醫學院　卓大宏、林馨曾、潘橋、居燕萍、

曾蒲珠、陳孟華、杜本荊

　　腦血管意外後遺有肢體偏癱，嚴重影響日常生活和勞動能力。醫療體操是治療偏癱的重要手段。中國古代早已應用體操治療偏癱，《諸病源候論》（1）載有治療偏枯、半身不遂及手足不遂之導引法（即體操法）多項。近世醫學益為昌明，各國普遍採用醫療體操恢復偏癱患者的活動能力，在體操方法上亦有不少演進，作者近6年來在廣州中山醫學院第一附屬醫院應用醫療體操治療了101例偏癱患者，本文報告治療效果，並結合文獻複習，略加討論。

一、一般資料

　　本組101例中，男62人，女39人；年齡在40歲以下者22人，40歲以上者79人；因腦血管意外住院治療，臨床病變穩定後由神經科轉至醫療體育科接受按摩和體操治療偏癱，患者每天在指導下進行體操一次，每次時間20至45分。此外，每天多次自行做簡單練習，療程最短7至10天，最長3個多月，平均2至4週。

（一）施行醫療體操

　　醫療體操分3階段施行：

　　第一階段，訓練患者從不能做自主運動恢復到能坐起和能在扶持下站立；本期訓練平均需時1至2週，所用方法包括按摩、被動運動、傳遞衝動（即假想性運動）和主動運動。

　　第二階段，訓練患者從能在扶持下站立恢復到能獨立步行，約需時間20至30天；本期重點訓練步行，並用主動運動和在訓練上肢功能的器械上做練習，改善上肢活動能力。

第三階段，由患者能獨立步行開始，訓練患者逐漸能做日常生活必需的活動，本期需時1至2個月，訓練上著重恢復正確步態、步行耐力及訓練手指做細緻活動。

（二）治療效果

治療效果分4級評定：

1.基本恢復：能獨自步行，步態基本正確，上肢基本上運動自如，手指能做細緻動作，甚至能做部分日常生活所需的技巧。本組患者達到基本恢復的有25人（24%）。

2.顯著好轉：能獨自步行，但步態不夠正確和不夠穩定，肩、肘關節能運動，但幅度有限，手不能做細緻動作。本組患者顯著好轉的有34人（34%）。

3.好轉：患側上下肢出現部分主動運動，可坐起及在扶持下步行，未能獨立步行，手指未能運動，本組患者恢復至此種程度的有32人（32%）。

4.無效：經7至10天以上的醫療體操，活動能力未見恢復，患者仍須臥床。本組治療無效者有10人（10%）。

總計獲不同程度療效者共91人，有效率為90%。療效與病變性質似有一定關係，從本組病例看來，腦血管痙攣、腦動脈血栓形成及腦血管栓塞所引起的偏癱恢復得較好（表1）。

表1　醫療體操對各種偏癱患者的療效分析

	基本恢復	顯著好轉	好轉	無效	總數
腦出血	4	5	12	2	23
腦動脈血栓形成、腦血管栓塞	13	20	16	7	56
蜘蛛膜下腔出血	1	3	1	0	5
腦血管痙攣	7	6	3	1	17
總數	25	34	32	10	101

療效與堅持醫療體操鍛鍊時間的長短亦有密切關係（表2），一般在進行醫療體操後第4至6天肢體出現少許主動運動，第6至15天能在扶持下站立，第

20至30天能在扶持下步行，部分患者繼續堅持鍛鍊1.5至2個月或3個月，能達到基本恢復。有25例上肢能做日常生活動作，如洗面、梳頭、持碗、解紐、打結、書寫等細緻動作，但大多數患者上肢功能恢復較差，手指活動甚至毫無改善。

有效的91例均為在一段較長時間內每天堅持練習，無效的10例中，部分因自行出院，中斷治療，部分因有合併症出現而停止治療，他們的治療時間一般不超過7至10天，故未獲肯定效果。

表2　療效與治療時間的關係

療效	基本恢復	顯著好轉	好轉
進行體操時間	30-45天	20-30天	10-20天

二、討論

（一）醫療體操和理療對治療偏癱的價值問題

文獻上對此問題有不同意見，White等很強調偏癱肢體活動和感覺功能的恢復是自發的，雖然他們也承認恢復的速度可受治療所影響，但又認為恢復的程度大致不受某種特殊理療方法所明顯影響。Lowenthal則認為恢復性治療對偏癱肢體的恢復有肯定價值；按他的統計數字，在因腦血管意外而致偏癱的患者中，66%不經恢復性治療就能逐漸恢復步行，34%不能獨自步行，但如使用恢復性治療手段，則不能步行的患者的比例可從34%減到18%至3%。

我們認為不應忽視大腦皮層機能的可塑性，通過按摩和體操，使運動感受器所發生的傳入性衝動影響大腦皮層，促使皮層機能的可塑性得到發展，促進代償作用的形成，有利於運動功能的恢復。

應用體操和其他恢復性治療的確可使患者得到較迅速和較充分的恢復。Rusk報告，經恢復性訓練後，90%的偏癱患者能恢復步行，自己照料自己；這些患者中又有30%能恢復一些工作。Garrett報告46例患者（其中31例經過平均30天的體操治療），有91%能恢復步行；得出結論認為應盡可能早開始應用體

操和理療，以便爭取較好效果。本文報告的101例中，90%能恢復步行或扶持下步行，24%的患者上下肢功能基本恢復。

（二）影響偏癱肢體恢復運動功能的因素

　　White等認為下列情況可視為活動能力恢復的預後較好的指標：（1）55歲以下、（2）左側偏癱、（3）活動能力的恢復較早出現、（4）無感覺改變、（5）患手手指反射早期出現、（6）沒有或極少精神方面的症狀、（7）腦電圖和腦血管造影正常、（8）無進行性的心臟血管疾患、（9）患者有良好的主動性和積極性。根據本組病例觀察，我們同意這些意見，在體操練習方面，患者的主動性和積極性對治療效果尤其有重要影響。

　　至於不同病變所致偏癱恢復程度的差異，各家意見不一。E.K.Cenn等（6）認為，腦動脈血栓形成和腦血管栓塞後造成腦質軟化所引起的癱瘓雖能恢復，但恢復的程度不如腦出血；因溢出的血液可被吸收，他們又認為蜘蛛膜下腔出血所形成的偏癱恢復得相當迅速。但McDowell（7）等則認為腦出血後活動功能的恢復比血栓形成或栓塞的患者差。我們觀察的結果偏重於同意Me Dowell等的意見。從表1可看出，進行醫療體操的腦動脈血栓形成或栓塞的患者有60%人活動功能基本恢復或顯著好轉，而在腦出血患者僅有40%獲此效果。

（三）開始醫療體操的時間問題

　　腦血管意外發生後，醫療體操只能在患者進入恢復期後才能施行。此時意識清醒，臨床症狀停止發展，全身狀態好轉。H.K. BorouoB等認為，「中風」發作後2至3週才能開始施行醫療體操。B.H. MowkobB則認為，輕症病例在病發後第一週末便可開始做小量醫療體操。本組病例腦出血患者一般在病發後第3至4週開始醫療體操，腦血管血栓形成或栓塞一般在發病後第二週末開始做操。

　　原則上，偏癱患者最好在可能範圍內早日開始醫療體操，以爭取較好效果。對偏癱已形成3個月以上的患者，雖然開始醫療體操的時間較遲，仍應積極治療。一般認為偏癱患者活動能力的恢復最多持續3個月，3個月後攣縮逐漸形成，恢復希望甚微；但Rusk認為病發後6個月內活動能力仍有改善的可能。我們曾觀察到3例偏癱形成已4個月以上（其中1例為1年以上）的患者，過去從

未進行過醫療體操，在我們給予按摩和醫療體操的訓練下，活動能力仍有明顯的改善。

（四）訓練步行的方法問題

偏癱醫療體操的重要內容是訓練步行，步行訓練的方法各國醫師有不同經驗：Buehanan主張早期用斜板訓練下肢支撐力，他囑咐輕症偏癱患者在病發後第1週便開始用斜板訓練站立，結果88%的患者能恢復步行，平均住院天數為27.6天；Treanor則主張患者能站立後暫不訓練步行，而先訓練屈小腿肌，待膝能屈曲90度後，才開始訓練步行，此法亦有其優點，但恐怕費時較長。

我們的習慣是按下列程序訓練站立和步行：（1）在斜板上站立；（2）扶肋木或扶床柄站立；（3）不扶物獨自站立；（4）扶持下站立，身體向左右移動，使重心輪流落在兩腿上；（5）扶持踏步；（6）扶持下向側方步行；（7）在指導員扶持下向前步行；（8）扶學行車步行；（9）扶三足拐步行；（10）扶普通手杖步行；（11）獨自徒手步行。根據幾年來的經驗，我們認為這樣循序漸進地訓練步行效果是比較滿意的。

三、總結

本文報告101例因腦血管意外後遺偏癱的患者進行醫療體操的效果，90%的患者能恢復獨立步行或在扶持下步行。為了取得滿意效果，醫療體操應在可能範圍內早日施行，並應堅持足夠長時間的練習。作者結合複習文獻，對醫療體操治療偏癱的價值、影響治療效果的因素、開始醫療體操的時間、訓練步行的方法等進行了討論。

四、參考文獻

1. 巢元方，《諸病源候論》（人民衛生出版社，1959年影印本）。
2. White, P.D. et al, Rehabilitation of Cardio—vascular Patient, McGraw—Hall Book Co, 1958.

3. Lowenthal, M., Recent advances in the evaluation and management of the hemiplegic patient, N.Y.St.J. Med. 1960年，第60期，第32-35頁。

4. Rusk, H. A. In "Physical Medicine and Rehabilitation", pp. 289-303, Blackwell Scient. Pub, 1953.

5. Garrett Jr C.W., Anevaluation of physical medicine in the treatment of hemiplegic patients, Sth. Med. J. 1960年，第53期，第1015頁。

6. Cenn,E.K.著，趙師震譯，《神經病學》（人民衛生出版社，1956），頁211-222。

7. Cecil & Loeb. A Textbook of Medicine, 10th. Ed. pp. 1448-1449, W. B. Saunders Co., 1959.

本文全文發表於《中山醫學院論文集》第19輯（1964），頁82-85

第二十篇　傳染性肝炎與體育運動

中山醫學院醫學體育教研組　林馨曾、卓大宏

　　近年來中國部分高等學校，中學和醫療機構有傳染性肝炎流行，患者大部分屬無黃疸型，症狀較輕，但恢復期頗長，這些患者的體育活動制度實在是一個有待研究的問題。一方面考慮到適當的體育活動對某些肝炎患者的康復和健康會有幫助，另方面也要考慮到體育運動如果進行得不適時、不適量、不得法反而對患者健康有害，所以傳染性肝炎患者進行體育活動的指徵、分量和方法等問題都需要加以研究。國內外醫學和體育文獻對此問題的報導甚為罕見，本文根擬作者初步觀察的一些資料，並參考國內外一些文獻與資料報導，對此問題提出初步意見。

一、體育鍛鍊與傳染性肝炎的關係

　　傳染性肝炎的感染與個體的抵抗力和免疫力、感染病毒的數量和毒力的強弱、傳染途徑的控制等因素有關。正如和其他傳染病一樣，人體的抵抗力與肝炎的感染有很大關係，經常參加體育運動能增強體質，提高對疾病的抵抗力，提高自身的免疫力。根據目前的臨床及實驗室檢驗條件，我們很難將傳染性肝炎與所謂營養缺乏性肝炎（或肝腫大）完全清楚地區別分類，但從體育運動的角度來考慮其利害關係應該是相類似的；分析近年來我院肝炎患者患病前的體育鍛鍊情況也可證明這一點。據調查資料，在我院平常沒有參加經常性體育鍛鍊的學生和部分青年教工共711人中，診斷患肝炎的有354人，發病率竟高達49.8%，而在經常參加體育鍛鍊的243名學生運動員中卻只有15人患肝炎，發病率僅為6.2%。從另一角度看，在全院患肝炎的學生和青年教工共519名患者中，缺乏經常運動的有354人，較少參加運動鍛鍊的有150人，經常鍛鍊的只有15人。可見，多數肝炎患者是缺乏鍛鍊的，可以估計到在其他學校也會有類似的情況。湖南醫學院調查了173間學生寢室，只有10間寢室沒有發現肝腫大的

病例；據分析這10間寢室的學生經常參加鍛鍊並注重個人衛生，這應與沒有感染肝病可能有關。

由於可見進行經常性體育鍛鍊對預防肝病是有一定作用的，廣東省「學校及醫療機構控制傳染性肝炎的公約（初稿）」內規定加強體育與勞動鍛鍊作為預防手段是十分正確的。

二、無其他症狀的肝腫大者的運動鍛鍊問題

由於許多無黃疸肝炎患者除肝臟腫大外沒有其他特殊病徵。所以，人們十分重視肝臟在肋骨下被觸及的問題。醫學界對肝臟增大的臨床意義爭議頗多，有人用血管造影法說明肝臟的形狀和位置不盡相同，各人在肋下可觸及的部分亦不一定相同。有些正常肝臟可在肋下3至4釐米被觸及，相反地有些肝臟雖已腫大卻不能觸及。國內有報告檢查一批健康青年男性，肝可明顯觸及的占5-10%。據1958年廣東普查資料，在正常成年人中6-12%的人肝臟可被觸及。由於肝臟增大的臨床意義不明確，決定這些人的活動制度亦不容易。如果肝臟大為病理性的，自然不能參加普通體育運動；但如肝臟增大並無臨床意義，長期限制他參加體育運動反而造成思想負擔和削弱身體健康。所以，肝臟增大者的運動制度應當審慎地通過「嘗試法」把它確定下來。

不論平時有無體育鍛鍊基礎，發現肝臟增大後，雖無其他症狀，肝功能正常，也應暫停參加大運動量訓練一段時間，只做輕鬆少量活動，如廣播操、短距離慢跑和輕鬆的羽毛球、乒乓球活動等。觀察有無其他症狀出現，如果一切良好，可初步排除肝炎的可能性，可按平時的運動量繼續訓練，但仍須經常接受醫師觀察。如訓練後有不適，尤其是右邊肋部有明顯疼痛，容易疲勞和體力比前明顯下降，則應減少運動量，繼續觀察。我們按以上原則觀察處理了一批運動員約半年至1年，均無不良後果。例如我院有8名校隊運動員有肝臟增大，無其他症狀，經休息觀察後繼續訓練，情況良好：華南師範學院1名長跑運動員、廣州體院1名馬拉松運動員、廣東足球隊2名運動員，均發現肝臟增大後休息約1個月，無其他症狀出現，再繼續循序漸進地訓練，成績良好，後分別獲得廣州高校運動會5千公尺冠軍和省馬拉松跑第四名。普通大中學生體育課及

課外活動運動量比較小，更可按以上原則安排活動。

三、傳染性肝炎急性期的運動制度

傳染性肝炎急性期，不論有無黃疸，只要有低熱、肝區疼痛、疲倦、食慾不振或有肝功能損害，均應休息，不參加普通體育運動；因為肝炎患者醣代謝多有失調現象。體力活動對醣代謝功能要求更高，增加了肝臟的負擔；由於醣代謝障礙，脂肪被動員起來代替醣原，對肝臟更為不利。此外，體力活動時產生大量乳酸，由於肝臟再合成醣原的機能有障礙，乳酸也長時地積蓄在體內，運動後血內乳酸值可高達50mg%，恢復至正常水準需時更長，血醣也可因此增加。這些變化都不利於肝炎病人，因此在肝炎急性發作期，特別是較重病例，應休息甚至臥床休息，待病情好轉後再逐漸恢復日常活動和輕微工作。有建議按下列標準之一考慮恢復體力活動：

1.有黃疸患者須在黃疸消失後，血清膽紅素在1.5mg%以下時。

2.B.S.P排出試驗在45分鐘後血清儲存量在10%以下。

3.輕症病人在肝腫大和壓痛基本消失後。

恢復體力活動的初期，只能做不勞累的散步、弱組保健體操等輕微活動。

在無黃疸肝炎的病例中，一部分人無明顯急性發作症狀，開始就有肝腫大、肝區壓痛、疲乏、令人不振、肝功能無損害或輕度損害，這種狀況可維持數月之久，此類患者也應多休息，體育活動只能做不勞累的散步、弱組保健操，情況好轉後再進行恢復期醫療體育或參加特別體育課。

四、傳染性肝炎恢復期的體育運動

傳染性肝炎恢復期患者可進行適當的體育運動———醫療體育，此時患者症狀逐漸減輕甚至消失，肝功能正常或逐漸恢復正常，情況穩定。參加適當的體育運動可增進全身健康，對症狀的減輕和肝炎的徹底痊癒都有重大作用。

1.體力練習可消除或減輕與肝病併發的神經系統機能性紊亂，如情緒低落、神經過敏、失眠等。

2.體力練習可使腹內壓週期性地升高或降低，使腹腔所有器官（包括肝臟）受到「按摩」，活躍腹腔血液循環，減輕肝臟鬱血。體力練習能使膽汁分泌增加，並加速排泄。

3.體力練習促進胃腸機能正常化，增進食慾，改進消化和吸收功能。

醫療體育的主要方式包括醫療體操、保健體操、步行等，也可參加活動量不大的游泳和太極拳、乒乓球、羽毛球等活動，每天或隔天進行，一般不超過30分鐘，感覺疲勞時即休息。保健體操可每天進行。

醫療體操包括有下列成分：發展橫膈膜呼吸的練習；軀幹轉動（在立位、騎坐位下進行）；在仰臥位、右側臥位下配合上肢大範圍活動做呼吸練習；肋木上混合懸垂練習；醫療球練習等。

肝炎恢復期進行醫療體育須注意如下各點：

1.不宜做雙槓、單槓、舉重等練習；進行醫療體操和腹壁肌練習時應避免腹壁肌靜止性緊張，必須使腹壁肌有節律地收縮和鬆弛。

2.體育活動為健康和治療性質，不宜做耐力、速度及力量練習；不要強調要有足夠的運動量；體育運動應在疲勞出現之前就結束，更不能使患者過勞！

3.盡可能不在過度空腹或有飢餓感時運動。

醫學院一、二年級肝炎學生根據上述原則上特別組體育課，經半年至1年觀察，學生健康和體力逐步恢復，多數同學食慾增加、體力增長、精神較振作和愉快、肝區疼痛消失或基本消失、肝功能維持正常或繼續好轉，少數人情況無大變化亦無惡化，這些病例證明肝炎恢復期進行適當體育運動是有益的。

肝炎痊癒後約1年，無任何症狀，肝功能正常，對日常活動適應，即可恢復普通體育課和運動訓練。

五、參考資料

1. 賈克明，《中華內科雜誌》，1960年，第8期，第83頁。
2. 鄺賀齡，《中級醫刊》，1960年，第1期，第44頁。
3. 全國急性傳染病會議有關傳染性肝炎的內部資料。
4. 莫什克夫，《內科醫療體育》（人民衛生出版社），頁143。

第二十一篇　羽毛球運動創傷調查（附羽毛球肘8例報告）

中山醫學院運動創傷專科　林馨曾

中國羽毛球運動已在短短數年內趕上了世界最先進水準，這是中國羽毛球教練員、運動員敢想敢幹、勤學苦練、堅持大運動量訓練的結果。羽毛球訓練及比賽時運動量很大，競爭異常劇烈，在訓練及比賽中均常發生運動創傷。近3年來，我們在為廣東羽毛球隊進行創傷治療工作過程中，發現羽毛球運動創傷有其特點。為了全面瞭解羽毛球運動創傷情況，探討防治措施，為進一步提高運動技術水準創造有利條件，我們對參加1964年全國7單位羽毛球錦標賽的全體運動員進行了創傷調查，並觀察了部分優秀運動員訓練及比賽的情況，現將結果報告如下：

共調查羽毛球運動員62人，其中男運動員37人，女運動員25人，平均年齡23.3歲，年均運動年齡4.65年；62人中運動健將10人，一級運動員34人，二級以下及未評級者18人。

62人中19人無創傷，43人共有133例（處）創傷，平均每人創傷3.1處。

羽毛球運動創傷分類（診斷）見附表。

從部位看，羽毛球運動創傷最常發生在肩關節、膝關節，其次為腰部、足部、踝關節、腕關節，再次為肘關節及小腿等處。

從臨床診斷看，最常見的羽毛球運動創傷依次為：肩袖勞損、踝關節挫傷、髕骨軟骨病、腰肌勞損、羽毛球肘（伸肘、屈腕、旋前肌群勞損）、髕腱及脂肪墊勞損等。

133例創傷中，急性創傷占41例（30.8%），慢性勞損性創傷占92例（69.2%）。

表1　羽毛球運動創傷分類表

部位	診斷	例數	總數
肩	肩袖勞損	17	25
	三角肌損傷	5	
	肱二頭肌長頭腱鞘炎	3	
膝	髕骨軟骨病	13	23
	髕韌帶及脂肪墊勞損	7	
	膝內側副韌帶撕裂	1	
	膝半月板破裂	1	
	膝關節勞損	1	
腰	腰肌勞損	8	14
	腰部挾傷	5	
	棘突及棘上韌帶損傷	2	
	椎間盤損傷	2	
足	蹠趾關節挾挫傷	5	17
	跟腱勞損	4	
	足跟脂肪墊挫傷	2	
	足弓勞損	4	
	屈趾肌腱及蹠長韌帶勞損	2	
踝	踝關節挾傷	15	16
	足球踝（踝關節骨刺）	1	
腕	腕關節挾傷	5	14
	腕關節勞損	5	
	伸指肌腱腱鞘炎	5	
肘	羽毛球肘（伸肘、屈腕、旋前肌群勞損）	8	9
	網球肘	1	
小腿	脛腓骨損傷性骨膜炎	4	8
	脛前肌勞損	4	
大腿	股屈肌撕裂傷、股內收肌撕裂傷	2	2
手	第四掌骨骨折	1	1
臂從	臂從神經牽扯傷	1	1
總數		133	133

一、討論

（一）羽毛球運動創傷的一般情況

　　根據上述調查，62名羽毛球運動員之中43人有不同程度的創傷，發病率為69.3%。在43人中，平均每人有3處以上創傷，最高者達7處，可見羽毛球創傷有一定的嚴重性。在133例創傷中，遷延不癒的慢性勞損占92例（69.2%），對訓練和比賽的影響也是比較大的。

　　羽毛球運動員的運動量很大，比賽異常激烈，例如一場實力接近的男子單打比賽持續時間約為20至40分鐘。1963年全國羽毛球錦標賽中，湯仙虎對方凱祥的一場男子單打竟激烈爭持了80分鐘才結束，雙方體力消耗極大。又如在一場激烈的比賽中，運動員需要大力扣殺和擊球達120至150次左右。1964年7單位羽毛球賽中，湯先虎在對張鑄成的單打賽中扣擊球達173次，徐權享在對張鑄成的單打賽中扣擊球達188次，其激烈程度可見一斑。而在正式比賽中，運動員往往在一次比賽中要比賽2至3場，體力負擔常常超過上述情況。為了適應這一要求，羽毛球運動員在訓練中經常採取大運動量的練習。據瞭解，廣東羽毛球隊的訓練運動量比同一單位的足球、籃球及游泳隊的運動量還要大。大運動量是達到運動技術水準頂峰必經途徑，但如果在訓練中對大運動量掌握不好，則容易發生傷害事故。

　　從附表可見：從羽毛球運動中活動要求最高、負擔最重的部位就是創傷的好發位置，這一方面反映了羽毛球運動的特點，同時也加重了創傷，對提高技術和身體素質有影響。例如羽毛球運動中，要求肩關節有很好的力量和最大的活動範圍，特別是當正反扣殺高速球時，肩關節的活動範圍均達到了最大的限度。在訓練中為了加強肩關節扣球的力量，常採用大量的啞鈴等力量練習，有時運用網球拍做反覆快速的揮拍練習，這些都是引起肩關節損傷的重要因素。肩袖勞損而崗上肌腱受累較多，疼痛亦較明顯，但在檢查中發現多數傷者肩關節周圍均有壓痛，做單純的抗阻外展動作疼痛並不明顯，而做扣球的聯合動作時（上肢外展及後上伸展）則有明顯的疼痛，可見其勞損是發生在肩袖甚至整個肩關節的。

膝關節的損傷多為髕骨軟骨病及髕腱和脂肪墊勞損，這與羽毛球運動中經常在半蹲位前後左右移動有關，特別是當來球方向改變時要在半蹲中做突然的制動動作，這對髕骨軟骨的損傷更大。此外，反覆的起跳扣球也是引起髕骨軟骨病的重要因素。

羽毛球運動中猛力地扣殺和落點的控制是取勝的重要手段，扣殺時腰部劇烈的伸展活動及搶救落點刁鑽的險球時腰部突然的屈伸旋轉活動是引起腰肌及腰部捩傷的主要因素。

應該指出的是，上肢（肩、肘、腕關節）的損傷中，除1例因踢足球摔倒扭傷非持拍側的肩關節外，其餘全部均發生在持拍的一側。在肩、肘、腕全部48例創傷中，44例發生在右側，左側僅4例（在62例運動員中，僅有3人左手握拍）。

（二）受傷原因和預防措施

在羽毛球運動中，技術動作與創傷的關係已如前述，而直接引起創傷的原因則多與訓練掌握不好有關。根據我們的調查，較重要的原因如下：

1.大運動量後全身及局部肢體均感疲勞、力量下降、技術發揮不正常，這些均為運動創傷的發生創造了有利條件，如踝、膝關節急性扭傷多發生在一次大運動量訓練之後。據瞭解，這是訓練中未能將大、中、小運動量適當結合，未能適當注意間隔以放鬆運動和休息，未能將羽毛球專項訓練與一般身體訓練密切結合的結果。

2.羽毛球運動創傷多發生在肢體局部負擔過重時，例如用網球拍做反覆多次的快速揮拍練習常引起腕、肩關節損傷，採用啞鈴做上肢力量訓練常引起肩關節損傷，大量的負重下蹲常引起膝關節勞損等。教練員為了改進運動員身體素質某方面的不足，常在短期內給予過多的專門訓練，這樣引起的損傷是完全可以預防的。

3.準備運動不足引起的創傷：在羽毛球運動中一般對準備運動是比較重視的，但是由於羽毛球運動對肩、肘、腕（握拍側）、腰、髖、膝、踝等關節各部均有極高的要求，只要在準備運動中忽略了任何一部位均容易引起受傷，特別是腰部及踝足等處。因此，編製一套完整的適合羽毛球運動要求的準備運

動，對於預防運動創傷有一定的意義。

4.羽毛球在運動中有大量的跳躍、蹬地及制動動作。如練習場地過硬亦容易引起創傷，特別是足部、膝關節的創傷和脛腓骨骨膜炎等。故練習中適當注意場地的硬度和利用海綿鞋墊等措施，均有利於預防創傷。

5.重複及多處受傷在羽毛球創傷中是比較嚴重的現象，前已述及平均每人有3處創傷，最多者達7處。重複及多處受傷的原因主要有三：（1）治療未徹底及繼續訓練。（2）痊癒後未注意局部的適應性與強化訓練。（3）帶傷參加訓練或比賽，使健肢負擔過重而受傷。對此，應強調早期、徹底的治療創傷，並應通過一般身體訓練及專門練習去逐步加強羽毛球運動中各主要活動關節的功能。

（三）幾種特殊的羽毛球創傷

1.羽毛球肘病：「羽毛球肘病」是羽毛球運動員較常發生的一種運動創傷，由表1可見在133例創傷中共占8例（6.1%），而在肘關節的創傷中除1例網球肘外，全部為羽毛球肘病。由表2可見，本病幾乎全部發生於攻擊型選手，全部為握拍側受傷；其起因多為大量扣球練習引起，亦有與肘關節脫臼及投石遊戲有關。羽毛球肘病的疼痛部位與受傷肌群恰與網球肘相反，是在肘關節內側及屈腕、旋前、伸肘肌群。

典型的症狀及體徵為：肘關節內側疼痛，特別在正手扣擊高球時明顯，一般無明顯外傷；症狀多發生在大運動量後，並逐漸加劇，擊球力量下降；有時疼痛影響到前臂內側，對訓練有一定的影響。體檢時發現肘關節內側肱骨上踝附近有局限壓痛，內上踝與鷹嘴間亦常有壓痛，局部可有少許踵起；肘關節活動尚好，作用力伸肘及前臂旋前屈腕的聯合動作時（即仿扣球動作），肘內側疼痛較明顯。

關於本病的發生轉機，可以從動力解剖學的觀點加以解釋。羽毛球運動中正手扣球的動作包括急劇的伸肘、前臂極度旋前及強力的屈腕動作，有時還須腕關節向橈側或尺側伸展以控制球的落點。這種聯合運動是依靠肱二頭肌猛烈收縮使肘關節伸直，旋前圓肌及旋前方肌強烈收縮使前臂旋前，整個屈腕肌群亦猛烈收縮使腕關節屈曲，使球迅速下壓，以便有力完成這一運動。由於旋

前圓肌及整個屈肌肌群均附著於肱骨內上髁部，當反覆扣球（有時達數百次）時，該肌群肌肉經常个斷在伸肘下強力收縮，使該組肌肉在肱骨內上踝附著點處受到反覆強力牽拉而發生慢性勞損，及反覆的輕微外傷，包括纖維部分撕裂甚至出血等。長期的刺激更可能發生肱骨上髁部的損傷性骨膜炎，其症狀即肘關節內側的疼痛、壓痛、腫脹及扣球時的牽扯痛。反覆劇烈伸肘時肱三頭強烈收縮，則是疼痛及壓痛常牽扯及鷹嘴及其附近的主要原因。

　　肘關節內側疼痛症狀亦可發生於其他運動項目，如擲標槍及投擲棒壘球運動，本文且有一則與投石遊戲有關，因這些投擲姿勢與羽毛球扣球動作相似，也是伸肘、旋前、屈腕肌群的用力動作，故亦可稱本病為伸肘、旋前、屈腕肌群的慢性勞損。羽毛球運動員亦可能發生網球肘病，本文即有1例，但係發生於防守型運動員；其發生機轉、疼痛部位與受傷肌群均與羽毛球肘病相反，主要與防守時正反手擊低球有關；因正手擊低球伸肘、前臂、旋前動作，及反手擊低球時前臂旋後，腕關節強力背伸等動作均與網球運動的動作相似。

　　在治療方面：首先應強調減少專項的訓練，否則治療難以徹底；局部注射Hydro-Cortison類藥物，效果十分顯著；蠟療及按摩效果亦好。症狀消退後最好繼續短期治療，以鞏固療效；不要立即參加專項訓練，以免復發。

　　2.臂叢神經牽扯傷：曲氏曾報告運動員周圍神經的微細損傷12例，其中累及臂叢神經者5例，多為兵乓球運動員，稱為肩過度外展症候群。我們亦見到1例類似患者，現簡略報告如下：

　　患者：羽毛球運動員曾××，女，23歲，一級運動員，球齡6年。訴右肩及上肢外側疼痛及麻木已4個月，起於大運動量訓練，特別是練習扣擊平高球後，當做上肢外展及後上伸展的扣球準備動作時疼痛最明顯，並有無力感，且沿上肢外側自上而下有放射性麻痺感；部位包括肱二頭肌外側、前臂橈側及拇、食二指。檢查見右肩前方壓痛，右上肢外展及後上伸至頭後方時疼痛加劇並有麻木無力感，前臂橈側皮膚感覺似較尺側稍遲鈍。肱二頭肌及三頭肌腱反射尚正常，橈動脈搏動未見異常，經休息及做短波電療、按摩治療痊癒。

　　本例病者損傷主要是累及橈神經，在訓練中有明顯的肩關節過度外展及後伸的病史，其動作幅度較兵乓球運動員有過之而無不及。損傷機轉文獻已有詳細描述，於此從略。

二、摘要

作者對中國優秀羽毛運動員62人進行了全面的運動創傷調查，創傷發生率為69.3%，其中慢性勞損占69.2%。

最常發生創傷的部位依次是：肩、膝、腰、足、踝、肘、腕等處。常見的創傷有：肩袖勞損、踝關節扭傷、髕骨軟骨病、腰肌勞損、羽毛球肘病。創傷的部位和性質反映了羽毛球運動的特點。

對羽毛球創傷與動作的關係，創傷的常見原因進行了分析，得出訓練掌握不好，引起局部過勞是創傷的主要原因，並提出了相應的預防措施和治療意見。

表2　羽毛球肘病病例報告

編號	性別	年齡	運動齡	等級	運動類型	側別		傷因	症狀	體徵	治療
						握拍側	受傷側				
1	男	24	6	一級	攻擊型	左	左	大量扣球，無準備運動做投石遊戲。	右肘內側痛，逐漸發生，隨運動量增大而反覆發生，正手擊平高球時最痛，擊球力量下降。	左肘內髁壓痛，微腫脹痛，無放射，做伸肘前臂旋前的擊球動作及抗阻動作時痛。	Hydro-Cortison局注三次即痊癒，但恢復練習後多次發作，蠟療效果亦好。
2	男	25	7	健將	攻擊型	右	右	大運動量訓練及扣球	右肘內側疼痛逐漸發生，停止訓練即痊癒，但常復發，擊球力量下降。	左肘內髁壓痛，微腫脹，突然用力時痛。X光檢查未見異常。	局部封閉及理療效果好。

編號	性別	年齡	運動齡	等級	運動類型	側別		傷因	症狀	體徵	治療
						握拍側	受傷側				
3	男	25	5	健將	中間型	右	右	大運動量訓練及比賽	右肘內外側及鷹嘴內側均有疼痛，大力扣球痛，比賽後加劇，力量尚好。	右肘內、外髁及鷹嘴內後方均有壓痛，仿擊球動作痛，無腫脹。	Hydro-Cortison局注4次好轉。
4	女	18	4	一級	攻擊型	右	右	不明	右肘後內方痛，正手擊高球最痛，影響訓練力量尚好。	右肘內髁及鷹嘴處有壓痛，仿正手擊高球動作痛，抗阻伸肘及旋前痛，伸肘旋後亦痛。	針灸6次，配合紅外線治療，效果不明顯。
5	女	22	6	一級	攻擊型	右	右	扣球過多	右肘後內方痛，扣球時痛明顯，突然用力時伸肘亦痛。	右肘內髁及內後方有壓痛，突然用力伸肘痛，仿扣球動作痛。	Hydro-Cortison局注1次痊癒。
6	男	22	3	健將	攻擊型	右	右	扣球過多	右肘內側麻痺性疼痛放射到前臂，反覆發作與扣球練習有關，正手擊高球最痛，擊球力量下降，提重物時無力。	右肘內髁及前臂內側輕壓痛，無腫脹，仿擊球動作痛。	按摩有效，但常復發。

編號	性別	年齡	運動齡	等級	運動類型	側別		傷因	症狀	體徵	治療
						握拍側	受傷側				
7	男	32	7	一級	攻擊型	右	右	不明	右肘關節內側疼痛,逐漸發生,與訓練關係不明顯,但正手擊球痛。	右肘內髁及鷹嘴間壓痛,伸肘旋前痛,抗阻旋前痛。	無
8	女	20	4	一級	攻擊型	右	右	右肘關節脫臼後遺疼痛	右肘關節痛及較軟無力,以內側為甚,大運動量後明顯,正手擊高球時明顯,力量尚好,提重物時酸痛。	右肘內髁壓痛,輕度腫起,仿正手擊球動作痛。X光檢查右肱骨內髁邊緣粗糙,有輕度骨增生。	蠟療、按摩、Hydro-Cortison局注治療期限效果好,恢復訓練復發。

第二輯

體育文選

1959年10月，第一屆全國運動會，我作為大會醫務監督，在田徑場內遇上周恩來總理接見運動員時影，此照片由新華社向全國發表並刊登，圖左為跳高冠軍史鴻範，中為國家體委副主任黃中，總理與黃中之間為作者。

第一篇　查良鏞（金庸、明報社長）先生覆信

聲嘗先生：

四月三日手札及大作收悉，十分感謝。大作分析中國足球之成敗得失，資料詳細，議論公正，既回顧過去，亦展望未來，甚為難得。惟報紙篇幅有限，萬字長文殊不易處理，只得刪去若干意思重複之段落，希望於近日分兩天刊於特稿欄上，專此奉聞，敬請

台安

一九八七年四月九日

查良鏞

651 KING'S ROAD, MING PAO BUILDING, HONG KONG TEL 5-648381 TELEX 30788 MANGO HX

第二篇　關於〈漫談中國足球〉的幾點回憶

　　從青少年時期起，我就鍾情於體育運動，特別關心和熱愛足球，並對中國足球的前景一直抱樂觀的態度，幾經挫折，未忘初心。「文革」暴亂結束後，對中國足球又重燃希望，乃於診餘之暇將多年來的一些想法和觀點寫成〈漫談中國足球〉一文。文成後，對著萬字長篇，不知如何處理，忽發奇想：《明報》比較能採納各方意見，乃寫了封短信，將長文直接寄給《明報》查良鏞社長（即著名作家金庸先生）。令我意外和興奮的是，短短7天後就收到《明報》總編輯、著名作家董橋先生執筆並由金庸大師親筆簽名的回信，認為拙作「資料詳盡，議論公正，既回顧過去，又展望將來，甚為難得」。再過5天，就在1987年4月14日開始，一連3天以頭條「特稿」形式登出。其後，廣州《羊城晚報》也從1987年4月26日開始以〈足球，中國足球〉之標題一連7天在體育版頭條登出本文，令本文在香港和國內都引起了小小的注意。有中學時的同學寄信函報社希望和我聯繫，也有北京的朋友來信說從第一天看到該文就每天下午都盼望著《羊城晚報》的到來，令我覺得開心而又慚愧！

　　時間一閃又過了30年，我對中國足球的樂觀希望仍然未能實現，特別失望和無法想像的是貪腐問題嚴重影響使國內足球水準停滯不前，不進則退！幸而在反貪腐已取得重大勝利的今天，「而今邁步從頭越」，中國足球已重新起步，並成為習近平同志提出的復興中國夢中的美夢之一。

　　此刻，我重讀〈漫談中國足球〉一文，覺得其中觀點仍有一定的參考價值，我想特別提出幾點：

　　1.本文首次從科學、運動生理學，及青少年的體格發育的醫學特點等方面，初步論證了「足球要從娃娃抓起」的正確觀點的理論。目前，全國兒童、青少年足球培訓的蓬勃現象將為足球夢打下堅實的基礎。

　　2.本文首次從足球發展史上提出：「要進行改革，在各方面與高度職業化的世界足球運動相適應。」（當時還不敢也不能提出「中國足球要職業化」。）目前，各級足球隊已初步向職業化轉變，但我想提出：職業化不單純是金錢化，也不是盲目地花笨錢引進外國大牌球員（多數還是過氣的），也不

是不擇手段去追求個人或俱樂部的地位和榮譽；職業化首先要提高球員的職業道德職業態度及修養和技戰術，目的是提高國家整體的足球水準，和個人的足球技戰術水平。要記住，亞洲冠軍或世界冠軍都只能是由本土球員拚搏回來的。

3.關於壓力問題：本文首先大膽地提出不要把輸贏直接與政治思想和社會制度聯繫在一起！要苦練技戰術，「藝高人膽大」，膽子大了才能將壓力化為爭取勝利的動力。

4.強調中國足球運動員力量不足以至在合理衝撞、搶截和搶位等方面明顯吃虧，耐力上亦亟需加強。

5.本文提出中國足球發展的6點有利因素，這些因素至今仍然存在和加強，而且在積極地推廣和實踐中。因此，我仍然對中國足球的前景抱有信心和希望，希望中國足球早日騰飛。

（2017年4月）

金庸大師心繫足球

二〇一八年冬，金庸大師仙逝！華文世界同聲哀悼。我以「金庸大師心繫足球」為題，專文悼念，於二〇一八年十二月二十七日在《大公報》「大公園」內刊出，文末並用「金庸」大名獻上輓聯以表哀思：

金石為開，萬千政論社評曾助祖國前行。
庸才勿妒，十五武俠鉅著必將永世流芳。

第三篇　漫談中國足球

　　1957年5、6月間，我緊張地守在收音機旁收聽中國足球隊先後在雅加達、北京、仰光與印尼隊進行第六屆世界足球錦標賽預選賽的比賽實況。結果，中國隊由於首次參加正式國際賽，缺乏經驗，而以微小的差距失敗了！當時我對中國足球的前景仍是充滿信心的，認為5至10年內一定能衝出亞洲，達到國際水準。事實上，在50年代後期至60年代初期，中國足球的確有了相當的進步。1959年第一屆全運會從中國、蘇聯、匈牙利三國足球賽的精彩表現就是證明。當時的張宏根、年維泗、張俊秀及稍後期的戚務生、李國寧、王后軍等為代表的中國隊都曾令我們充滿希望。同時，還擁有以容志行為代表的一大批技術水準較高的青少年隊員。可惜，一方面中國仍然被排斥於亞洲和國際足協之外，而未能參加正式國際比賽，並從中取得經驗和促進技術戰術水準的進一步提高；隨後又陷入史無前例的文化大革命的動亂中，十年動亂糟蹋了整整一代青少年運動員的運動生命！到70年代中期重建中國足球隊時，容志行等也只能在運動生命的下坡中迸發一點餘熱了！其間雖然也不時傳出令人興奮的好戰果，但多是在友誼性質的比賽中取得的，在正式的國際錦標賽中仍然令人失望。直到1985年5月19日，人們守在電視機旁親眼看到中國隊敗在亞洲二線水準的香港隊腳下，再一次失去了衝擊亞洲、走向世界的希望！整整三十多年對中國足球的注視和關懷促使我寫下這篇文章，作為足球理論和技術的門外漢，或者也會有一得之見可供參考吧！

一、困難的足球

　　多年來中國的乒乓球、羽毛球、排球、籃球甚至壘球、手球都在不同程度上達到或超過了國際水準，唯有足球仍然在亞洲水準之下徘徊。中國足球界的領導、教練員、運動員的拚搏精神應該不比任何人差，他們在室外日曬雨淋的環境和泥沙遍地的球場上流的汗可能更多，受的傷也許更重，出的血肯定不少！因此，足球上不去不能只怪他們，而是有很多主觀和客觀的困難因素；這

些困難看起來很簡單，但要克服它卻不是那麼容易！

第一，足的困難：誰都知道足球是唯一以足的技術活動為主的球類運動，是唯一不能用手的球類運動（守門員例外），這一困難是先天性和生理性的，因為從人類進化的過程看，足仍然保持著原始簡單的支撐、步行和平衡功能，手則進化到專門做複雜細緻的技術動作了，而在足球運動中則反其道而行之，一切複雜細緻的傳球、接球、帶球、射門等動作均以足為主去完成，而且在完成這些動作的同時還要負擔支撐、平衡和跑動的功能，這一手足之分就使足球成為掌握技術最困難的球類運動。這一困難可引伸出以下結論：即培養足球運動所需時間必然比培養以手為主的球類運動員更長，困難也更大，需要運動員和教練員付出更多的艱苦勞動。從運動訓練的實踐中也可知道，通常經過4至6年左右的專項訓練已可使青少年運動員掌握較好的籃、排球技術去參加較高水準的比賽，但足球運動員通常要經過8至10年的訓練才能達到較高的技術水準。而要培養出國際水準的球星則必須有廣泛的群眾基礎，才能從中發現少數具有足球天才的運動員。因此，足球運動員的訓練一定要由千千萬萬的幼年兒童中開始。另一方面從醫學的觀點來看，5至7歲的兒童中樞神經系統趨向成熟，肌肉的發育開始完善，並擁有了很好的平衡功能，對運動動作的控制能力也已增強，對技術動作的模仿能力極高，這時兒童本身就很喜歡跑、跳、追逐、玩球等各項運動，因此正是開始足球訓練的適當年齡。以上所述各點，大概就是足球訓練「必須從娃娃開始抓起」的理論基礎吧！

第二，足球是職業化程度最高的運動項目：足球是世界上職業化程度最高的運動項目之一，職業化帶來名與利的極大刺激，促使世界足球技術戰術水準發展至接近顛峰的階段，訓練和比賽制度也趨於相當完善。自從第二次世界大戰結束後，西歐、南美等足球先進國家已開始向職業化道路發展，隨後東歐各國也開始了足球的專業訓練，因而從1950年代起足球的技術戰術水準已發展到極高的水準；三十多年來先後出現了1950年代早期以普斯卡斯為代表的匈牙利隊，1950年代後期至1960年代以比利為代表的巴西隊，以及稍後以畢根鮑華和告魯夫為代表的西德隊和荷蘭隊；直至近期以馬勒當那為代表的阿根廷隊。這些球隊不僅代表了當時的最高水準，而且究竟這些不同年代的球隊中哪一隊能稱得上是歷史上的最強球隊呢？至今仍有不少足球專家很有興趣地議論著這一

不可能有結論的難題。也就是說，1950年代的足球水準從技術上來看已和1980年代相差不大了，這是任何其他體育項目所沒有的現象。我們只要比較和回憶一下1950年代和1980年代的田徑、游泳、舉重紀錄和體操、籃球、排球的技術水準，就會清楚證實這一現象。這一現象可以證明任何體育運動職業化程度愈高，運動技術的提高就愈明顯，而我們要追上去就愈困難。除了足球，美國的男子籃球、世界性的男女網球、美國和日本的棒球也是職業化程度很高的項目，其水準比之中國也是高出很多，差距也十分明顯。相反地，目前中國已進入世界水準的多數體育運動，包括排球、乒乓球、羽毛球、女籃、壘球等都是未有職業化或者職業化程度較低的項目。更明顯的是女子足球，由於在世界上也是近幾年才開始發展，大家都是從零開始，肯定地中國女子足球只要進一步加強專業訓練，很快就能達到世界先進水準。在亞洲，西亞各國的足球運動雖然職業化程度不高，但加上大量油元的支助，水準已占據亞洲前列；東南亞的南朝鮮、日本、印尼，近年也開始了職業化並取得了與西亞分庭抗禮的明顯進步；甚至香港，雖然足球資源（運動員加觀眾）不足，但相當的國際賽經驗，這就是五一九能戰勝中國隊的主要原因。因此，如何進行改革使中國足球運動在普及、訓練和競賽制度等各方面與高度職業化的世界足球運動相適應是一個十分困難的問題，也是追上世界先進水準的關鍵因素之一。

第三，足球是參賽人數最多、對抗性最強、勝負的偶然性也最大的運動項目：除了美式足球（橄欖球）外，足球大概是出場比賽隊員最多的球類運動之一，這也增加了足球水準提高的困難；因為場上隊員多，每個隊員各有自己的思想、作風和技術特點，因而在戰術技術上要互相配合、互相補充並融成一體，守門員、後衛、中場、前鋒這四條線上任何一點發生問題則整隊的運作和聯繫就會出現漏洞而導致失敗；足球教練不但要有整套戰略戰術，還要有極好的組織能力去充分發揮11個隊員間特點並將之化為一個整體去實現自己的戰略戰術，同時還要充分掌握對手的戰略戰術和技術特點，才有可能知己知彼、揚長避短去克敵致勝，因此更增加了掌握比賽的困難程度。

足球又是對抗性最強、身體接觸最激烈，並且允許有合法衝撞的運動。在沒有干擾的情況下，很多足球員可以像玩雜技一樣連續腳踢、頭頂球數百至上千次。但比賽中在對手的干擾衝撞和搶截下卻很少能連續觸球數次以上。因

此，足球是不但要有熟練的控球技巧，還要有力量、速度加靈活性的配合才能加強抗干擾能力，這也是比其他球類更為困難之處。還有，足球比賽中因偶然性因素的出現而影響勝負也是不可忽略的事實；例如由於球員的受傷、裁判的錯漏甚至偏袒、球員一時衝動的犯規而被罰離場、禁區內偶然的錯誤被罰十二碼球、誤將球踢入己方球門、多次射中門柱而不能取勝、弱隊用九〇一穩守突擊戰術而戰勝強隊等，都是常見的現象。至於互射十二碼球定勝負是否公平合理，也是見仁見智的爭論問題；1986世界盃法國隊十二碼勝巴西就是明顯的戰例。所有這些足球比賽中的所謂偶然因素，又常和信心、心理、天時、地利、人和等因素交織在一起，使足球運動顯得更為複雜、困難，同時也更為引人入勝。

第四，足球是世界上最普及、最具廣泛群眾性的運動：在全球150個以上國家和地區中，除了美國、加拿大、日本、澳洲等少數幾國外，全部都是以足球為第一運動，觀眾多，參加足球訓練的人數也多。所有先進足球國家都已發展了金字塔式的運動員隊伍，英國、西德、蘇聯均有數以十萬計的運動員參加足球訓練，巴西甚至號稱有百萬運動員和數以萬計的足球場。只有在這樣廣泛的群眾性基礎上才可能湧現出數以千計的高水準運動員，才有可能組織高水準的職業足球聯賽，才可能從中選拔出世界水準的國家隊。正如近30年來群眾性的乒乓球運動使中國產生了數十個世界冠軍一樣，歸根結底，如果沒有廣泛普及的群眾性足球運動，沒有數以萬計進行正規訓練的足球運動員，要提高中國足球水準，趕超世界強隊就會十分困難。

二、中國足球的困難

前面提到困難的足球的幾點，對世界上任何國家和地區是同樣存在的，而針對目前中國足球界的情況，還有哪些實際的困難呢？我想著重談下面幾點：

第一，技術：中國足球落後的最主要原因是「技不如人」！一個優秀運動員應該掌握全面的技術，同時又要有個人的絕技，可惜中國運動員在兩方面都十分缺乏。前文提到由於用足掌握技術特別困難，需要更長的時間進行訓練，因此足球運動員的技術訓練必須從6到8歲兒童期開始；應該派技術最好的教練

員引導這些可塑性大、模仿性強的兒童充分自由地發揮其天賦，掌握全面的攻防技術，不應過早地分前鋒和後衛，更不應過早地追求比賽的勝負；特別要通過現場和電視讓兒童多觀看高水準的比賽，從中學習、模仿優秀運動員的技術和絕招；到少年和青年時期，教練員就可以在這些發展比較全面的運動員中根據其特長相對地固定他們在攻防的各個位置上。在技術的全面性方面，國外優秀足球隊在訓練時經常前鋒、後衛互相調換，單從技術上看往往很難分辨他們原本踢的是什麼位置；而多數中國足球運動是由於過早固定了攻守的分工，因而不能全面掌握技術，在比賽的關鍵時刻，前鋒不善防守和搶截，後衛不懂過人和射門，這就不能適應現代足球全攻全守的戰術需要了。在培養個人的絕技方面，應該指出，過去在足球訓練和比賽中也許存在著極「左」的表現，例如：只強調集體配合，忽視個人突破，多帶幾步球、多幾次盤球過人常被認為是個人主義表現自己，這是必須避免的；一定要鼓勵運動員苦練和自由發揮個人的特長和絕技，特別是一對一的攻防技術。搶截和鏟球、過人和突破、射門的意識和技術都是中國運動員的弱點，要在訓練中下更大的苦功才能進步。

前一段時期，國內報刊曾爭論究竟國家隊要不要進行技術訓練的問題。其實，在西歐、南美，優秀運動員都屬於俱樂部，國家隊根本不可能長期集訓，而且只有技術全面和身懷絕技的優秀運動員才有可能入選國家隊，因此不可能也不需要到國家隊後才進行技術訓練。當然，根據個別需要進行強化和熟練技術的訓練還是必要的。而國家隊教練主要任務是選拔運動員，和在重大比賽前進行短期的戰術和整體配合的訓練。可見，存在著國家隊要不要技術訓練的爭論正說明目前中國足球運動是在技術上存在較大的差距。要將技術提高到國際化水準必須下一代運動員繼續努力，關鍵之處是：（一）技術最好的退役運動員應輪流到兒童、少年足球隊中做教練，以自己的優秀技術誘導他們進行艱苦的訓練，培養出大批超過自己、青出於藍的運動員；（二）讓兒童和少年運動員多觀看高水準的比賽，特別應將電視和電影中反覆觀摩世界最高水準比賽中優秀球員的技術，讓孩子們有更多模仿和「偷師」的機會；（三）要充分自由發揮兒童和少年的創造性，鼓勵他們學習、運用和創造自己的特技，千萬不要以個人主義、英雄主義等錯誤觀念去限制和妨礙運動員的成長和發展。

　　第二，訓練和戰術：目前，中國足球運動員的技術水準較低，即使由國際著名教練來指揮也不容易達到世界水準，但先進的訓練方法和戰術指導對技術水準往往可起到相應促進的作用，因此提高教練員的水準對中國足球運動的進步十分重要。多年來，大概由於既缺乏技術優秀的運動員，又不敢過於突出個人的作用吧，我覺得中國的教練員就著重於運動員的個人技術要服從教練員的戰術需要，而比較忽略了教練員的戰術必須能充分發揮運動員，特別是技術突出的運動員的個人特長，這一傾向實在值得注意。我們且看歷史上優秀球隊的例子：在巴西，由於有技術超群全面的比利，配合卓越的邊鋒加連查和優秀的中場華華等，而創造了四二四以進攻為主的戰術；在西德，由於有善於控制攻守節奏的畢根鮑華而創造了令人讚賞的自由中衛戰術，並繞著「射球機器」武勒而練成了一套進攻的戰術配合；在荷蘭，以控、傳、射及速度俱佳的告魯夫為中心的全面攻守戰術也曾風靡世界；在阿根廷，兩奪世界盃的戰術的是圍繞著技術突出的甘巴斯和馬勒當那而展開的。這些說明了優秀的教練是應能選拔現有的優秀球員，並根據各人的特長去組織整隊的戰術；因此，不論是四二四、四三三、三五二或者是全面攻守等陣式或戰術，只要能充分發揮全隊球員的特點和整體配合就能表現出球隊的最高水準，從而取得勝利。

　　還有一些事例可能說明少數優秀運動員的特長未能充分地發揮，以射門為例：在外國，甲級聯賽的射球冠軍幾乎是必然入選國家隊的；在西德和英國，甚至乙級聯賽的射球冠軍也曾入選國家隊；而在中國，雖然一直強調射門是最落後、最迫切需要解決的問題，但多年來甲級聯賽的最優秀射手如黃德興、王學龍等人卻一直未能在國家隊占一席位。這裡面也許有很多局外人所不瞭解的原因，但我總覺得像黃德興身處甲級隊的一支弱隊中卻能連續4年取得射球冠軍，是必然有技術上意識上的優點的，教練員難道不應該在戰術上創造一些條件更好的發揮其特長嗎?!所幸，近年來馬林、柳海光等射手也站穩了國家隊的位置；又如自容志行之後，公認趙達裕技術最好，但他也曾4進4出國家隊，是什麼原因呢？是因為太矮嗎？馬勒當那、基謹、西蒙遜等名將不也是1.6公尺多一點嗎！是因為趙達裕配合不了國家隊教練的戰術嗎？為什麼教練不考慮圍繞趙達裕創造和訓練一套戰術呢？當然，這些只是局外人的猜測。趙達裕在受傷之前還是中國隊的主力，還有數年前高豐文帶領中國青年隊在世青杯取得較

好成績，但回國後這支充滿希望的隊伍馬上解散了。本來各自回原隊去鍛鍊也不是壞事，但據說一些優秀隊員回到原隊卻只能當後備而影響了進步。以上這些不一定恰當的例子也許說明了領導們缺乏長遠的眼光和規劃，選拔、訓練和比賽的制度又可能存在缺點，這些都會妨礙優秀運動員，特別是青少年球員的進步和提高。

此外，還要談談吸取外國先進經驗的問題，近年在世界賽取得較好成績的亞非國家足球隊毫無例外均與此有關；例如：摩洛哥隊有4名球員在歐洲踢球，南韓有車範根等在西德參加職業賽，伊拉克隊則由外國教練訓練，這些都有利於亞非球隊學習引進先進的技術、戰術、訓練方法和經驗。因此，中國不但要多參加國際賽，同時派出優秀的運動員和球隊到先進國家做長短期的訓練，和邀請國外著名教練到中國任教，都是有益的。據說，也有一些保守的或極「左」的人以自力更生為理由加以反對，甚至認為這是「洋奴思想」！其實，這是不值一駁的。為什麼中國的乒乓球、羽毛球、體操、跳水、排球等教練可以到數十個國家去傳授技術而不會在外國出現「華奴思想」，但卻不容許洋教練來華任教呢！這正如中國的青島啤酒、茅台酒、紅茶大量出口，而僅僅進口了一點可口可樂，就被一些人提高到亡國亡黨的高度而瘋狂反對，一樣是毫無道理的。可喜的是，阿根廷教練來了，大連隊、中國隊分別去西德、巴西訓練了，古廣明、謝育新也去西德、荷蘭留學了，相信這些明智的決策，將對中國足球起一定的促進作用。

第三，信心、體質、場地：如果說中國足球要達到世界水準主要是技術問題，而在亞洲，中國足球運動員的技術與南北朝鮮和西亞各國可說是不相伯仲的，因此，衝出亞洲則主要是戰略戰術和運動員的信心問題了，或者還應加上一點幸運吧！因為前面提過足球比賽中的偶然性因素實在是不容忽視的。這裡著重談信心問題。我認為，首先是領導要長期地訓練和比賽中鼓勵運動員大膽發揮技術，要大膽地做動作，特別是在對方緊逼下，該傳球就傳，該過人就過，該射門就射；不要怕傳錯，不要怕搶截，不要怕射失，因為只有不做任何動作的人才不會失誤。其次是教練員和運動員在任何時候都應首先想到贏球，只有從求勝的基點出發，教練員才能制定恰當的戰略戰術，運動員才能充滿信心去發揮技術。如果只想到打和或輸球，則戰略戰術都會受到束縛，運動員

在比賽中就會手足無措、動作僵硬。但同時又要不怕輸球,要鼓勵球員輸了一球不要怕,爭取在完場哨聲響前贏回來;輸了這一場不要怕,爭取在下一場贏回來。想贏而不怕輸,就能信心十足地投入比賽。與信心有關的還有「壓力」問題。五一九輸給香港,在很大程度上是從上(領導)從下(群眾)而來的雙重壓力擠迫的結果。壓力對任何球隊、任何球員都會存在,柏天尼、薛高、蘇古迪斯在世界盃射失十二碼不也是壓力太重所致嗎!因此,問題是如何正確對待。我認為,首先是領導和群眾對球隊應多一些雪中送炭,少一點錦上添花;不要把勝負看得過重,更不要贏了就什麼思想,輸了又什麼主義地把勝負都和振興中華連在一起。其次是要多參加國際錦標賽,多和外國強隊交鋒,輸得多了,經驗多了,就能承受更大的壓力。而根本的還是要苦練技術,所謂「藝高人膽大」,膽子大了,就能將壓力化為爭取勝利的動力,水準就將躍進一步。

從體質方面看,足球應該是十分適合中國人的運動;因為足球並不要求特別突出的某一身體素質(例如籃、排球運動員要求有突出的平均高度),而是要求速度、靈敏、力量和耐力在足球技術上的全面結合。目前中國隊與北方強隊在身高方面與外國比較已無明顯差距,速度和靈敏素質也不差,問題是在力量和耐力方面。我認為,要注意提高中國足球員的平均體重。印象中,即使與國外運動員身高相等,但多數中國運動員都嫌體重較輕,肌肉不夠發達,表現在比賽中是力量不足,因而在合理衝撞、搶截和占位爭頂高球等方面明顯吃虧。中國足球員的耐力亦亟需加強,上半場好,下半場差,加時更差的表現,說明耐力不能支持90至120分鐘的比賽,這主要和訓練的運動量特別是強度不夠有關。運動員缺乏經驗,在比賽中不能合理地控制分配和保留體力可能是原因之一;但在重要的國際賽中,對手往往全場緊迫,全面攻守,實際上是不容許保留體力而要全場拚盡的。此外,體重不夠、力量和耐力不足,是否和中國運動員從兒童至青少年時期營養不夠有關呢?這一問題值得進一步研究解決。

場地(特別是草場)是妨礙群眾性足球運動發展的因素之一。在巴西應該有數以萬計的草地足球場,可以容納數以十萬計的運動員大展身腳;在英國和西歐各國,坐在旅遊車上沿途都可見到無數綠草如茵的球場,球員們會領略到在鬆軟的草地上訓練和比賽時特別興奮舒適和有勁的心情的!中國有無數兒童和青少年喜愛足球運動,但有多少球場可供他們馳騁呢?!又有多少足球天才因

缺乏場地而埋沒，或留在惡劣的泥沙場地上反覆受傷而妨礙甚至中斷了運動生命呢?!場地問題不是短期內容易解決的，但衷心希望體育及城鄉建設部門在可能的條件下盡力而為。

第四，幾個值得注意的問題：（1）要注意提高運動員的文化水準和個人修養。我很希望看到1950年代末到1960年代初中國國家隊和其他很多球隊那種泱泱大將風度和整齊威武的儀容，當他們操著整齊的步伐出場時就有一種振奮人心和令人威懾的氣勢，而近年一些球隊表現的散漫邋遢、吊兒郎當的作風，披頭散髮，上衣拖在球褲外面，球襪遞到足踝上（為什麼不規定佩戴護脛以防受傷呢？）的表現實在不能反映中國足球運動積極進取的精神！（2）領隊和教練員在一些細微的問題上也要嚴格要求。例如，在一場比賽中我注意到廣東隊守門員經常持球在禁區內超過四步並踏出禁區才將球踢出，這些技術犯規的不良習慣讓可能在關鍵的比賽中被罰而導致失敗；又如，一次比賽中遼寧前鋒在禁區內射門被擋出，球還在禁區內滾動，該球員竟放棄了追搶補射的機會而跪在禁區內呼天搶地做出一些完全不必要的表示遺憾的動作，這一壞習慣實在不是專業運動員負責任的表現。（3）我覺得中國足球員受傷患的困擾相當嚴重，這裡不擬從訓練和醫學的角度談防治的問題，只是從容志行多次被侵犯受傷，古廣明、趙達裕先後骨折，而想到應該對個別蓄意傷人，特別是常以超技術動作傷害技術比自己優秀的運動員的隊員加強職業道德的教育甚至處分，以免悲劇反覆發生並損害中國足球多年來在國際上樹立並被公認的良好作風。這方面各級領導、教練和報紙雜誌等輿論界均應負起責任，特別是中國足球裁判的水準權威性也應相應提高，以免拖了足球運動前進的步伐。

三、中國足球的展望

電視在全國範圍轉播1986世界盃賽，對中國足球將有深遠影響，使群眾特別是兒童青少年足球運動員大開眼界，看到了世界最先進的足球技術戰術。中國實在需要更多包括歷屆世界盃及世界優秀足球技術的電影和電視片集，讓運動員能反覆觀摩，從中吸取其精華以利提高；更要讓國家隊及甲乙級球隊經常與世界強隊比賽，派出去，請進來，積累豐富的國際比賽經驗後必將促進

技戰術的提高。長城杯等國際邀請賽一定要提高規格和水準，集中財力，寧精勿濫。此外，如何改革中國的足球比賽制度、在加強精神文明的教育同時改善運動員物質生活、健全獎罰制度、重視退役後的出路安排以減少運動員後顧之憂，使中國足球盡可能適應世界足球高度職業化的現實。這些都是十分重要的問題，但很多問題都牽涉到國家進一步開放改革的一系列政策，這就不是本文可能論及的了。

據估計，目前中國各級專業足球運動員不會超過2千人，合乎標準的草地球場大約不足100個，以足球城著名的天津和大連聽說也沒有標準草場，這和歐美足球強國數以十萬計運動員和數以萬計足球場比較實在相差太遠，以這樣的條件要求中國足球在近年內趕上世界水準是困難的。但是，中國足球的發展也有不少有利的條件，我認為最少有以下幾點：（1）領導重視：1962年的一天，下著微雨的北京地壇體育場正進行著兒童足球賽，一輛紅旗轎車駛進球場，車上下來的竟是當時的鄧小平總書記，也許「足球要從娃娃抓起」的意念在當時已開始形成！事實上由中央到地方各級領導中足球迷多得是，而在中國凡是領導重視的事通常都能辦好。（2）近幾年來正切實開展各年齡組的訓練和比賽，貝貝杯、萌芽杯等已使兒童和少年足球水準明顯提高，參加國際青少年比賽也取得了可喜的成績。（3）在國際足壇普遍吹淡風，觀眾日益減少的情況下，中國各級足球賽的觀眾仍非常踴躍，顯示廣大群眾的熱情和支持並未因中國足球停滯不前而減退，優秀足球運動員仍然是他們的偶像，甚至仍然享有不少生活上的特權。（4）在近年掀起的「企業贊助體育」的改革風氣中，足球是最早和最廣泛獲得贊助的項目，有了企業在經濟上的支持和鼓勵，足球將更傾向於職業化，運動員訓練的自覺性將進一步提高，這是技術提高的重要因素。（5）國際足聯對中國非常重視和支持，以夏蘭維治為首的國際足聯對中國足球的發展寄以厚望，正盡力促進中國足球的發展，多次派遣專家教練到中國開教練進修班和協助提高中國裁判水準，支持中國舉辦世界性的青少年國際賽，甚至再三鼓勵中國舉辦21世紀的首次世界盃，所有這些對中國足球的進步都有巨大的影響。（6）中國有近30個省市自治區，南北各地氣候及人民體質各異，早在1950年代已存在不同足球風格的雛形：東北有歐陸力量形的風格，中南有南美技術型的味道，京、津、滬則可稱融匯二者於一體，今後如

能繼續百花齊放，既發揚各自原有風格又互相促進提高，則中國的足球聯賽應該且有可能辦成具有小型世界盃模式的比賽，希望這不是幻想，而是未來的現實。

綜上所述，雖然困難重重，但我對中國足球衝出亞洲走向世界的前景是充滿信心的，只要不再出現意想不到的政治上的干擾，中國足球將在8至10年後開始起飛，甚至可能提前在1994年的世界盃中令全球矚目，我的希望和信心寄託於這一代的青少年足球運動員中。

第四篇　大陸足球面面觀

　　香港的球迷們最關心的還是足球，對於歐洲、南美的足球和比利、摩亞、賓士等世界球星，香港球迷可以如數家珍般地一一數說，但對近在眼前的中國大陸足球，卻仍然是一個謎。最近兩期《星島體育》曾連續刊登了介紹中國大陸足球情況的文章，引起讀者極大的興趣，筆者僅就所知提出一些補充和修正，以供讀者參考。

　　1971年，大陸各足球隊重新開始正規訓練，且開始與外國球隊進行比賽，但由於國際足協的限制，與外國隊的接觸只限於一些友好的國家。其中能從中瞭解到國內足球水準的比賽，主要是與北韓及歐洲的阿爾巴尼亞和智利國家隊的比賽。北韓的足球水準，自從1966年世界盃中一鳴驚人地進入世界八強後，已被公認為亞洲最高水準之一。文化革命前，中、韓兩國足球隊間經常進行比賽，雙方有勝有負，且勝負極少超過1球，可見實力相差不遠。例如：1960年，中、韓、蒙、越4國足球聯賽在越南河內舉行，中國隊以1比0勝北韓，取得冠軍；同年，北韓人民軍隊來訪，比賽兩場，是負給天津1比0，勝中八一隊2比0。1962年，中國足球隊訪問北韓，比賽4場，成績是1勝2和1負，即：打和和朝人民軍2比2，勝朝中央講習所2比0，和朝火車頭隊1比1，負平壤聯隊0比1。文化革命期間兩隊沒有碰頭，但近幾年來北韓足球水準略見下降。1972年春節，在廣州與北京體育學院隊（即國家隊）比賽兩場，成績是1勝1負。當時，北京體育學院隊剛遠征非洲取得較好成績回來，第一場比賽雙方全力以赴，表現了真正的實力。由比賽中可見，北京體院隊確是高了一些不論在身材、技術和速度上均比對手占優，在上半場完全控制了局面並打進1球，以後就沒有再爭取多進球了；第二場比賽，北京體院隊是在控制戰局下輸回0比1。當時，北京體院隊各線主要人物是：前鋒王後軍，他原出上海隊，過去是最佳右翼，現改打右輔位，與文革前比較速度已減慢，但技術、經驗卻更進一步，仍是射門最有威脅的一員；中場以前福建選手李國寧為主，他腳法十分純熟優秀，對手根本無法搶去他控制著的皮球，是組織進攻的核心人物；全隊最突出的是中衛戚務生，這個年約26歲、身高6呎2吋，原屬遼寧隊的中衛，在文革

前已開始,崛起，在這兩場比賽中更見成熟，不但搶截、破壞技術極好，且位置、經驗均佳，身高腳長頭頂腳踢，完全有一夫當關的大將作風，北韓的長傳急攻根本無法越過他的防線，他和守門員老將張業福可說是中國少有的國際水準的球星。

　　1972年以後，各地球隊中湧現了一批年輕新手，北京體院隊補充了一批新生力量，開始改變了依靠文革前老將支撐局面的情況，水準即有迅速提高。1973年底，北京體院隊曾遠征阿爾巴尼亞。阿國是歐洲巴爾幹半島上的一個小國，但該國人民意志頑強，不畏強暴，敢於鬥爭，有山鷹之國之稱，在足球場上的表現也相當出色。阿國家隊過去曾取得過巴爾幹半島足球亞軍（僅負給冠軍南斯拉夫隊），在歐洲杯比賽中曾與西德國家隊碰頭也僅負一比零，賽後西德教練還承認輸了形勢贏了波！此外，阿爾巴尼亞軍人隊在參加東歐及社會主義國家軍人隊足球賽中曾擊敗過世界著名的捷克「紅星」（軍隊）隊及匈牙利、羅馬尼亞等軍人隊而奪得亞軍，可見其亦有一定實力。1973年底，北京體院隊以新的姿態出訪阿爾巴尼亞，竟得7戰6勝1和的佳績。據說，隊中表現最突出的有：由遼寧隊調去的王積連，他是繼張宏根之後國內技術、腳法最優秀的內鋒；來自黑龍江隊的右翼李哲，他不但技術好，且百公尺跑速度達11秒多，推進威力極大；還有來自廣東隊的年青新手容志恆，他年僅24歲，腳法十分優秀，左右腳射門運用自如，常能突破對方禁區，現任職左翼，不但可以自己盤進竄入扣射，而且常能製造機會給隊友射門，現已成為北京體院隊主力，據說該隊老教練對他評價甚高。容志恆過去曾與香港一些球員碰過頭，記得有一次在越秀山與香港球員練習比賽，他在右輔位貼底線得球，盤過左後衛，再用右腳一扣，在兩中衛夾擊中間閃出，隨即起左腳在僅有15度角的位置下射入一球，全場觀眾大嘆觀止，至今一些香港球員仍印象甚深。北京體院隊其他主力包括中場劉慶泉（原上海隊）、中衛戚務生和曾昭寧（原廣西隊），老將則只有王後軍、李國寧和張業福等數人了。附帶提一提，蔚琦君文內提到北京隊的「三張」，那已是多年前的事了。張宏根、張京天由1954年就入選國家隊（即北京體育學院），當時還有被東歐足球界稱為萬里長城的鋼門張俊秀，他們現在已是40歲，從1964年起已退休為教練。張坤岳也是文革前國家隊的主力，比前述3人稍後一輩，文革後也已處半退休狀態。至於叢者餘，也是1954

年和張宏根等同期的中國隊主力，其百公尺跑速度是11.2秒，是國內最快的翼鋒之一（另一百公尺達11.2秒之右翼是遼寧朱天才，現亦已任教練），他的速度不是10.3秒，當時中國百尺全國紀錄也不過10.3秒（直到1964年陳家全才以10秒正平世界紀錄）。其他如遼寧的蓋增聖（不是曾聖蓋）、吉林的池雲峰也已做了教練。目前遼寧隊中唯一的老將倪繼德，他在1962年時是中國青年隊主力，現仍是遼寧隊鋒線上關鍵人物。

近年到大陸訪問的外隊還有日本、智利等隊：日本隊根本不是敵手；智利隊是3年前為迎接1974年慕尼黑世界足球大賽而成立的國家隊，實力相當強勁，但在北京比賽3場也沒占到任何優勢，其中就以2比1輸北京體院一場。這場比賽有新聞紀錄片，十分精彩，北京體院隊的進攻有如浪濤洶湧，射入兩球美妙異常，可以說是一場具有國際水準的比賽。

此外，1972年廣東隊曾出訪非洲贊比亞、剛果（布拉柴維爾）等國，遼寧隊1973年曾出訪中東數國，均是勝多負少，成績還算不錯，但因被訪國的足球水準不高，因此很難從中瞭解國內足球的水準。但由國內先後派出3支球隊出訪，卻可以瞭解到一些情況：一方面是目前國內以此3支球隊水準較高，另一方面是這3隊分別代表3種不同的風格——遼寧隊是北派風格，身材高大，體力充沛，作風硬朗，速度特快，擅長大刀闊斧，長傳急攻，有類似英國及歐洲大陸的風格；廣東隊是南派風格，腳法細緻，講究技術，多取三角短傳配合，而身材、體力則較差，其風格與香港相似而接近南美各國；而北京體院隊則可以說是融合了南北兩派風格於一爐，既有國際水準的身材和速度，且由於成員選自全國各隊的精華，故又有良好的技術和腳法，更經過長期的配合和訓練，互相間有較好的默契。可見，國內派出3個不同風格的隊伍出訪是有著從不同角度吸取經驗，從摸索和磨練中探討和建立中國自己的足球風格的目的。國內不但在文藝、科學上，同時在體育方面也是一貫堅持「百花齊放，百家爭鳴」方針的，在國內也鼓勵各足球隊培養和創造自己的風格，這正說明國內的足球運動是放眼世界，正在為爭取早日趕上世界水準而努力。

話說回來，目前國內大約有四十多個省級以上的足球隊，各隊間水準相差很大。到目前為止，北京體院隊、遼寧隊水準最高，廣東隊緊隨其後，上海、天津、河北、吉林、湖北等隊則差一些，其他隊伍只能列入二三流了。總的來

說，除了北京體院隊和遼寧隊外，目前國內足平還沒有能夠全面恢復到文化革命前的最高水準。也就是說，由於文革期間各隊停頓了數年正規訓練，老將退休，新手接不上，因此，除了北京體院隊和遼寧隊保持了文革前甲級足球隊的水準（北京體院隊近來已超此水準，但還還未能達到1959至1961年時北京體院隊的最高水準）。

廣東隊目前的水準只相當於文革前甲組尾的水準，其他各隊只相當於文革前乙級隊的水準，這從1972年全國足球賽中湖北隊取得冠軍一例即可證明。在該次全國賽中，北京體院隊和遼寧隊出國訪問沒有參加，廣東隊戰勝湖北隊但大意輸給另一弱隊而屈居亞軍。湖北隊在文革前一向是乙組頭、甲組尾的隊伍，這次是以老將為主而取得冠軍的；取得冠軍後，與北京體院隊做一場表演賽，北京體院隊輕易地以4比0取勝。

從上面所提情況看來，目前國內足球的水準和前途不是不大理想嗎？其實不然，要知道世界上的事總是破舊立新的，文革以後老將退休了一批，目前上海、天津、河北、湖南等隊全部以17至20歲左右的新手為主，這批小將目前水準是差一些，但其進步是飛快的。國內各球隊不計較勝負、名次和眼前的水準，努力培養新手，這正是把眼光放在趕超世界水準的根本措施。值得一提的是，人們特別對上海少年隊給以很高的評價和期望。1972年，上海少年隊（17歲以下）曾應邀訪問日本，和橫濱市隊等幾個少年隊進行比賽，取得勝負各半的成績。據國內一些老教練指出，3至5年內，這一支上海少年隊必能有極高水準的表現。同樣，北京、天津、河北、吉林等隊一向是國內前6名的球隊，這些地區足球普及，基礎較好，相信目前以青少年球員為主，水準一時未符理想，但3年後亦終非池中之物，必定可以迅速提高水準的。

值得特別提出的是，國內體育界已充分瞭解到要提高運動成績不但要著重培養少年運動員，還應在兒童中普及運動訓練；文革後已特別重視這一問題，明顯的是去年已舉行了全國兒童（9至12歲）的游泳賽。在足球方面也是一樣，全國各地的業餘體育學校中普設兒童足球班，特別是北京、天津、上海、廣州、旅大、梅縣、吉林延邊朝鮮族自治州等足球運動發達的地區，這類學校更多。筆者過去曾參觀過上海、廣州的兒童足球訓練，那些9歲、10歲的兒童在退休的名將（隊員退休後多在業餘體校做教練）的精心培養下一代，技術和

足球意識都令人拍掌稱奇，經常可以看見小小的翼鋒拉邊、過人、入底、傳中的鏡頭，儼然大將風度；可以預測，如果沒有其他方面的影響，5年左右，中國足球必將成為國際上一支勁旅的。

目前，國內足球水準迅速提高的最大障礙是缺乏比賽的經驗，國內強隊間每年的比賽一般不超過30場，這不但遠遠追不上外國強隊，而且比香港的球員比賽次數還少，對手又總是那麼幾個，都摸了底，打法變化也少；更重要的是缺乏國際比賽經驗，特別是沒有機會與國際間一流強隊比賽。這一點，國內足球界人士也十分清楚，也很想多邀請外國強隊到國內訪問比賽，但由於受國際足協規章限制，因此加強與國外足球隊交流的願望仍未能實現。但大勢所趨，看來北京重返國際足協的日子也不會太遠了。

筆者也同意蔚琦君的看法，就是國內的強隊差不多都是攻擊型的球隊。文革前，「錦標主義」嚴重時，為了爭取積分和名次，也偶然出現過穩守求和的一些比賽，但這畢竟不成為一種風格；文革後，在比賽中就很少見打守勢波了，因此看過國內足球賽的人都會讚好，有球味，有戰意。總的來說，國內足球隊優點是體力好、速度快、配合不錯、攻擊意識強、鬥志鮮明，缺點則是基本技術和腳法不夠好、個人突破能力差、射門技術也較差。這些優缺點的形成是和過於強調體力和集體配合有關，而且往往將個人的盤球過人突破技術與表現自己個人主義混為一談，因而影響了這方面的訓練；近年來已有所改進，已更為重視個人技術的訓練了。

近數年來，看過國內強隊間的比賽和對朝鮮、智利等隊的比賽，在香港也看了澳洲、南韓的世界盃賽及春節港、巴、葡三角賽，將這些比賽的水準比較一下，我認為：以國內北京體院和遼寧隊的實力來說，中國足球水準在亞洲是居前列的，除非因國際比賽經驗所影響，否則完全有實力取得亞洲之冠，如與世界強隊比較則目前大約還是二流水平。國內也十分重視對外國優秀足球隊的技術、戰術的研究工作。例如：文革前，我們就曾經看過1952年—年匈牙利兩勝當時號稱足球王國，並且在本土從未輸給外國隊的大英帝國國家足球隊的電影（首場在匈牙利首都布達佩斯，匈隊勝7比1；次場在倫敦溫布萊場，匈隊又勝6比3）。球員們都精心欣賞和學習當年匈牙利的天皇巨星普斯卡斯、希代古提，和柯奇士等的優秀球技。文革以後，國內也曾重金購取第七屆世界足球

錦標賽的電影，反覆放映給足球運動員觀看。前年，香港上演英巴大戰時，國內也曾有著名教練專程前來觀看歐洲、南美不同風格的比賽和球王比利的卓越球技。此外，還翻譯出版了不少世界足球的技術和戰術文章給教練與運動員學習。因此，國內足球界對世界足球技術、戰術的發展是相當熟悉的。但是，足球畢竟不是紙上談兵能解決問題的，觀看優秀球隊的比賽固然有益，更重要的還是讓球員多和世界一流水準的球隊比賽。只有從實戰中才能找出缺點加以改進，發現優點加以鞏固和發揚的。因此，可以肯定的是，一旦北京獲得恢復國際足協的會籍，她一定會邀請更多世界勁旅到國內比賽，也會派出更多隊伍到足球先進國去訪問。到那時，當吸取了更多的國際比賽經驗後，中國足球一定會有一個大躍進的，讓我們刮目以待吧！

最後，簡單談談國內足球水準與香港足球水準比較的問題。筆者近10年來看過多場香港球員與廣東隊的練習賽，近年來也看過多場香港隊與外隊的比賽，就以今年賀歲波香港代表隊的水準作為標準，我認為：如果在文革前，香港代表隊到國內去比賽，對廣東隊是必敗，但輸球不會很多；如果碰上北京體院隊或北派隊伍，則大概會輸得多一些。如果是文革前的廣東隊來香港比賽，則是五五波，很難說誰有贏波的把握；但如北京體院或北派隊伍來香港，則香港腳雖是地頭蟲，恐怕還是敵不過強龍的。在文化革命後的今天又如何呢？我認為：香港代表隊到國內去比賽，因現在的廣東隊較前退步，平均技術和腳法不及香港代表隊，而體力速度稍好，因此是有得打的；如廣東隊現在來香港，則香港腳贏面稍高一些。但如現在遇上北京體院或遼寧隊，則不論在國內或香港比賽，香港腳最少要輸二三球以上的。這裡也同樣存在「格食格」的情況，因此，香港代表隊如果和國內球隊打對攻戰術則必然一敗塗地；相反，如採取密集防守、待機突擊戰術則可能輸少一些。前文已說過，國內球隊比賽多為互相對攻，且因個人突破過人技術較差，故破密集的能力亦不強。最後，希望在不遠的將來，當北京重回國際足協以後，足總會長能邀請國內勁旅前來香港表演的話，讓香港球迷一飽眼福，相信到時將會是有史以來最爆棚的足球比賽了。

原載於《星島體育》1974年3月9日，香港

第五篇　進取心！三〇部隊？
──對中國足球隊的期望

　　等待了四十多年，中國足球隊終於進軍韓、日世界盃決賽，這是歷史性的勝利！以中國足球目前的水準來看，這已是所能達到的最高成就了。

　　勝利的喜悅常常令人盲目地樂觀，因此，「有能力和巴西隊一拚！」「土耳其沒有想像的那麼強！」「哥斯達黎加害怕米路的中國隊！」「打進十六強有希望！」等評論和預測令舉國一片樂觀！把中國隊棒得愈高，恐怕會跌得愈慘！不是怕跌倒，而是怕中國隊真的自視甚高，又怕揹上想贏怕輸的沉重包袱，更怕將米路教練「快樂足球」的稱號拋諸腦後，如果這樣，極端缺乏世界大賽經驗的中國隊前景不妙！

　　還是回到現實來吧！筆者以技術、體能（身材、速度和體力）、戰術、經驗四項指標來評估，以5分為最高分，4項相加則滿分為20分，中國隊所在的E組4隊的得分如下表：

	技術	體能	戰術	經驗	總分
巴西	5	4	4	5	18
土耳其	3	4	4	2	13
哥斯達黎加	3	3	2	1	9
中國	2	3	2	0	7

　　不是長他人志氣，我這一主觀的評分對照參加決賽的32隊的世界排名是相符合的：中國隊在世界的排名50，是32隊中最低的排名！而且從外圍賽中面對亞洲二流球隊時，中國隊的表現也只能得出類似的評分結果。巴西隊世界排名從各方面來看都是與法國、阿根廷、義大利、葡萄牙，甚至英國、德國等同級的奪冠熱門，不用多做解釋。土耳其近年突飛猛進，世界排名25，以曾獲歐洲盃冠軍的加拉塔沙雷隊員為主，加上5至7名在歐洲一級球隊效力的球星，其體能和戰術均可以和巴西一拚，只是技術和經驗稍次；而對著中國隊則完全是「格食格」的局面。我寧可認為中國隊尚可與巴西一拚，但對土耳其則完全

處於下風。哥斯達黎加隊的技術肯定比中國隊好，世界排名27，雖只有一次世界賽經驗，但個別球星的國際大賽經驗應比中國隊強，體能、戰術與中國隊相當。但中國隊有「米路」教練的優勢，因此有可能與哥隊拉成均勢，這是中國隊唯的一可能取得進球、平局甚至勝利的希望所在。

足球畢竟是「圓」的，我真誠希望中國足球也是「圓」的，真誠希望奇蹟出現！

我的期望首先是中國隊一定要有進取心。中國足球唯一一次打進世界性比賽是在漢城奧運會上，比賽成績之差尚可原諒，但賽後被一致評為「最缺乏進取心的球隊」則不但令人失望而且十分可恥！我真誠期望中國隊這次能夠一雪前恥，自知技不如人，但一定要有最強的進取心和奮鬥心，而且是全隊團結一致的進取心和奮鬥心！這不但是祖國和13億人民和數千萬僑胞的期望，也是職業足球員應有的職業態度。如果能將人民期望的壓力化為進取的動力，加上神奇教練米路的運籌帷幄和「快樂足球」的美妙觀點相融合，這也許是唯一可能令中國足球變「圓」而創造奇蹟的力量。

我的另一期望是中國隊要盡量爭取不成為三○部隊──就是一球不進，一分不得，一場不勝！如果重溫歷史，韓國隊6進決賽，一場未勝，日本隊一進決賽也是3戰3敗出局，就會覺得成為三○部隊的可能性是存在的；但不要忘記，也有北朝鮮和沙烏地阿拉伯隊首進決賽就殺入第二圈的範例在前。比較樂觀的估計是，目前中國隊主力陣容中，守門員江津應屬世界級水準，後衛4至5員大將的水準亦接近世界級；中場或是最弱的一環，故前鋒線雖有一定的攻擊力，可惜很難得到中場的輸送支援，加上臨門一腳欠佳而無法送球入網，常常令人失望，這從外圍賽和熱身賽的進球數低可以證明。因此，我的預測是，在3場分組賽中，很可能只是零進球；有可能在對哥斯達黎加隊時以0對0比分而取得1分，但想要取得一場勝利的可能性也接近零。這就是中國足協領導提出三部曲的要求，即：爭取進1個球，再爭取得1分，最高期望是爭取勝1場。這對第一次進決賽圈的球隊來說已是極限要求了。

對中國隊應採取的戰術，相信大家比較一致，就是：以防守為主，快速反擊，以定位球和頭球爭勝。這是因中國隊的防守較好、中場控傳失誤較多、前鋒有速度、有3至4名頭球較好的隊員等特點而制定的。我要補充的是，面對

實力相近的哥斯達黎加隊,還應加上「以攻為守」的戰術以爭取唯一可能的勝利。我試排出以下四三三的陣容:

江津	吳承瑛 張恩華 李偉峰 孫繼海	馬明宇 范志毅 李鐵	楊晨 宿茂臻 郝海東

這是一個「以防守為主」,以「進攻是最佳的防守」的「以守為攻」的大膽陣容。早在上屆世界賽前,我就曾和當時的中國隊教練戚務生和陳熙榮提過,把范志毅固定在中後衛的位置上是很大的浪費,他應可勝任如德國畢根鮑華的自由人位置,在兼顧中路防守時大膽地上前助攻;而張恩華完全可勝任中後衛的任務,現在更有杜威可以替補。由最近兩場熱身賽可見,米路教練好像將范志毅甚至孫繼海的位置也想推前去了,因徐雲龍在右後衛也表現不錯。如果認為這個四三三的陣式太冒險了,那也可以改為四四二陣式,即:撤下宿茂臻,換上祈宏打右前衛,這樣有范志毅和李鐵兩個中前衛在禁區頂助守,又可在反擊時壓上助攻,就會更完善一些。

希望我的所有消極預測都是錯誤的。其實,我內心最期望是1勝1平1負取得3分;以得失球擠掉土耳期進入十六強,而H組的日本隊則爆冷取得首名進入十六強,這時就將出現中、日爭入八強的局面。中國隊從來不怕日本隊!過去對日本隊勝多負少。這樣,我的消極預測將一掃而空,中國隊奇蹟地進入八強,創造另一個歷史性勝利!希望中國足球偉大的3個球迷——鄧小平、賀龍和陳毅元帥在天之靈保佑吧!

第六篇　漫談足球運動員的身材

在過去一段相當長的日子裡，香港被稱為亞洲足球的發達地區。近年來，亞洲地區各國足球水準不斷提高，香港足球卻停滯不前，甚至日走下坡，「香港腳」一飛出鯉魚門外比賽，總是凶多吉少；歐洲、南美隊來港，必是大勝而回；亞洲某些地區的球隊來訪，「香港腳」往往也不敢言勝。對於這些情況，球評家和球迷們總是以「香港腳技術和腳法不比外隊差，只是輸了身材與體力」這樣的評論來自我安慰。這種說法，當然也反映了存在的事實。但究竟身材輸在哪裡？腳法差了多少？有無改變或補救的可能呢？在足球世界，不少有識之士大聲疾呼要培養新血、提高水準的今天，倒是有進一步調查和研究的必要的。

一、什麼是標準身材？

各項體育運動有不同的特點，對身材的要求也有所不同：籃球側重身高，身材較矮對舉重有利，投擲運動員則要求「大隻」。這些都是人所共知的常識。而足球運動則是一種綜合性的激烈運動，又因守門員、後衛、前鋒各位置的要求不同，因此，很難說出什麼是足球運動員的標準身材。不過，我們可以把一批有代表性的優秀足球運動員的身材（體格發育）平均數作為標準來進行比較。筆者過去曾在內地為148名優秀足球運動員進行過全面的體格檢查，表1是這批優秀足球運動員的主要體格發育指標的平均數：

表1　中國內地足球運動員體格發育指標

項目	平均數
體重	70.5公斤
身高	1.73公尺
胸圍	87.5公釐
肺活量	4183毫升

項目	平均數
上臂圍（屈）	30公釐
握力	49.5公斤
大腿圍	55.4公釐
小腿圍	36.7公釐

　　一般來說，與其他各項目運動員比較，足球運動員身材中等：身高、體重、胸圍、肺活量均屬中上水準；上下肢肌肉不一定對稱發展，常見上臂圍中等度大，而大腿圍特別大，因股外展肌、內收肌及肌中間肌均十分發達，強而有力。與田徑運動員比較，足球運動員體格發育的各項指標比徑賽運動員略高而低於投擲運動員；與游泳運動員比較，則除胸圍、肺活量、上臂圍不及外，其他指標均高；特別是足球運動員之大腿圍則明顯地大於田徑及游泳運動員。

　　可惜，筆者手頭沒有香港足球運動員的體格發育資料，不能與上列數字進行直接的比較。但香港各球隊很可以將全隊運動員的體格發育情況做一次檢查，求出平均數，就可進行比較而看出自己的隊員身材輸在哪裡了。

　　在體格發育各指標中，最重要的是體重和身高兩項。我們可以將中國內地足球運動員的體重與身高和世界著名足球運動員做一比較，筆者手頭僅有1962年世界足球錦標賽的有關資料，雖然事隔11年，但比較起來還是有一定價值的。

　　表2是世界優秀足球運動員與中國優秀足球運動員體重身高的比較：

表2　中國足球運動員身材接近世界水準

平均數 隊別	體重 （公斤）	身高 （公尺）
1962年世界錦標賽決賽十六個隊	73.8	1.75
1962年世界冠軍巴西隊	70.7	1.74
1962年東歐國家隊	74.8	1.76
1962年中國優秀足球隊	70.4	1.73
1962年中國國家隊	70.5	1.75

　　從上表可以看出，中國足運動員的身高和體重已接近或達到世界優秀足球運動員的水準，特別與世界冠軍巴西國家隊類似；但與歐洲隊相比，仍有一定距離。在香港的足球運動員，絕大多數是中國人，因此，只要有計畫地挑選和培養，是有可能達到上述的體格發育水準的，也就是有可能接近世界水準的。不過，在筆者過去檢查的中國足球運動員中，占三分之二左右北方人的體格，一般都比南方人高大。

二、不同位置的足球運動員體格發育特點

　　從足球運動技術的要求來看，不同位置的運動員對體重和身高有不同的要求，這就形成了各自的特點。以「四二四」陣式為例：守門員和中衛要求身材最高及體重最重，一般身高要求在1.74至1.82公尺左右，體重則在68至80公斤之間，這樣才有利於應付球門前的合理衝撞和控制空中範圍爭奪高球；後衛身高可以矮一些，但體重卻要重一些，結實有力，才有搶截和破壞的本錢；身材過高會不利於守門員接撲低球，體重過大則往往行動遲緩，影響靈活性及彈跳力。以上述標準來衡量，香港著名守門員仇志強、何容興，中衛葉錦洪、劉志威等，在身高方面基本上是符合要求的，但在體重方面則略嫌輕了一些。

　　與前述相反，前衛和前鋒須快速移動，身材應較輕便；尤其前衛活動範圍較大，搶截、輸送、助攻都要有很好的耐久力和靈活性，故身材不宜過高，體重應較輕，應具有類似長跑等耐久力項目運動員的身材，一般身高在1.64至1.74公尺，體重在60至70公斤之間。但在內鋒的位置上，還應有一些身材較高大的運動員，以利在門前的合理衝撞和用頭槌攻門。以這一標準來衡量，香港的一些著名前衛和前鋒如張子岱、陳鴻平、張子慧、李國強等，也是符合要求的。表3是不同位置的中國足球運動員的體重身高平均數，可供我們在培養和挑選運動員時作為參考。

表3　不同位置的中國足球運動員的體重與身高

	體重 （公斤）	身高 （公尺）
守門員	73.9	177.9
中衛	71.2	177.3
邊後衛	73.8	174.4
前衛	65.7	169.4
內鋒	65.7	171.6
邊鋒	65.2	170

　　由表中平均數可見：中國足球運動員體格發育良好，各位置運動員的身材基本上符合足球運動的各相應位置的技術要求的。

　　總的來說，香港足球運動員在身材（體格發育）方面是不及歐美運動員的，這是客觀事實。在身高方面，與種族的先天因素亦有關係，我們只有從挑選和培養運動員方面多加注意，也就是多挑選身材高一些的運動員來培養；但在體重方面，肌肉的發達主要是後天的訓練問題，香港的足球運動員應從小多注重全面發展的體質方面的鍛鍊，在訓練中應適當增加舉重、健身等發展肌力的練習；如果肌肉結實有力，加上有一定的速度，即使身材矮一些，在綠茵場上拚起來也不會吃虧的。

　　　　　　　　　　　　　　　本文原載於《香港大公報》1973年7月

第七篇　足球運動員的體力

　　足球季節又來臨，各甲組隊伍早已招了兵，買了馬，並積極進行操練，以免季初因缺氣而失分。香港足球運動員多數體力較差，這已是人所共知的事實。此時談談足球運動員的體力，也許較合時吧。

一、球賽對體力的要求

　　場地範圍大（60×100公尺），比賽時間長（90分鐘以上）是足球運動的特點。根據資料統計，一般足球在一場90分鐘的比賽中，跑動的距離平均在3,500至5千公尺之間，優秀的足球運動員則可達到6千至8千公尺；在一場激烈的國際比賽中，有些球員跑距離往往達到1萬公尺，這真是名副其實的滿場飛了。

　　由於每個運動員踢的位置不同，跑動距離也有很大的差異。例如：守門員，他在比賽中跑動是極少的，一般在一場比賽中，僅僅在禁區內做15至20次衝出搶球的跑動，距離也很少超過20公尺，其他就是在原地撲接低球和跳起接高球而已。在比賽中，守門員主要是依靠靈敏的反應、準確的判斷和有經驗的選擇位置來完成撲接任務，對一般的體力要求是比較低的。在四二四陣式中，中後衛的活動範圍也比較小，一般僅在半場的範圍內做30公尺左右的跑動，每場球賽跑動的距離通常在3千公尺左右。但是，在現代足球中擔任出擊的邊後衛，則經常要做40公尺以上距離的助攻活動，其跑動距離相應就增加了。至於前衛和前鋒，在球場上的活動範圍是很大的；據統計，在一場球賽中，單是20至40公尺的短距離，衝刺就要進行30至50次左右。一些最優秀的前鋒，在國際比賽中，每場球賽要衝刺60至70次，此外還要交叉換位、跑空檔，不斷穿插，跑動的距離最少也達到5千公尺以上。前衛助攻助守，穿針引線，還要向前威脅對方球門，如果沒有在每場球賽中跑動超過6千公尺的體力，是不可能很好地完成比賽任務的。因此，作為一個足球前鋒或前衛隊員，不但要有良好的足球技術，還應該具有如長跑運動員的體力。

（一）重要的是速度耐力

一般來說，足球運動員在比賽中跑動的距離和長跑運動員差不多相等，但從運動訓練的角度來看，訓練足球運動員的體力卻又和訓練長跑運動員不同：一方面因為足球運動員的跑動經常是帶著球或按照球賽的進展而定，並且常要做急停、急轉、跳躍及踢球射門動作；同時，長跑運動員要求的是比較單純的耐久力，就是在一定時間內以比較均勻的速度跑完長距離的體力，而足球運動員要求的主要速度耐久力，也就是在一定時間內進行反覆數十次高速度短距離衝刺的能力。

從上述要求來衡量，我們或者可以對一個優秀的運動員提出下面的2種體力要求：其一是在12分鐘左右跑3千公尺，同時在其中安排30次30公尺的全速衝刺，也就是每跑100公尺中有30公尺是全速衝刺，其餘70公尺是慢跑；其二是要求運動員要有在20分鐘左右時間內跑完5千公尺全程的體力。一個足球運動員如能達到上述體力要求，大概他的體力就可以比較輕鬆地應付一場足球比賽了。這樣一個標準，本港足球運動員能否達到呢？是要求過高還是要求太低呢？有興趣的並有鑽研精神的足球教練員們不妨多做一些試驗，或者他們會在實踐中提出更加準確和更加符合香港足球運動員的體力要求的標準來。

（二）運動醫學家的研究

為了深入瞭解足球運動對身體機能的影響和對運動員體力的要求，運動醫學的專家們曾經對足球訓練和比賽後的球員的生理機能變化，進行深入的研究，發現如下一些很有意義的事實：在平時大運動量的足球訓練中，訓練的時間長達3小時以上，訓練中運動員跑動的距離也達到7千至8千公尺以上，這些都超過了一場90分鐘比賽時間和跑動距離，但引起運動員身體機能的變化，卻明顯地沒有一場比賽後那麼顯著。同時，在不同性質的比賽後，運動員的身體機能變化也有不同：通常是在做練習性的友誼賽後，身體機能變化較小；做正式爭奪較劇烈的比賽後，變化較大；而在一場激烈的國際比賽後，他們身體機能的變化最大。這就是說，愈是激烈的高水準的比賽，對球員身體機能的影響愈大，亦即對體力的要求愈高。

　　為了進一步瞭解上述現象，不妨舉幾個簡單的例子來比較一下：大家都知道運動員運動時由於新陳代謝旺盛，消耗大量能量及大量出汗，會引起體重的下降；體重下降愈多，表示體力消耗愈大。一個優秀足球隊全體隊員，在曾進行大運動量訓練和不同性質的比賽後檢查他們的體重，發現：在大運動量訓練後，體重平均下降2.2公斤；在一場聯賽後，下降2.5公斤；而在一場激烈的國際比賽後，則下降達2.8公斤。從測量運動員的脈博發現：他們在大運動量訓練後10分鐘，脈博已恢復至每分鐘90次；在聯賽後，為110次；在國際比賽後，則仍停留在130次的高度興奮狀態中。再對運動員進行了心電圖檢查，以心電圖中ST段下降達0.1毫伏以上為標準來說明心臟疲勞的程度，發現在大運動量訓練後僅有5%的運動員出現心臟疲勞，在一次聯賽後卻有61%運動員出現心臟疲勞，而在激烈的國際比賽後竟有84%的運動員出現心臟疲勞現象。此外，從檢查運動員訓練及比賽後的尿液發現，適當劇烈運動後尿中會出現蛋白質；運動愈劇烈，體力消耗愈大，則尿液中出現蛋白質愈多。足球運動員在大運動量訓練後僅有43%尿中出現蛋白質，平均量也不到4.1%毫克，在聯賽後則有90%運動員出現尿蛋白，平均量達30%毫克，而在激烈的國際比賽後，100%運動員出現蛋白尿，平均量竟高達61.4%毫克。

（三）比賽消耗多於訓練

　　從以上運動醫學研究的結果，可以清楚看到，儘管在平時大運動量訓練中，訓練的時間和運動員跑動的距離都比較比賽時多，但運動員身體機能的反應卻比較小，體力的負擔當然也比較小。也就是說，訓練的水準遠遠趕不上比賽的要求。正由於在日常的訓練中，運動員身體機能變化的水準，未能達到或超過比賽時對身體機能水準的要求，就造成了運動員在平時訓練中表現不錯，體力似乎也相當好，但一到比賽場上，就力不從心，這正是一般足球訓練中常見的缺點。

　　為什麼會出現這樣的情況呢？根據各方面的分析，主要與以下2個原因有關：一是平時的訓練雖然時間和跑動的距離均超過比賽，但在強度（激烈的程度）和密度（在短時間內跑動的距離和衝刺的次數），一般都低於比賽的要求；二是訓練時缺乏比賽中的強烈情緒和精神因素，因而未能動員身體的全部

體力去參加訓練。因此，為了使足球運動員的體力能適應激烈的比賽需要，必須加強訓練中的強度和密度，使訓練中運動員的活動更接近於比賽的實際情況。同時，「比賽是最好的訓練」，一個優秀的足球運動員，只有更多的參與激烈比賽，才能使身體機能水準不斷提高，才能鍛鍊出充足的體力。

（四）訓練量和強度問題

通過上面的一系列分析，我們也許可以大膽地推論，本港足球運動員欠缺體力，主要是因為有下述2個缺點：其一是訓練量和訓練強度、密度不夠，訓練中缺乏職業運動員的高度責任感；這方面從一些外籍運動員如王春華、古廉權等的反映中得到證實，他們抱怨來港後訓練不足，他們的體力因此不斷下降。其二是本港足球運動員參加激烈爭持的比賽和國際比賽太少。據統計，巴西著名的運動員每年參加重要的比賽約80至100場，差不多每週踢2場激烈比賽。本港最優秀的足球運動員，每年參加正式比賽一般不超過40場，其中真正算得上激烈的比賽大概不會超過20場。在這種情況下，本港運動員怎麼能鍛鍊出充足的體力呢？

充足的體力不單只能應付一場激烈的比賽，更重要的是能應付在短時間內（例如在10到15天內）連續進行4至6場以上的激烈比賽，只有這樣才能在一些大規模的國際賽中（例如不久前看港代表隊參加的世界足球錦標賽預選賽）取得優異的成績。嚴格說來，真正體力好的運動員不但能在一場激烈的比賽中充分發揮自己的技術、保持自己的速度和力量，而且比賽後身體機能應能在一兩天內迅速的得到恢復，使自己能再度以充分的體力投入接二連三的比賽中，這也是訓練中所必須考慮到的問題。

二、多種因素影響體力

為了香港足球的前途，足球高層人士已繼續聘請專業教練去訓練香港代表隊和青年軍，除了技術的提高、戰術的鑽研外，體力的訓練也應當是主要的一項。筆者過去曾多年擔任足球隊特約醫師，業餘也喜歡踢兩腳球，但對足球訓練卻實實在在是門外漢，對香港足運更是一知半解。以上所談，不過是一般常

識，足球前輩們必當笑為「班門弄斧」。至於影響足球運動員體力的，還有很多因素，如生活不規律、不自覺等等，不在本文討論範圍之內，就不再囉嗦了。

（〈足球運動員的體力〉續寫，完）（下）

本文發表在《香港大公報》1973年9月

圖　中山醫學院足球隊，後排右二為林馨曾，前排右一為已故陳國銳教授，後排左二為陳柏棠醫生。

第八篇 「頂頭槌（球）」會不會傷腦？

一場激烈的足球賽，除了運動員熟練的腳下功夫外，還必須有良好的頭上技術才能使表演更為精彩。優秀的前鋒頭椎攻門，球勢急勁有力；良好的後衛頭椎搶險，往往可將球頂出四十碼外，這些精彩的表演，總會引起觀眾情不自禁地拍掌讚好。一些觀眾在讚嘆之餘卻提出疑問：「究竟頂頭槌（球）會不會引起腦子受傷？經常頂球會不會有不良後果？」下面簡單地回答這個問題。

一、顱骨可承受幾十公斤壓力

首先，從頭部的構造談起。腦子（包括大腦、小腦、橋腦和延髓等部分）是人體最重要的器官之一，它由堅固的顱骨牢牢地保護著，頂頭槌時經常與球接觸的主要是額骨、頂骨、顳骨與蝶骨等8塊腦顱骨，這些顱骨都是扁骨，由2層密骨質（內外板）和中間層的鬆骨質樣（板障）構成一個堅固的球形體，它對暴力有相當大的抗力，能夠承受幾十公斤的壓力。從力學的觀點來看，顱骨的圓形結構使它受到的外力打擊直接向顱壁向四周傳遞，這就使打擊所能引起的損傷減少到最小的限度。

二、球的撞擊力只向四周擴散

同時，頂頭槌通常是用額部和顱頂前部及其兩側接觸球的，而額骨和頂骨前面正是顱骨最厚的地方，加上額部表面還有肌肉（額肌）保護著，更使頂頭槌不容易引起腦子的受傷。此外，球對額部和頂部的撞擊力只是向周圍擴散而不能沿垂直線傳到有生命中樞之稱的延髓和其下的脊髓，故對其傷害更不可能。因此，從解剖學和運動力學的觀點來看，頂頭槌一般是不會引起腦子受傷的，何況足球本身是有彈性的，它不像實心球那樣容易引起暴力的打擊。

從技術上來看，運動員頂頭槌時一定要爭取主動，擺好準備姿勢，動員全身（特別是腰部和頸部）的力量去迎擊來球，而不是被動地被球撞擊頭部，這

樣受傷的可能性就更小一些。事實上，在足球場上經常看到運動員用最大的力量去頂球，卻極少看到有引起腦震盪或其他受傷的情況。

三、初學頂球時或會頭昏眼花

在這裡還有一個訓練和適應的問題，不少運動員在初學頂頭槌時會出現頭昏眼花現象，但只要堅持多練就會逐漸適應。一些運動員在訓練中可以接連練習一千多次頂頭槌，甚至練到發生輕微的頭皮破損也沒有發生頭昏、腦震盪及其他受傷情況。一些著名的運動員，特別是中衛，在球場上馳騁多年，不知用頭槌立下多少功勳，也沒有發現頭昏、頭痛、記憶力不好或神經衰弱等現象。

四、出其不意的撞擊可能受傷

例外的情況也有，一種是當急勁的球出其不意地擊中沒有任何準備的運動員的頭部時，有可能發生輕度的腦震盪；另一種是在雨天比賽或訓練，球又濕又重，如果來球力量很大，偶然也會因頂頭槌而引起輕度的腦震盪。但這兩種情況畢竟是不多見的。而且，即使發生了腦震盪也不用過於擔心，只要有充分的休息和適當的治療很快就會恢復，一般是不會出現不良的後遺症的。

第九篇　廣東足球隊的三個致命傷

根據多年所見所聞，我覺得廣東足球隊有3個致命弱點：

一、思想不過硬

廣東隊的驕嬌二氣是比較嚴重的。相當長時間以來，教練和隊員中存在著技術上的驕氣，認為自己與國內兄弟隊比較，在技術上占優勢，只是體力不如人而已。相反地，對外國某些運動員的優勢技術，卻認為高不可攀，缺乏迎頭趕上的雄心壯志。這種對內驕傲自滿，對外自卑和自甘落後的狀態，大大地阻礙了技術的提高。事實上，從1961年開始，廣東隊就一再遭到失敗，在長沙賽區甚至未能取得決賽權，這已證明廣東隊並不存在技術上的優勢。但是，廣東隊一直未能吸取教訓。驕氣還表現在：面對強隊，廣東隊有「幾大唔執輸」的思想支持下，可以盡全力一擊，取得較好戰果；面對弱隊，卻經常每人「扭」多幾腳，少走一步，而終歸失敗。從個別隊員來說，驕氣更為嚴重，例如：有些隊員互相瞧不起，不團結、互相埋怨的現象長期存在；少數隊員以技術為本錢，在訓練上、生活上缺乏組織性和紀律性，個別隊員因故消極怠工，甚至不參加練習。據說隊內也曾展開批評，但始終沒有挖到根，驕氣仍有容身之地。

嬌氣的存在也較普遍。許多讀者已經列舉了廣東足球隊嬌氣的種種表現，我就不再囉嗦了。在訓練和比賽中怕苦、怕累、怕傷，技術和體力當然不能進一步提高了。我認為，領導上對足球隊的特殊照顧，廣州少數落後觀眾的縱容包庇，是產生嬌氣的重要因素。

思想不過硬更主要地表現是踢球的目的性不明確，個別隊員是從個人興趣和名利思想出發去踢球的。即使在臨到降級邊緣，隊裡提出要拚全力踢好最後幾場比賽時，個別隊員的主導思想也還是「降級也不要降在我們身上」。在這種思想指導下又怎能經得起大風大浪的考驗呢！這說明廣東足球隊與思想革命化的要求是有較大距離的。

二、技術不過關

　　與1959至1960年全盛時期比較，近幾年來廣東足球隊的技術在某些方面有走下坡的危險，突出的表現在對方門前30米內的功夫不過硬。廣東隊的遠射一向是較差的，到現在仍沒有很好改進。特別是前衛，由於缺乏有力的遠射而在進攻中的作用大大降低。即使廣東隊過去比較有把握的禁區內射門，近幾年來亦有退步趨勢，主要表現在前鋒缺乏在關鍵時刻勇敢果斷起腳的過硬功夫；這和符合實戰要求的對抗性射門練習少有關。禁區附近一對一的功夫不過硬也是嚴重問題之一。過去廣東隊有幾個邊鋒、內鋒有過人功夫，是突破對方防線最有力的武器。但近年來，前鋒得球後過多地向後拖拉，尖刀式的突破甚少見到，只要對方一迫就沒法進入禁區威脅球門。後衛的技術不過硬，主要表現在不能有效地抑制對方快速反擊，特別是在臨近終場而尚未決定勝負時，往往表現得猶豫不決、信心不足，給對方可乘之機。還有，就是對定位球、角球的防守缺乏有效的辦法，常常在關鍵時刻，防不住定位球的進攻，而造成全場的失敗，這也是急待改進的。

　　全隊的戰術配合與過去相比也有退步。這和陣容長期不固定有關，突出的是進攻時靈活快速的三角短傳推進沒有從前純熟了，前衛線往往不能兼顧進攻和防守，造成嚴重的鋒衛脫節，整個戰術組織不起來。觀眾普遍感到廣東隊近年來丟了自己獨特的風格，這一方面和訓練工作及指導思想有關，但更重要的恐怕還是技術上、配合上較過去退步，因而風格也就很難表現出來。

三、新生力量成長慢

　　運動場上「新陳代謝」的過程是最為旺盛的，任何一個球隊要保持自己的生命力，就必須極端重視新生力量的培養。過去3至4年來，有關領導部門對這一工作抓得不緊，因此，與上海、北京、遼寧等地區比較，廣東足球隊的新生力量成長得特別慢；這在前鋒、前衛線上最為突出。前鋒、前衛6個位置和1959至1960年時比較，都有不同程度的退步。例如：右邊鋒程洪森受傷後

水準下降，新手林柏廉雖有過人的速度和力量，但技術上仍有待提高；右內鋒關輝昉退役後，蔡棠耀在經驗和技術上仍顯幼嫩；左內鋒廖德蓉原來是禁區內突擊手，由於技術體力停滯不前，加上其他位置配合較差，所起作用也大為減弱；左邊鋒楊霏蓀雖仍有一定水準，但當年左腳凌空一擊的絕招也常常失靈了；廖、楊這兩個位置都還沒有令人滿意的新人；右前衛黃福孝體力下降，個人進攻的威力和助守作用都較前遜色；左前衛陳漢粦出色的搶截破壞功夫也不斷減弱；前衛線唯一的新人梁通發表現不錯，但仍須苦練才能成材；去年前衛線上增加了冼迪雄，在組織進攻方

圖　與廣東足球隊陳漢霖、蔡棠耀合影

面頗起作用，但畢竟年歲已大，威脅力並不如從前了。由此可見，幾年來廣東隊正處在老將退步、新手補不上去的情況中。當國內其他兄弟隊不斷進步時，廣東隊卻停步不前，比賽成績怎能不下降呢！

應該指出：廣東隊大部分「老將」其實並不老！上海、八一等隊還有不少年過30的真正老將，威風不減當年，他們的雄心壯志和為足球事業獻身的精神，的確是值得廣東隊這些27、28歲的「老將」學習的。

上述3個「致命傷」中，關鍵的是思想不過硬問題，只有政治思想上革命化，驕嬌二氣才能不斷掃除，其他問題才有可能解決。廣東隊過去思想不過硬與領導上思想工作不深入，對運動員教育不夠有很大關係。在1964年甲級聯賽的最後階段，雖然在對遼寧和北京體院等場比賽中，仍暴露了前鋒射門乏術和後衛在關鍵時刻頂不住等技術上的缺點，但仍能取得3勝3平的成績，這正是領導上加強了思想教育，強調人的因素第一，全隊團結一致，鬥志昂揚，發揮了充分的革命幹勁的結果。如果能正視這一事實，廣東足球隊的前途將是光明的。

載於《羊城晚報》1963年1月11日

第十篇　綠茵場上一片新風
──第二屆全運會足球預賽青島賽區觀後

剛結束的第二屆全運會足球預賽青島賽區，出現一片革命化新風。參加比賽的各隊，經過「從難從嚴從實戰出發，進行大運動量訓練」，技術、戰術和意志品質都大大提高。21場比賽都充滿友好氣氛，各隊運動員表現出勇敢頑強和遇強不餒、遇弱不懈的良好作風。同時，在這樣重要的比賽中，不少隊仍大膽培養新手，把眼光放到「中國足球要翻身」的遠大目標上，不斤斤計較眼前的勝負得失。所有這一切，使人們耳目一新，看到了中國足球運動水準迅速提高的前途。

一、廣東隊勝利後找缺點，「一分為二」對待成績

以年輕隊員為主組成的廣東隊，引起人們極大的注意。專家們認為，和去年甲級聯賽時比較，廣東隊的速度加快了，體力增強了，場上積極主動，團結一致，基本上打出了快速三角短傳、配合細膩的南派風格。這是廣東隊加強了政治思想領導，批判了無所作為的悲觀論調，堅持以我為主的打法取得的勝利。值得一提的是，廣東隊在接連獲勝的時候，能夠堅持用「一分為二」的觀點，找出思想上還不夠過硬、鋒線個人突破能力不強，體力和意志仍未能適應激烈比賽要求等許多缺點。他們認為，這次獲得分區冠軍，只能認為是在球場上跌倒了剛剛爬起來，還不能認為廣東足球隊已經「翻身」了。今後還需要不斷努力，以高標準要求自己，才能不斷進步。

二、在兩種戰術風格間舉棋不定，河北隊未能施展所長

河北隊在這次比賽中未能打出自己的最高水準，據瞭解，原因之一是賽前經過北京邀請賽及國際賽等連場劇戰，隊員身體情況不好。同時，首戰對福建隊情況不瞭解，激戰了2小時，體力更加下降。河北隊本來可以打出過去天津

隊短傳、細膩配合、雙邊鋒和內鋒快速穿插的風格，也可以打出河北青年隊大刀闊斧、長傳急攻的戰術。可惜，在這次比賽中，他們往往猶疑於這兩種風格和戰術之間，而未能將兩者融會貫通，提高一步。這是影響水準發揮的主要原因。

三、排除萬難，勇於勝利，廣西隊大受讚揚

廣西隊經過艱苦戰鬥，取得決賽權。看過比賽的人都不感到意外。他們面對強手，排除萬難、勇於勝利的精神，受到人們一致讚揚。首仗失利後，他們碰到士氣極盛的福建隊，在先負1球的困難時刻，全隊團結一致，奮勇反擊，打出快速短傳、猛拉猛插的風格，終於反敗為勝。對河北隊一戰，雖然以1球見負，但他們在比賽中堅持以我為主，利用短傳地球組織進攻，打出較高水準。對防守力強的浙江隊和鬥志旺盛的河南隊時，又充分發揚了自己的特點，分別以6比0和5比0大勝。這是廣西隊勇於勝利的又一證明。

四、沒有做好幾手準備，福建隊打不出水準

福建隊在比賽中未能打出水準，他們雖然保持了積極主動、勇猛快速的風格，但戰術單調，缺乏幾手準備。更主要的是，他們賽前沒有用「一分為二」的觀點去對待自己的成績，因而在關鍵的一場比賽中產生自滿麻痺情緒。輸給了廣西隊。河南、浙江、寧夏等隊，都打出了自己的水準，也給其他隊不小的威脅。這幾個隊由於技術水準所限，未能取得更好成績。看來各省（區）間足球水準差距還比較大，這是一個值得注意的問題。

更正：昨天本版，全運全足球預賽全都結束，消息中，福建隊的戰績3勝1平1
　　　負，應為3勝1平2負。

（一）全面攻守、兩翼齊飛、後防穩固

全運會足球預賽，廣東足球隊今晨戰勝廣西。

1965年7月2日，《羊城晚報》刊登。

廣東足球隊今天上午在全運會足球預賽青島賽區的第一場比賽中，以3比0戰勝廣西隊。

廣東隊在這場比賽中打出了全面攻守的風格，中場控制得穩，轉移得好，兩翼能快速突破，衛線防守也較嚴密，全場占的優勢頗大，上半場廣東隊多次突破，陳桓燊、蔡棠耀兩次「單刀赴會」，可惜一次射高、一次被對方鏟倒，都沒得分，上半場雙方無紀錄。

上半場打到35分鐘，廖德營受傷，換上陳銘基，中場更加活躍。下半場開場才8分鐘，陳銘基得球遠吊右邊，林柏濂快速帶球切入，在球門區左角近底線的地方，用腳外側射門；對方守門員以為他傳中，沒做準備，不料球在空中轉彎飛入門內，打開了紀錄。13分鐘時，林柏濂與陳桓燊做大交叉換位。冼迪雄中場截得來球，直傳禁區內，林柏濂飛快斜切，突入門前10米處巧射入球門右角。17分鐘，廣西左後衛回傳，守門員用力過輕，陳桓燊果斷地衝前攖住皮球，廣西守門員飛身來搶，陳機警地一閃而過，帶球到門前6米處一撥而入，打成3比0。

廣西隊也打得積極頑強，曾有幾次良好機會，可惜始終打不破廣東門將張道濟的十指關。

（二）或從中路直插，或從邊線迂迴

廣東、廣西兩隊同時報捷。

1965年7月5日，《羊城晚報》刊登。

本報青島今晨專電　第二屆全運會足球預賽青島賽區昨天舉行了第二輪比賽。廣東隊乘戰勝廣西之勢，再以4比0贏了河南，廣西隊以3比2勝福建，河北隊以9比0勝寧夏。

廣東、河南之戰，雙方以「四二四」陣式對攻，廣東打出快速短傳、配合細膩的風格。上半時廣東隊利用右內鋒拉後控球，前衛反插，從中路多次突破，由冼迪雄射入2球。下半場河南隊中路收縮密集防守，廣東隊又改由邊鋒、內鋒、前衛作3人快速短傳二過一或二過二配合，頻頻突破傳中，先後由陳桓燊及林柏濂各射入1球。河南隊踢得頑強，但組織配合及個人技術較差，

加上部分主力身體情況不好，體力欠佳，未能打出長傳衝擊的特點，全場射門僅5次，威脅不大。

福建隊昨天未能充分利用邊線快速突破，中路直線高球在廣西後衛收縮防守下，無多大威脅，而且上一場對河北苦戰了120分鐘，體力消耗過大，隊員跑動穿插能力下降，打得不夠理想。上半場順風，攻勢較多，但僅在40分鐘追得角球時，由黃延凱開出平球，李昌欣斜插用右腳弓敲入一球。廣西隊打得積極主動，上半時逆風頂住福建猛攻，下半場乘順風之利，多次由內鋒拉出接球回傳前衛後，反插中衛身後空檔突破，對對方威脅很大。先後由右邊鋒李錦輝、右內鋒張容輝打入3球。福建隊失球後頑強反撲，最後10秒李昌欣中場斜吊左側禁區，何開發左邊切入，終於扳回1球。

本報青島專電　全運會足球預賽青島賽區昨天下午兩場比賽結果，今年全國乙級聯賽青島賽區冠軍福建隊以0比0迫和了第一屆全運會亞軍河北隊；浙江隊以9比1戰勝寧夏隊。

福建對河北的一場比賽，苦戰120分鐘。河北隊沒有打出主動快速的風格，前鋒及前衛配合較差，過多以中傳吊衝進攻，在福建隊前場緊迫、後場收縮密集防守面前，攻勢多被拒於禁區之外。福建隊積極跑動，基本上打出水準，多次展開快速反擊，但單純依靠直線高球，被河北隊身材高大的中衛一一頂出。全場雙方都曾有數次急勁射門，但雙方守門員有良好表演，故未能破網。

載於《羊城晚報》1965年7月17日

第十一篇　強壯者的運動——舉重

兼談舉重會不會引起肺結核。

王編輯：老齊，你上次談了「舉重會不會壓矮人」的問題後，不少讀者來信說，解除了他們思想上的顧慮。同時，又提出一些問題，如：參加舉重後，身體會起哪些變化？舉重會不會引起肺病？等等，想請你再談一談。

齊為民：舉重運動向來被人們稱為「強壯者的運動」，它的主要作用是最大限度地增強和發展人體肌肉的力量。一個優秀舉重運動員在一次訓練課中，常常要舉起1萬至1萬5千公斤甚至更多的重量，經過長期訓練後，就會使肌肉發達，肌纖維的體積顯著增大。例如：中國舉重運動員的上臂圍（肱二頭肌收縮時測量）平均達34釐米，在所有運動員中是首屈一指的，其他如頸圍、大腿圍等也是最大的。

王：我們常見的一些肥佬的手臂也挺大呀！

齊：那只是一種表象。肥佬是由於皮下和肌肉內脂肪堆積而顯得臂大，他的肌肉是鬆弛無力的。舉重運動員的手臂大是鍛鍊後肌肉蛋白質顯著增加，肌纖維變粗變大所致，肌肉收縮功能也極大提高，因而具有很大的力量。例如舉重運動員的握力就達到60公斤以上，背肌力則往往超過150公斤。

王：這才是名副其實的強壯者，不是大胖子！

齊：對啊！參加舉重鍛鍊的同志可以試用Pignet指數〔即站立身長－（體重＋胸圍）〕（均以釐米計）計算一下自己體格發育的強壯程度。這個指數如在10以內表示十分強，10至20之間為良好，21至25之間為中等，大於26為弱。這一指數的標準是比較高的，但中國舉重運動員仍能輕鬆地經得起考驗；他們有67%達到十分強壯，29.9%達到良好。不過，這個指數對胖子是不能說明問題的。

王：除了使體格發育強壯外，舉重還有什麼作用嗎？

齊：在舉重訓練過程中，除了肌肉體積和絕對力量的增長外，還要求身體各部

機能的高度協調性，例如：中樞神經與肌肉間的協調、各肌肉群間動作的協調和肌肉本身收縮與鬆弛的協調等。這些都是由神經系統起調節作用的，因此舉重運動也可以提高神經系統的功能。

王：舉重訓練對內臟器官的作用怎樣呢？

齊：舉重訓練能改善內臟器官功能，例如由於舉重促進腦部發育。同時，舉重時呼吸肌的反射性強烈收縮又促進了呼吸肌的發達和肺活量的增加，因此人的呼吸功能得到了提高。舉重運動員的肺活量平均達到3,900毫升，超過普通人的平均值（3千至3,500毫升）。

王：有的讀者擔心舉重會引起肺結核，你對這個問題怎樣看呢？

齊：肺結核的發病條件主要有2個：一是結核菌的侵襲，二是人體抵抗力減弱，這二者與舉重運動都是風馬牛不相及的。如果硬要將它們拉在一起，那首先是舉重增強了人的抵抗力，和呼吸功能，可以在一定程度上抵抗結核菌的侵入。就我記憶所及，還沒有一個舉重運動員是患肺結核的呢！

王：那麼，舉重鍛鍊時要注意什麼問題呢！

齊：這個問題提得好，舉重時為要發揮最大力量，常常要屏息呼吸，這就是所謂憋氣狀態。短時間的憋氣對身體沒有什麼影響，但長時間的憋氣對呼吸和血液循環功能會帶來消極的影響。這對於訓練水準差的人，可能產生頭昏、眼花等現象。憋氣狀態大概也就是有人會將舉重與肺結核連起來的主要原因。要減輕憋氣的消極影響，主要是循序漸進地增加重量和延長憋氣時間，同時在舉重前後要多做深呼吸以調節呼吸功能，延長對憋氣的適應能力。這是第一。其次，應該多做全面鍛鍊，特別是多到戶外接受日光空氣的鍛鍊，這同樣有助於減輕舉重時憋氣的消極影響，同時，可以避免單純在室內進行舉重訓練的缺點。

第十二篇　練舉重會把人壓矮嗎？

齊為民： 小鄧，你最近還練舉重嗎？

鄧： 正要找你請教請教。你知道，我練了3年舉重，練得肌肉發達、精力旺盛，還達到二級運動員標準呢！但是，半年前聽人說「舉重會壓矮人」、「會妨礙身高發育」，我就不敢練了。你說舉重真的會壓矮人嗎？

齊： 別忙做結論。我是看著你長大的，你現在比幾年前不是長高了嗎？現在多高？

鄧： 是啊，我現在身高170釐米，3年前我只有165釐米呢！

齊： 這就是了，你練了3年舉重，還是能長高了5釐米嘛。

鄧： 這是事實。可我看到的舉重運動員，為什麼多是手臂短、身材較矮的呢？

齊： 這裡面有原因的。學過物理學的人都知道，在移動一定重量的物體時，移動的距離愈大，則做的功愈大。在舉重時，身材矮、手臂短的運動員，將槓鈴舉至頭頂的距離較小，所做的功也就小，動作也容易完成。這往往是舉重運動取得較好成績的原因之一。同時，舉重比賽有按體重分等級的限制，一般說來，身材比較矮的人，體重輕些，這就有利於參加較輕級別的比賽。因此，在培養舉重運動員時，多選擇身材矮、手臂短而不選擇身材高、手臂長的人。這和籃球、跳高等項目多選擇身體高、腿長的人是同一道理。

鄧： 哦，是這樣，難怪舉重運動員都是較矮小的了。

齊： 也不盡然。有一年，全國舉重錦標賽在廣州舉行，我曾對97名優秀運動員的身高做過調查。他們中身材最矮的是149釐米，最高的達184釐米，平均數是166.1釐米。這個平均身高和馬丁所統計的世界人類（成年男性）身高的中等值164至166.9釐米是差不多的，而且和中國成年男性的平均身高（165.8釐米）相當。中國著名舉重選手趙慶奎，身高更達到176釐米。選材是重要的，但更重要的是人的主觀能動性和革命意志。

鄧： 這個我完全相信。可是，我也曾做過一個「試驗」。有一次，我在舉重前測身高是170釐米，練了2小時後再測，就只有168.5釐米。這不明明是壓

矮了1.5釐米嗎？

齊：這個試驗很有意思。你聽說過沒有？早上人的身高總是比經過了一天勞動
　　後的人要高些，而進行負重勞動後的身高，會矮得更明顯些。

鄧：我聽說過。可這是什麼原因呢？

齊：這是由於進行舉重運動或任何負重勞動後，人的脊椎間軟骨盤和膝髖關節
　　間軟骨，受壓變扁和關節腔變窄，而使身高縮短1至3釐米。

鄧：這多可怕！你不是嚇唬我吧？

齊：這不是嚇唬你，也不必怕。這些只是暫時現象而已。因為軟骨是有彈性
　　的，只要經過一晚的休息，軟骨和關節恢復常態後，身長就會恢復的。

鄧：如果天天都這樣，日積月累，豈不是會壓矮了？

齊：這又不是儲蓄，怎麼來個日積月累呢？我不是說了嗎，只是一晚休息就會
　　恢復的。你練了3年，仍然長高了就是一個例子。另外，有人曾對正在發
　　育的100名少年舉重運動員做過調查，發現這些人連續從事多年的舉重訓
　　練，身高仍在不斷增長。其中有一半人身高達到或超過中等身材標準。
　　至於成年人，因為他們的骨骼骨化過程已發育完成，身高已基本固定，所
　　以，練習舉重或其他項目的體育活動，都不會對身高發生什麼影響。

鄧：這麼說，「會壓矮人」、「妨礙發育」等罪名，加在舉重運動身上是「莫
　　須有」的了。經你這麼一說，就增強了我今後練習舉重的信心啦！

第十三篇　游泳會給你帶來什麼好處？

　　游泳季節開始了。當你跟隨著愉快的擠擁的人群走向游泳池的時候，我想問問你：游泳究竟有些什麼好處？它對你的身體健康和意志品質將起些什麼作用？如果懂得了這些問題，你就會更熱愛游泳，更積極地參加游泳鍛鍊。

　　游泳和其他運動一樣，有極大的健身價值。它能通過肌肉的活動鍛鍊人們的身體，增強四肢和軀幹的肌肉，使心臟、肺臟的工作能力大大加強。同時，通過水溫度的、機械和化學的作用，更會給人們帶來其他運動所不能達到的健身作用。

　　人的身體浸在水中，由於水波的沖擊，對身體起著按摩的作用，水的阻力和壓力又使身體必須加強胸廓和呼吸肌的活動來克服呼吸的困難，這就能使經常參加游泳運動的人的呼吸系統特別發達。

　　水的溫度對身體也是一種良好的刺激因素。經常接受不同溫度的水的鍛鍊，可以使身體迅速適應外界的溫度變化，使神經系統調節體溫的功能增強。這對預防感冒有很大的意義。此外，水中經常含有多量的礦物鹽和其他化學物質，這些化學物質對身體也有不少益處。如在海水中游泳，這種作用更明顯。

　　游泳除了對身體健康有良好的影響、能豐富文化生活外，還能培養人們勇敢、果斷和克服困難等優秀意志品質，又是日常生活中最實用的一種技能。埃及有這樣的一個故事：一個文學家坐著一隻遊艇渡海去。閒談中，他對划艇的人說：「如果你不懂得阿拉伯文，你的半生就算完了。」不久，海上風浪大作，小艇翻了。這時划艇的人大聲說：「如果你不會游泳，那你的一生都完了！」這個幽默的故事，很好地說明游泳的實用價值。

　　黨和政府已經向我們提出了「爭取10年內全市10歲以上青少年都學會游泳」和要求10年內在游泳等運動項目上趕上世界水準的偉大號召。讓我們在這個大好的游泳季節裡，更積極地參加游泳鍛鍊。

第十四篇　游泳的生理衛生原則

游泳是有極大保健和鍛鍊價值的運動。但是，如果在參加游泳運動的過程中不遵守生理衛生原則，就可能對身體起不良的影響。經常可以看到一些人，剛進游泳場就急不及待地跳下池去，有一些人在水溫比較低時也持續浸在水裡數小時，結果使身體散熱太多，引起受涼。這些都是不懂得或不遵守生理衛生原則的表現，應該及時改正。下面簡單地談談游泳時應注意的生理衛生事項：

在開始參加游泳運動之前，應到醫院進行體格檢查，通過檢查可以知道自己的健康狀況是否適宜參加游泳。如患有慢性病同時心肺機能不好時，在感冒或其他急性疾病時，以及發作期間的中耳炎患者，都不應參加游泳。其次，患有性病及皮膚病者，亦應禁止游泳，以防止發生傳染。得到醫師允許參加後，在每一次進入游泳池前，也應先用肥皂擦身、淋浴，以免把汗液及皮膚上的灰塵等髒物帶進水池。

為了使身體各器官有接受運動負擔的準備，並適應水的溫度，入水前應先進行10至15分鐘的準備活動。準備活動以身體各部肌肉群都能得到活動的體操為主。要活動到身體感到溫暖和靈活時為止。入水後不應該一動也不動地長期逗留在水中。如在水中停留過久，由於體內熱能消耗太多，正常體溫調節遭到破壞，就會發生皮膚起「雞皮」、嘴唇青紫、全身發抖等現象。這時應立即停止游泳，上岸休息，並注意保暖。

在進行長距離游泳的練習時，應特別注意循序漸進的原則。只有在經常鍛鍊的情況下，才可以逐漸增加游泳的距離；同時，長途泳時可以在身體表面塗上薄薄一層油脂（凡士林和石蠟），以避免散熱過多。出水後應迅速用毛巾擦乾身體，然後跑一陣或做一些能使身體發熱的體操。在天氣比較冷時游泳，應特別注意上述各點。

空腹或飽食後不宜游泳，一般游泳時間不應遲於飯前30分鐘和早飯後1.5至2小時，否則會妨礙消化而引起消化道的疾病。做完陸上劇烈運動後，身體出汗很多時，不應立即下池游泳，應休息到身體平靜和出汗停止後才下水。不

少人喜歡把游泳和日光浴（曬太陽）反覆交替進行，或在游泳後進行長期日光浴，這都是不好的，日光浴應該在入水之前進行。

　　游泳完畢後應進行淋浴並很好地清潔眼、耳、口、鼻，可用硫酸鋅滴眼，應抹去外耳道的水和用清潔清水漱口。在漱口之前不宜進食。

　　只有很好地遵守上述生理衛生原則時，游泳運動才會使你身體日益健康，才會帶給你文化生活中不可缺少的愉快和充沛的精力。

第十五篇　注意防止游泳傷害事故

在開展群眾性體育運動時，必須很好地注意預防運動傷害事故。

游泳時會發生哪些傷害事故呢？

最嚴重的是「溺死」。不會游泳的人掉下水去固然會溺死，而掌握了游泳技術的人也可能溺死。在組織集體游泳時，由於組織工作做得不好，秩序混亂，照顧不周，溺死比較常見；在河流中游泳時，由於對水勢不瞭解，碰上湍急的或有漩渦的水流，游泳技術很好的人也可能發生意外；進行長距離游泳時體力不足途中發生「抽筋」等，都是引起溺死的原因。

較輕微的損傷是捩傷、撞傷和刺傷。在游泳池中急劇轉身，足蹬池壁而發生捩傷的多是入水前準備活動做得不夠的人；如池中人太擠擁，秩序不好，游泳者不按固定方向前進則可能發生撞傷；在河中游泳比較常見的是被河底異物刺傷。

跳水時常見的是入水姿勢不正確或準備活動不夠而發生的腰部扭傷和胸背部及陰部的挫傷。嚴重的還會因頭撞池底或河底而引起創傷甚至死亡。

根據上述情況，游泳及跳水時預防傷害事故的主要措施如下：

1.不允許初學者獨自練習游泳，不允許在地形複雜及不知深淺處游泳及跳水。

2.集體游泳時強調紀律性；要組織好救護工作，發揮集體主義精神，互相幫助，互相照顧。

3.注意維持游泳場地的秩序；入場人數應有一定的限制，以避免擠擁和衝撞。

4.游泳者要遵守生理衛生規則；入水前做好準備活動，準備活動應包括頭、頸、軀幹及四肢的整套體操動作。

5.游泳場地要符合衛生技術標準，特別應有救護人員及救護設備。長距離游泳時更要做好救護工作。

如果游泳運動參加者、組織集體游泳的負責人和游泳場地的工作人員能貫徹執行上述措施，則傷害事故可以減少到最低限度甚至完全消滅。因此，有少

數人因害怕發生傷害事故、怕負責任而限制自己的兒女或學生參加游泳運動的「因噎廢食」的做法，是不必要的。

第十六篇　冬泳鍛鍊的健身價值

老　陳：廣州各泳場開始冬泳活動，我兒子也在學校報了名。他回來說，看到
　　　　人家興趣那麼大，自己也就試一試。他問我：冬天水那麼冷，游泳有
　　　　沒有好處？你是知道的，我連夏泳也不游，怎能解釋冬泳好在哪！現
　　　　在碰到你，正好，你來幫我解答解答。請問冬泳究竟有什麼好處？和
　　　　平時游泳有什麼不同？

齊為民：游泳運動的鍛鍊作用，主要是通過游泳時肌肉的活動和水對肌肉（包
　　　　括呼吸肌）阻力和壓力而取得效果的。參加冬泳，同樣有這些鍛鍊作
　　　　用，而且更有冷水（一般指水溫攝氏17度以下的水）對身體的特殊刺
　　　　激作用，它對增強身體健康有很大價值。

陳：冷水不也是水嗎？怎麼也有鍛鍊作用？

齊：不但有，是挺全面呢！冷水的刺激不但可以影響到血液循環、呼吸和消化
　　器官的功能，對新陳代謝和神經系統，也有很強的作用。舉個例說：正常
　　人的體溫是經常保持在攝氏36至37度的恆定狀態的。當你在冷水中游泳
　　時，低水溫和正常體溫之間就出現一個矛盾。為了解決這一矛盾，使體溫
　　保持在正常狀態，身體各器官就迅速動員起來，一方面減少熱量的散失，
　　同時體內又大量產生熱能供應需要。這一解決矛盾的過程，實際上是身體
　　內部與外界環境由不平衡達到新的平衡的過程，也就是身體機能適應和提
　　高的過程。在這一過程中起指揮作用的神經系統，如果長期堅持冬泳，神
　　經系統得到反覆的鍛鍊，就加強了它的功能，整個身體也會強健起來。這
　　也就是人們認為冬泳能治療神經衰弱的道理。

陳：那麼對血液循環和呼吸器官的作用又怎麼樣呢？

齊：當身體和冷水接觸時心跳迅速加快，同時皮膚的血管受冷而呈反射性的收
　　縮，血液流向內臟器官，以減少熱量的消耗，當肌肉積極活動後，體內產
　　生大量熱能，這時皮膚血管開始擴張充血，使身體保持溫熱的感覺。冬泳
　　鍛鍊時這種末梢血管反覆收縮舒張的活動，有人稱之為「血管體操」，它
　　可以使整個心臟血管系統的功能得到加強，同時有預防動脈硬化和高血壓

的作用。至於對呼吸器官的影響，游過冬泳的人都會知道，當冷水和皮膚接觸時，會發生反射性的深吸氣，呼吸器官加強活動並且得到鍛鍊。

陳：難道冬泳也能幫助消化嗎？

齊：一點也不假。冬泳後往往有明顯的飢餓感，這時食慾特別強。這是因為冬泳消耗能量較多，加速了身體的新陳代謝過程，這就必然要求補充更多的營養物質。同時，由於神經系統和血循環功能改善，也可使消化力增強，食慾增進，這不是間接地幫助消化嗎？我看有慢性消化不良和胃腸功能障礙的人，完全有希望通過冬泳鍛鍊得到好處。

陳：除此之外，冬泳還可以預防其他疾病嗎？

齊：當然可以。在冬泳過程中，由於身體不斷克服和適應水溫和體溫間的不平衡狀態，其結果就是身體對外界驟然變化的氣溫的適應性大大提高，增強了對寒冷的抵抗力。有一些人經過長期的鍛鍊後甚至可以在冰凍了的河水中游泳，這樣他們就極大地增強了預防由受涼而誘發的疾病如感冒、上呼吸道炎和風濕關節炎的能力。按廣州的天氣來說，他們完全可以不穿棉衣過冬吧！

陳：是呀，我聽說中山醫學院有不少教授醫師長期堅持冬泳，原來冬泳還有這麼多好處！

齊：好處還不只這些呢！應該指出，參加冬泳又是鍛鍊人們頑強的意志品質、克服困難的勇氣和堅持鬥爭精神的一項活動。那些意志薄弱、貪圖安逸的人，是怎麼也不能堅持冬泳鍛鍊的。

載於《羊城晚報》1965年10月24日

第十七篇　泳後眼紅和耳積水怎辦？

劉先讀者：

　　游泳後眼睛發紅，一般是受水反覆刺激，使眼結膜充血所致。這種單純性的充血，通常在數小時內即可消退，對眼睛影響不大。如果沾染上細菌，則往往有癢的感覺或出現分泌物，這就很容易變成結膜炎。避免這種現象的最好辦法是：在游泳時，頭部入水把眼睛閉上，出水再睜開，以減少水對眼結膜的刺激。其次，用自來水沖洗眼部；游完後將0.25%氯黴素溶液或者5%磺胺嘧啶溶液滴入眼睛，也可防止結膜炎。但是，有一點必須注意，遇到眼睛發紅癢疼時，千萬不能用手擦，以免引起細菌感染，同時應到醫院檢查。

蕭潔光讀者：

　　游泳後耳朵內積水無法排出，不但會引起不舒服的感覺，而且是產生外耳道炎症的禍根，不能置之不理。遇到這種情況，採用跳躍法可將積水排出：當右耳內進水時，把頭偏向右側，右腳連續做多次單腳跳躍姿勢，積水即可流出。若結合灌水法，也可將積水排出。那就是先把水灌滿外耳道，再迅速傾側頭部做跳躍動作。用棉花條輕輕放入外耳道將水吸出，也是可以的。但要十分小心，最好別使用棉籤，以免刺穿耳膜。游泳前在耳朵內塞一團鬆軟的棉花球，則是預防耳朵積水的可靠辦法。

圖　1980年代參加香港淺水灣元旦冬泳渡海泳比賽後與頒獎嘉賓及財神合影，左一為香港健身及冬泳總會會長劉漢華先生，左二、三為林馨曾和夫人劉端儀醫生。

第十八篇　冬泳八要

王編輯：老齊，最近收到許多讀者來信，要求介紹冬泳鍛鍊的有關知識。這要
請你來解答了。

齊為民：好的。照我的體會，冬泳有八要。第一要循序漸進。循序漸進的內容
包括3方面，首先是要隨水溫逐漸降低地漸進。目前廣州各泳場水溫
在攝氏25度左右，正是最適宜開始冬泳的時候。人們常說「夏天是開
始冬泳的季節」，意思就是由夏天較高的氣溫（攝氏表30度以上）開
始鍛鍊，經秋到冬，水溫逐漸下降，身體就容易適應。其次是冬泳的
時間和距離應按每個人的體力情況和適應程度，由短到長。一般開始
時約游10至15分鐘，距離約300至500米，以後逐漸增加。第三是鍛鍊
的方式也要循序漸進。從未經過冬泳鍛鍊的人，可先從冷水洗臉、洗
腳、擦身、淋浴的次序開始鍛鍊，經1至2週習慣後再進行冬泳。

王：循序漸進大概就可以預防因不適應水溫而引起的疾病吧！第二「要」呢？

齊：第二要堅持不懈。冬泳最好每天進行，才能收到良好效果。如因時間和條
件關係不能每天進行，則可以隔天冬泳，隔天在家做冷水淋浴。如果3天
打魚2天曬網，不但收不到良好效果，有時還會對身體產生不良影響。

王：堅持不懈對意志品質是很好的鍛鍊，的確十分重要。請問在下水前要注意
什麼？

齊：下水前一定要充分做好準備游動，使身體各器官功能動員起來。準備運動
可做慢跑、跳躍、體操及擦身等活動，做到身體有溫暖感覺才下水。注意
不要做到滿身大汗，如有汗，則要抹乾後才下水，以免受涼。這是第三
「要」。

王：下水以後又怎樣呢？

齊：下水後要用均勻的速度不斷游動。如果靜止不動，因身體產生熱量不夠，
容易受涼。如果活動太劇烈，又往往會引起肌肉疲勞和抽筋，不能堅持足
夠時間的鍛鍊。

王：游完後又要注意什麼呢？

齊：游後要保暖，這是第五「要」。方法是出水後馬上用乾毛巾把身體擦乾，擦熱；同時，迅速穿上暖和的衣服，還可做一些體操活動，使身體暖得更快。

王：第六「要」是什麼呢？

齊：注意身體反應。游的時間如果過長，身體散熱多，對寒冷不適應，會出現寒顫反應（即出現雞皮疙瘩）。遇到這種情況應立即出水，把身體擦熱。有條件時，還可飲些熱茶或吃點熱食。在整個冬泳鍛鍊過程中，則要注意身體有無明顯疲勞、體重不斷下降、食慾減退和失眠等不良反應。如果有，則要從鍛鍊方法和健康情況上找尋原因，加以解決，必要時請醫師診治。

王：在冬泳的組織工作上有什麼要求嗎？

齊：要互相照顧。最好數人組成冬泳鍛鍊小組，互相鼓勵、互相幫助，使冬泳既能堅持，又不會發生意外事故。這是我要說的第七「要」。

王：什麼情況下不能參加冬泳呢？

齊：這正是我想提出的第八「要」：檢查身體。患有心臟病、腎臟病、活動性肺結核、急性肝炎等疾病者，是不適宜參加冬泳的，但當一些慢性疾病病情穩定及功能得到代償時，可以進行冷水擦身和冷水浴，甚至冬泳鍛鍊。不過，這要看每個人的病情變化和鍛鍊基礎。因此，要到醫院檢查，請醫師決定。冬泳者如遇發熱或其他疾病，應待病好後再循序漸進地恢復冬泳。婦女在月經期間及懷孕時應暫時停止冬泳。

載於《羊城晚報》1965年10月28日

第十九篇　你愈怕冷，它就愈欺負你

齊為民：前天清早到哪去呀？

老　陳：去越秀泳場唄！

齊：冬泳去啦！

陳：不，去看。

齊：怎麼啦！那麼早去泳場不是參加冬泳，而是看冬泳？

陳：我原先是準備去游冬泳的，哪知一去到，還未下水，看到水就打起寒顫來了。我鼓起勇氣，下水試試，冷得真夠味，我怕冷病了，就立即上岸了。怕冷這一關是難過啊！你說怎麼辦？

齊：冬天水溫一般在攝氏20度以下，和正常體溫比較是冷了一些。但是，人體的結構是十分奧妙的，譬如皮膚吧，它就天生有一套適應外界溫度變化、調節體溫的本領。冬泳剛下水時是冷些，但在水中只要不斷活動，身體是很溫暖的，而且只要游的時間不是特別長，游完後穿上衣服，更有特別溫暖舒適的感覺。只要實地體會一下，就不會怕冷了。其實你愈怕冷就愈冷，你不怕，它反而不那麼厲害。當然這裡面也有習慣和鍛鍊的問題，但首先是思想問題，如果認識了冬泳的好處，樹立起為革命而鍛鍊的思想，那就能克服怕冷思想了。有了敢於和冷做鬥爭的思想，加上科學的鍛鍊方法，才能鍛鍊成不怕冷的人。

陳：天氣不很冷時，我鼓勇去游一兩次大概還可以，但要整個冬天都堅持到底就有問題。

齊：任何一種鍛鍊都必須持之以恆，冬泳更是如此。如果一曝十寒，不但收不到效果，還容易因不適應水溫而引起身體的不良反應。

陳：我還有一些更為實際的問題，比如冬天稍一受涼我就傷風流鼻涕，如果去冬泳，不是更容易感冒嗎？

齊：老陳，進行冬泳鍛鍊可以預防感冒，已為眾所公認的了，但確實也有一些人在冬泳後發生感冒，是什麼原因呢？這是由於各人的身體情況和鍛鍊水準不同，同一個冬泳往往產生兩種不同的結果。有些人，秋風一起就夾

衣、棉衣紛紛上身，總認為穿得愈暖和就愈保險，誰知這樣反而削弱身體
抵抗力，遇有風吹雨淋，加上病菌侵襲，就極易發作感冒。最保險的辦法
還是積極地鍛鍊身體，特別是系統地進行冷水浴、冬泳鍛鍊，增強體質，
使身體能適應外界氣溫的變化，經得起風吹雨淋，這才是預防感冒的「靈
丹妙藥」。至於有些人在冬泳後發生感冒，可能是鍛鍊不得法，身體太弱
或游的時間過長所致。

陳：老齊，你可不要怪我。我是想進行冬泳，但有很多怕，上面只是「三
怕」。此外，我還怕冬泳會得風濕性關節炎哩！你說會不？

齊：風濕性關節炎的病因，與體內存在有細菌感染的慢性炎病病灶有關。同
時，中西醫都認為風、寒、濕的侵襲是誘發關節炎的因素。首先要指出的
是，細菌毒素和風、寒、濕都是外因，它只有通過內因（身體各器官功能
和抵抗力）才能起作用，決定的因素還是內因。對於鍛鍊有素的人，風、
寒、濕是無能為力的。因此，冬泳不但不會引起關節炎，反而可以進一步
增強身體對風、寒、濕的適應和抵抗能力，起到預防關節炎的作用。其
次，進行冬泳和其他體育鍛鍊時，四肢和關節不停地活動可以使血脈流
通，產生溫熱；而長期不活動的關節則往往處於血流不暢、溫熱散失的狀
態，所以只有適當的活動才能增強關節功能，驅散寒濕，這也是鍛鍊可以
預防關節炎的原因之一。甚至已患有慢性風濕關節炎的人，只要病情穩
定，也可以通過逐步地進行冷水擦身、冷水浴和冬泳，來加強關節功能，
以達到治療目的。

陳：這又解了我一個「疙瘩」。不過，我還聽人說游冬泳會愈遊愈瘦，這我也
怕。有這回事嗎？

齊：這個問題要一分為二去看。冬泳時能量消耗較大，對於平時少活動、體內
堆積了過多脂肪的人，和對冬泳尚未適應的人來說，由於消耗了較多的脂
肪和碳水化合物儲備，體重可能下降一些。但對多數人來說，由於新陳代
謝加強，消化吸收功能改善，身體所能取得的營養物質也大大增加，只要
鍛鍊得法，適當補充營養，身體不但不會消瘦，反而會更加結實，肌肉不
斷增長，體重也會有所增加。也可能有個別人由於鍛鍊不得法或身體存在
有不適宜冬泳的慢性病，而引起消瘦，這就要及時請教醫師了。

陳：你這一席話，解除了我五個「怕」，今後冬泳就可以放膽了。

載於《羊城晚報》1965年11月30日

第二十篇　祝思想健康兩豐收
——一個醫師談長跑鍛鍊

　　長跑是訓練身體的十分良好的手段。目前正在全市開展的「長征」接力跑，要求參加者在約3個月的時間內每天跑1公里（1千公尺）左右，跑時不規定時間，速度可快可慢。按這一要求來看，身體的負擔並不重，即使身體較弱的人，只要無特殊疾病，也可逐漸適應，長期堅持下去，對身體就會有很大的鍛鍊作用。例如，長跑時肢體不停地活動，要求內臟器官，特別是心臟血管系統，加強工作以適應需要，慢跑1千公尺後，心跳每分鐘將增加到120至140次，脈搏輸出量也隨著增加。長期訓練後，心臟的工作能力必然不斷提高，使人們的工作能力必然不斷提高，使人們的心跳在安靜時較慢而有力（與鍛鍊前比較），在進行更劇烈的勞動或運動時，心臟亦能很好地適應。

　　長跑對呼吸系統有特別良好的影響。慢跑1千公尺時，呼吸次數將增加到每分鐘30次左右，呼吸深度亦大大增加，肺換氣量激增數倍。呼吸肌和肺臟經過這樣的鍛鍊後，會逐漸提高功能，表現在安靜時是呼吸深，慢而均勻，肺活量增加。根據調查，長跑運動員的肺活量平均4,100毫升，肺活量指數（肺活量與體重比）為67.9。在所有運動員中僅次於游泳和水球運動員。

　　長跑對身體的訓練和影響是全面的，它可以促進體格發育，提高新陳代謝率，改善大腦皮層神經系統與內臟器官之間的聯繫。同時，長跑還能培養人們勇敢、頑強、堅毅和勇於克服困難等優秀品質。所有這些，就使經常堅持鍛鍊的人身體強健、意志頑強、抵抗力高，能克服外界惡劣環境對身體的各種不良影響，更好地完成勞動、工作和學習任務；更有不少為慢性疾病長期纏身的人，由於堅持長跑鍛鍊而成為國家等級運動員的動人事例。

　　參加「長征」接力跑時要注意下列事項：

　　首先，要循序漸進地增加跑程和提高速度，對缺乏鍛鍊基礎、身體較弱的人來說，開始時可用慢速度每天800公尺左右；兩星期後身體逐漸適應了，可增加至1千或1,200公尺；一個月以後按個別對待的原則可增加到1,500公尺左右，同時跑的速度亦逐漸提高。

　　其次，在跑的過程中應有節奏地調節呼吸，使呼吸均勻而深，並與步調配合。呼吸最好通過鼻腔，呼氣亦可用口幫助。跑程中如覺得呼吸急促，甚至有胸翳、腿軟等現象時，除減慢速度繼續堅持外，還可加強對呼吸的控制，以大力呼氣為主來調節呼吸運動。在開始跑的頭幾天，可能出現周身肌肉酸痛的現象，這是常見的反應，一般堅持1週左右即逐漸感輕至消失，對身體是完全無礙的。

第二十一篇　中年人適合練長跑嗎？

問：近40歲的中年人每天跑多長時間，多少距離較為合適？（省財廳包少日）

答：長跑鍛鍊的運動量要看每個人的身體健康情況和鍛鍊基礎而定。在朝鮮有一位六十多歲的老人堅持長跑，並多次參加馬拉松比賽（跑42,195米）取得良好成績。中國著名的蒙族長跑健將伊套特格也是在35歲以後仍參加長跑比賽，並取得優勝名次的。但對一般中年人來說，參加長跑鍛鍊的目的是提高身體健康水準，並不是參加比賽提高成績。因此，每天慢跑10至15分鐘，距離約為1,500至2千米就可以達到目的了。如果經過一段時間的鍛鍊後，身體機能有所提高，當然可以將距離和速度逐漸增加上去。

問：什麼時間進行長跑鍛鍊最好？

答：長跑鍛鍊的時間，以早晨6至7時較為適宜，因早晨空氣較為新鮮，同時早晨適當的運動可使全身各器官功能活躍起來，為全日的工作和學習做好準備。但是，運動量較大（距離較長，速度較快）的長跑鍛鍊則最好在下午5時以後進行，以免長跑後的疲勞現象對工作和學習發生不良影響，也免長跑後沒有足夠的時間洗澡和適當休息。至於晚上進行長跑鍛鍊，一般來說是不適宜的，一方面是光線不足容易發生傷害事故；同時，由於距離睡眠時間太近，長跑後神經系統處於興奮狀態，心肺功能活動增強，往往會影響入睡，發生失眠夢多現象。此外，還要注意飽餐後不宜立即進行長跑鍛鍊，以免妨礙消化和引起慢性胃腸道疾病。

問：長跑鍛鍊後膝關節痛是什麼原因？

答：長跑鍛鍊中，膝關節的負擔較重，對於缺乏鍛鍊基礎的同志，如果一開始跑得太多，就容易發生膝關節疼痛現象。這在醫學上叫膝關節勞損（主要是髕骨軟骨勞損或髕骨張腱末端病），它與風濕關節炎是不同的，一般無紅腫現象，與天氣變化關係不大，同時也沒有扭傷的病史，是隨著鍛鍊加劇而逐漸產生疼痛的，經適當休息後疼痛就會減輕。預防方法主要是開始時不要跑太多，逐漸增加運動量，防止膝關節過勞。局部做熱敷，用跌打藥酒或松節油外擦及在膝關節周圍按摩可以有一定的療效。

第二十二篇　長跑會不會引起體重下降？

　　長跑後會不會引起體重下降？這確實是一個值得注意的問題。

　　一般說來，進行長跑鍛鍊的人，只會引起暫時的體重變化。在開始參加長跑的2至3個月內，由於新陳代謝旺盛，能量消耗增加，積蓄在身體內多餘的脂肪和水分被消耗掉，因此，體重如下降2至3公斤，這是正常現象。

　　如果繼續堅持長跑，身體又會在營養供應和消耗方面取得新的熱能平衡，這時，體重會停止下降。以後，隨著鍛鍊的加強，全身肌肉（主要是下肢肌肉）會逐漸發達起來，體重也隨著增加，並穩定在一個較高水準上。

　　不過，有一點值得注意，如果在鍛鍊過程中，體重長期持續或急劇下降，身體明顯地消瘦，同時，又伴有過度疲乏、精神不振、食慾減退等現象時，就要醫師檢查，是否運動量安排過大、營養供應不足或身體有慢性消耗性疾病存在。如果遇到這種情況，最好減輕或暫停長跑鍛鍊，治癒後再恢復。

　　有些身體較肥胖的人，臉部、腹部和臀部等處往往堆積過多脂肪。經過長跑鍛鍊後，多餘脂肪會消耗掉，從而，顯得身體比原來消瘦些，這也是正常現象。

　　　　　　　　　　　　　　　　　　　　載於《羊城晚報》1966年1月6日

第二十三篇　長跑後全身酸痛怎麼辦？

編者按：最近，許多基層單位開展了「廣州─河內」、「廣州─利奧波德維爾」象徵性長途接力跑活動，有些讀者在鍛鍊時碰到一些問題，來信本報詢問，現請中山醫學院體育醫療教研組林青同志綜合作覆。

在長跑運動中由於需要供應大量氧氣，呼吸系統活動加強，呼吸肌（主要是肋間肌和橫膈肌）在劇烈活動後容易發生疲勞和酸痛現象，初參加長跑鍛鍊的人這種感覺尤其突出。這和運動或勞動後全身肌肉酸痛的反應相似，其表現為全胸部不適或酸痛，以下胸部（膈肌處）較為明顯，當呼吸或咳嗽時小有疼痛；這一現象是呼吸肌中乳酸堆積的結果，是正常的生理適應過程，對身體並無害處，仍可堅持長跑鍛鍊（疼痛較重時可跑少一些）。一般經過1週左右，呼呼肌適應了長跑活動的要求後，疼痛現象就會逐漸減輕和消失。有條件的可以做熱水盆浴或淋浴，以加速疼痛的消失。

第二十四篇　長跑時肝部痛怎麼辦？

　　個別人在長跑時往往出現右下胸部（肝區）作痛不適現象，有時左側（脾區）亦痛。這多數是由於長跑後肝臟和脾臟鬱血而發生一時性腫大所致，也是心血管系統未能適應長跑活動的一種表現；同時，和長跑時反覆振動固定肝脾的韌帶及包膜受到牽扯有關。因此，只要適當休息，多做深的腹式呼吸活動，疼痛就會逐漸消失。在長跑前做好準備運動特別是腰腹運動，則有助於防止這一現象發生。如果疼痛經長期休息仍未消失，則應到醫院做全面檢查。應該順便一提的是：有些人過去曾患慢性肝炎，如果經詳細檢查已經痊癒，也可以參加長跑鍛鍊，只是開始鍛鍊時應少跑一些，速度要慢一些，經過1至2週後，如無不良反應再逐漸增加距離和速度。這就是鍛鍊中的「循序漸進」原則。體弱和患過其他慢性病的人，恢復鍛鍊時也都應該遵守這一原則。

第二十五篇　長跑會不會使人體細胞減少？

一、長跑以後小腿很累、不想動的原因，主要是長跑後蹬時由於踝關節用力，小腿三頭肌（腓腸肌和比目魚肌）的負擔相當重，容易引起勞累及僵硬，所以跑完後有酸痛及肌肉緊實的感覺。其次，也與跑步時小腿放鬆不夠有關。若在用力做後蹬以後小腿放鬆地向後擺動，這樣肌肉放鬆與收縮交替進行，做到有勞有逸，就不容易勞累了。另外，跑完後坐下來屈膝使小腿放鬆，並且做一些鬆弛的按摩也有助於減輕勞累。

二、每天跑完步滿身是汗，這是一個正常現象。因為出汗是身體調節體溫的重要手段之一。長跑時體內新陳代謝旺盛，會促使舊的細胞死亡，新的細胞更多地生長起來，並不會使人體的細胞減少。由於體內的新陳代謝，體溫不斷升高，為了將體溫保持在一定的水準，就通過出汗大量散熱。但是，長跑後喝一點鹽水，對身體也有好處。因為鹽分是身體內不可缺少的物質，出汗時大量鹽水隨汗液排泄，故運動後喝一點鹽水可以補充身體鹽分的不足。至於說「喝鹽水多會引起肝炎」，是完全沒有科學根據的，可不用顧慮。

第二十六篇　為什麼胸中作悶？

在長跑鍛鍊中，跑過一定距離後（多在起跑後400至800米），由於身體各內臟器官，主要是呼吸系統和心血管系統的功能一時未能適應肌肉活動的要求，常會出現呼吸急促、胸前作悶想吐、四肢肌肉酸軟無力、動作遲鈍等現象，這就是所謂「極點」現象。「極點」的出現並不說明身體已經疲勞和不能繼續運動，但意志薄弱的人卻往往因此而退出跑道。為了減輕「極點」狀態的影響，在長跑前應做充分的準備運動，開始跑時速度不要太快，使身體各內臟器官對劇烈的肌肉活動有所準備和逐漸適應。跑程中出現「極點」時，應該用頑強的意志堅持跑下去，同時可以略微降低跑速，並有意識地延長和加強呼氣，只要能堅持1分鐘左右，呼吸就會變得較均勻而深長，胸部發悶、兩腿酸軟沉重等感覺也就會逐漸消失，這就是出現了所謂「第二呼吸」。鍛鍊仍可繼續下去，直到真正的疲勞出現為止。這是意志和身體機能得到鍛鍊並提高的表現。

第二十七篇　長跑後喝點鹽水有好處

問：聽人說，長跑後渴點鹽水或糖水，對身體有好處。是嗎？

答：是的。參加長跑鍛鍊常常引起大量出汗，身體內的氯化鈉（鹽分）也隨汗液大量排泄。氯化鈉有調節體內酸鹼平衡和維持神經肌肉正常活動的作用，氯化鈉不足會引起肌肉痙攣（抽筋），因此長跑後飲用鹽水是有好處的。

飲用糖水對人體當然也有好處。因為糖水被身體吸收後可以轉化為葡萄糖，直接供給能量消耗。但是，人體內肝臟和肌肉等處，經常儲藏有大量可以轉化為葡萄糖的醣原，在運動時不斷地輸送到血液中，供應身體消耗，並且使血糖濃度保持在一定的水準上，因此一般的長跑後飲糖水並不是十分必要的。但在參加1萬米以上距離的比賽後，血糖水準往往下降到正常水準的一半左右，跑後適於飲用糖水。至於馬拉松賽跑，則在1萬5千米處開始，每隔5千米即設站供應以葡萄糖為主的飲料，以適應血糖大量消耗的需要，這卻是較為必要的。

載於《羊城晚報》1966年1月19日

第二十八篇　少年適合練長跑嗎？

問：十六七歲的少年是否適宜參加長跑鍛鍊？

答：十六七歲的少年身體正在迅速生長發育，心臟血管系統和呼吸系統的功能已發展到一個較高的水準。例如，按體表面積計算，少年的心臟在單位時間內能輸出的血量與成人接近，運動後心臟血管系統的反應也是正常的，對運動訓練的負擔能力正不斷提高。在這一時期，鼓勵少年參加適當運動量的鍛鍊正是增強體質、促進體格發育、促進各器官功能繼續提高的有力手段。因此，在少年中普遍開展長跑鍛鍊是適宜的。因為長跑鍛鍊的運動量決定於跑的距離和速度，目前普遍開展的長跑運動一般距離是1,500至3千米，速度是較慢或中等速度的，運動量不算很大。這樣的鍛鍊對十六七歲的少年來說是完全可以負擔的。

但是十六七歲的少年身體各部分尚未完全發育成熟，特別是神經系統對心血管活動的調節功能較差，心肌持續工作的能力亦不及成年人，肺活量較小，呼吸功能不完善，對運動負擔的適應能力較差，容易出現疲勞。因此，在參加長跑鍛鍊時，要特別遵守循序漸進原則，注意自我感覺變化，加強醫務監督，避免出現負擔過重的情況。同時，對參加較長距離的比賽應特別慎重，例如今年春節期間舉行的環市賽跑，十六七歲以下的少年最好不要參加。

載於《羊城晚報》1965年11月23日

第二十九篇　參加長跑和乒乓球鍛錬應注意些什麼？

參加「長征」接力跑時要注意下列事項：首先，要循序漸進地增加跑程和提高速度。對缺乏鍛錬基礎、身體較弱的人來說，開始時可用慢速度，每天跑800公尺左右；2星期後身體逐漸適應了，可增加至1千或1,200公尺；1個月以後按個別對待的原則，可增加到1,500公尺左右，同時跑的速度亦逐漸提高。以跑1千公尺為例，在開始的200至300公尺速度應慢一些，中間400公尺稍快，最後又減慢，直到終點。同時，跑前應該做一些簡單的四肢準備運動，使身體有所準備。任何急功近利、想一下子就跑得很多很快的做法，都是不符合堅持經常鍛錬的原則的。其次，在跑的過程中應有節奏地調節自己的呼吸，使呼吸均勻而深沉，並與步調配合，這樣才能堅持下去。呼吸最好通過鼻腔，呼氣時亦可用口幫助。跑程中如覺得呼吸急促，甚至有胸翳、腿軟等現象，除減慢速度、繼續堅持外，還可加強對呼吸的控制，以大力呼氣為主，來調節呼吸運動。這樣，上述現象即可很快克服而跑到終點。在開始跑的頭幾天可能出現四肢酸痛的現象，這是常見的反應，一般堅持1星期左右即可逐漸減輕以至消失，對身體是完全無礙的。

乒乓球運動和長跑及其他運動一樣，只要保持經常性就可以達到鍛錬身體、增強體質的作用。此外，它主要培養人們靈敏準確的判斷力、協調的動作和沉著機智等品質。乒乓球運動輕便易行，不費很大的體力，富有情緒性，在一般的情況下它可引起的身體負擔比較輕微，生理變化較小，恢復亦較快。因此這是一項不分男女老少都非常適宜的運動，一些身體較弱的人也可以毫無顧慮地參加，只要隨時注意控制運動量就行了。例外的情況是，當一場乒乓球賽堅持很久，與賽者旗鼓相當，比賽進行得緊張熱烈時，亦可以引起較大的生理變化，這是由於長時間的肌肉活動和高度的情緒性所致。例如，德國一些生理學家檢查了參加世界乒乓球比賽時運動員機體的生理反應，發現其劇烈程度竟和緊張的400公尺跑或足球比賽相當，這對身體的影響和鍛錬作用當然就更大了。乒乓球運動多在室內進行，運動參加者常不能接受新鮮空氣和陽光，同時，乒乓球的活動較多地集中在一側上肢（持球板一側的手），促進體格發育

的作用不夠全面,這些都是它的缺點。因此,選擇乒乓球運動作為自己經常鍛鍊項目的人,應該注意全面身體訓練,多到戶外進行其他項目(如田徑、游泳、體操等)的活動,以補其不足。

　　完全可以相信,通過2萬5千里長征接力跑和大打乒乓運動,一定可以使全院教工同學獲得政治思想上和身體健康上的兩大豐收。

　　　　　　　　　　　　　　1960年1月1日院刊(醫學體育教研組)

第三十篇　發憤圖強、艱苦奮鬥、敢於創新
——看日本女排訓練的幾點感想

　　日本「尼吉波」貝塚女子排球隊在廣州進行了兩天的比賽和訓練活動，給廣州的體育工作者、運動員和廣大觀眾留下了不可磨滅的印象。她們在比賽和訓練活動中，以驚人的體力和意志，完成了難度和強度極大的訓練作業。這些作業的運動量，對男運動員來說也不易承擔的，但對貝塚隊員來說，這還只是平時訓練中的小運動量，因而她們能輕鬆、準確地完成它。據瞭解，貝塚隊員在開始參加這樣大運動量的訓練時，也和普通人一樣感到非常疲勞、四肢無力、酸痛，甚至在訓練中累得倒在地上爬不起來。就在這幾乎練不下去的情況下，她們咬緊牙根，用頑強的意志頂下去，結果是她們戰勝了被認為是不可克服的疲勞和困難，肌肉、心臟血管和呼吸系統逐漸適應了訓練的要求，練就了一身過硬的本領。這一事實雄辯地證明：人的身體是有非常巨大的潛力的，只要循序漸進地進行艱苦的鍛鍊，經過一定的適應過程，就能承擔一般人所不可能承擔的任務。

　　貝塚隊的來訪，還使我們從下面幾點上受到很大的啟發。首先是貝塚隊有著一股奮發圖強、決心攀登世界排球技術高峰的雄心壯志。1957年以前，貝塚隊只是一支籍籍無名的新隊伍，隊員們的身體條件和訓練上的客觀條件都不好。但就在這樣低的起點上，她們沒有揹上「條件論」的包袱，沒有被那些身高體壯的對手所嚇倒，而是雄心勃勃地對自己提出了在短短數年內奪取世界冠軍的高指標。這的確是發人深省的。

　　其次，貝塚隊提出了奪取世界冠軍的高指標後，並不是希望走捷徑、找竅門，想通過輕鬆平坦的道路去達到目標。她們面對困難，一步一個腳印地選擇了最艱苦、然而最可靠的道路，也就是大運動量、大強度、大難度訓練的道路。每天堅持5至8小時的訓練，一年只休息4天，數年如一日地頑強訓練。全隊從教練到隊員，為達到既定的目標，不惜流血流汗（有些隊員甚至受了較重的傷害也堅持訓練），不惜暫時放下個人生活問題（隊長河西，31歲仍堅持不結婚）。這種艱苦奮鬥的精神令人敬佩！

　　最後，貝塚隊在自己的訓練道路上勇於創新、勇於打破舊框框，不迷信外國的「教條」，這一點也是很值得敬佩的。貝塚隊教練大松博文認為，如果只去模仿別人，雖然也能取得一些成績，但最終只能跟著人家屁股轉。因此，他沒有搬用前世界冠軍蘇聯女排的一套技術和訓練方法，堅決地選擇了一條新路。除了前述大運動、最大強度的訓練方法外，他還根據日本隊員身體條件的特點，創造了以防守為主，配合二傳高速、快速反攻的整套戰術，並且獨創了極有威脅的一手上手飄球，終於在世界排球壇上披荊斬棘，開出了一條嶄新的道路，從1957年開始，她們3年取得世界亞軍，5年取得世界冠軍；從1962年到現在，參加了一百七十多場國際比賽，保持不敗。這不是很值得我們深思嗎！

載於《羊城晚報》1964年12月

第三十一篇　二十年後的人體高度

　　假使我斷言：20年後，中國人民的平均身高將會比現在增加10公分。那麼，你大概會感到驚奇而不相信吧！但是，這的確不是毫無根據的假設，而是完全有可能實現的思想。首先，請你看一看下面的事實：根據蘇聯科學家的調查：莫斯科省16歲的少年工人平均身高在1923年是152.5公分；而1940年則是161.3公分，相隔17年增加了8.8公分。莫斯科省農村15歲學童的平均身高在1926年是148.6公分，而到1935年就增加到152公分，相隔9年增加了3.4公分。這些活生生的事實說明，在優越的社會主義制度下，廣大人民物質生活和文化生活水準不斷提高，衛生保健事業不斷發展，特別是普遍提倡體育運動，鍛鍊身體，因此，廣大人民特別是青少年和兒童的健康情況不斷改善，體格發育情況也有了驚人的進展。

　　長期不斷地參加體育運動，可以促進體格發育已是人所共知的事實。但是，體育運動能使人的身高也增加嗎？這一點是有人懷疑的。我們知道，身高的增長和骨胳發育有關，科學工作者研究證明：經過系統地運動訓練後，人的骨胳組織的形態會發生明顯變化。例如，一個網球運動員由於經常用右手執拍打球，右手的運動比左手多，結果在X光的透視下，就會發現右手的骨胳比較粗、骨的皮質層增厚、密度增加等現象，同時，長期的運動又可刺激骨胳的生長發育，這些都證明體育運動是能影響骨組織的發育的。

　　體育運動對體格發育的影響絕不是單純局部的作用，而是通過神經系統作用於全身，影響著身體的生長發育和新陳代謝等因素，從而表現出身高和體重的增加。

　　完全有理由相信，隨著祖國社會主義建設事業的不斷躍進，人民生活水準不斷提高，群眾性體育運動的普遍開展，中國人民的體格發育情況也會得到顯著的改變，10年、20年以後的調查肯定將會證實這個預言。

　　　　　　　　　　　　　　　載於《羊城晚報》1960年2月25日

第三十二篇　羽球運動的球技與體力

　　為了推動香港羽毛球運動的發展，羽總用了半年的時間，動員了大量人力物力籌備的國際羽毛球邀請賽即將舉行了。這是世界羽毛球壇上也難得一見的盛會，是香港羽毛球迷的大喜訊，世界上羽毛球水準最高的9個國家都選派精英來港比賽；雖然擁有全英單打6屆冠軍梁海量的印尼隊沒有前來參加，但卻有中國隊派出以侯加昌、陳玉娘這兩位堪稱世界羽毛球最高水準的名將親臨表演，足可補償不足而有餘了。

　　一般人的印象中，羽毛球總像是球類運動中的「小兒科」；其實，這不過是沒有機會欣賞高水準的羽毛球賽所形成的觀念。如果看過足夠世界水準的羽毛球賽，就會發現這些羽毛球運動員不但有高超的球技、美妙的姿勢、靈活的動作、敏捷的身手，而且羽毛球運動激烈的程度是大大地出乎意料，其對體力的要求，和運動場上一向被認為體力要求最高的長跑、足球比賽是有過之而無不及的。

　　也許有人不相信一個小小的羽毛球竟要求運動員付出極大的體力吧！這裡舉一個例證：筆者10年前在內地曾欣賞過一場具有世界水準的比賽，那是全國羽毛球錦標賽男子單打決賽，兩個對手是湯仙虎和方凱祥，當時他們兩人正當年富力強、技術達到爐火純青的時候。這一場勢均力敵的比賽足足打了80分鐘，湯仙虎才以3比2小勝而獲得冠軍。試想，一場足球賽是90分鐘，場地雖大，但卻有22個球員在場上角逐，一上一落、一攻一守，運動員總有不少時間可以休息、調整和放鬆，但這場羽毛球賽的80分鐘卻是單打單，除了發球時可以「偷雞」休息幾秒鐘外，便一直全力搏殺，其體力消耗程度可以想見。當最後一分鐘還未結束時，湯、方兩人在高度頑強的意志支配下，還能盡力支持著比賽，而當結束了最後的一次進攻和防守時，兩人都精疲力倦，全身無力，而要由4位同伴分別扶著退場，就像一些馬拉松賽跑選手到達終點後的情況一樣。

　　由上述例子可見，棋逢敵手的一場羽毛球賽，運動量是十分大的。其中的一個原因是羽毛球比賽中有發球權的規定，只有發球者獲勝才能取得1分，這

和乒乓球賽每一球的得失都計分不同，而羽毛球的發球一般變化較少，接發球者通常都能搶攻和控制著主動權，因而經常造成在比賽中多次轉移發球權而不能得分的情況。也就是說要取得15分的勝利，比在乒乓球賽中要取得21分的勝利還困難得多，要付出的體力也大得多。

　　羽毛球還有另一特點，如果比賽雙方的技術和體力有一定的差距，則強者能比較容易控制戰局，弱者往往只能在接發球時爭取主動獲勝而取得發球權，但在發球時卻多數被動挨打而無法得分，這就造成經常在世界水準的國際比賽中出現以懸殊的比分失敗的情況。例如：10年前曾獲得全英單打冠軍的丹麥選手科普斯就曾以15比0的懸殊比分敗給比他技高一籌湯仙虎和侯加昌。去年剛獲得全英雙打冠軍的馬來西亞選手陳奕芳，雖然正當年輕力壯、狀態良好之時，但在訪問中國時也只能在侯加昌拍下取得3分落敗；在這場比賽中，侯加昌由於技術上的明顯優勢而輕易獲勝。

　　中國隊的侯加昌、湯仙虎、方凱祥、陳玉娘、梁小牧等，不但球技是世界上一流，而且體力充沛。他們的體力不是生下來就有的，而是十多年如一日艱苦鍛鍊出來的。筆者過去多年本為他們治療運動創傷，為了找出他們受傷的原因，曾多次觀察他們訓練的情況。他們通常每天都堅持3至4小時的訓練，由於訓練的條件好，場地充足，在訓練中是很少冷場的。教練員的要求也非常嚴格，不但技術訓練要求十分嚴格，對速度、彈跳、力量的訓練也要求極高，絲毫也不能馬虎從事。曾經有人統計過，運動員在一次訓練中通常要揮拍扣殺一萬多次，單從這個數字就可看出訓練量之大。有時為了加強臂力和扣殺力，還以網球拍代替羽毛球拍做揮臂擊球的訓練。此外，還要經常安排舉重、跳繩、長跑等訓練。著名運動員梁小牧就經常堅持以較快的速度跑3千至5千公尺，簡直是一個長跑健將。

　　中國羽毛球運動員的訓練強度和密度是很大的，下面就是一種常用的訓練方法：教練員身旁放著一大堆羽毛球，由一個休息中的球員送球給他，連續快速地發出左前、右後、右前、左後等不同落點的球，被訓練的球員要衝前輕挑網前球後立即後退跳起扣殺後場的高球，如此連續接擊一百數十球。在這樣高強度的訓練下，運動員的脈搏往往增加到每分鐘180次以上。而經過3至4小時的訓練後，體重也可減輕5至6磅。此外，他們也經常用二對一的比賽方法來增

強某一運動員的體力和反應的靈敏度。有些優秀的女運動員則經常找實力比自己更強的男運動員訓練和比賽,例如著名女運動員陳玉娘,一般水準的男運動員還不是她的對手!經過長時間艱苦的磨練,他們的體力和技術當然就百尺竿頭更進一步,達到世界最高水準。

羽毛球高手擊球落點刁鑽,速度奇快,力量極大,不但要消耗極大的體力,而且對運動員的靈活性和反應能力要求也很高。中國隊的侯加昌堪稱全面發展的運動員,他進攻時扣殺凌厲,速度驚人,還可以用手腕力控制不同的落點,使對方很難捉摸;防守時靈活機動,甚至在身體失去平衡時也可在空中改變方向反擊對方的猛烈扣殺;還能在搶救網前低球後,背對橫網反手扣殺對方吊出的後場高球,化被動為主動。優秀女將陳玉娘則經常表演出魚躍向前或一字劈腿衝前搶救網前球的絕技。這種高度靈活和柔軟的運作及迅速反應的能力,不是一朝一夕之功,他們在30歲左右的年齡仍能保持這樣高度的體能,也只有在具備優越的訓練條件和本身的刻苦鍛鍊精神配合下才能實現的。這次9國羽毛球精英雲集香港,廣大羽毛球迷有眼福了,到時候定可欣賞到世界水準的球技。

載於《大公報》1973年12月1日

第三十三篇　從庾耀東、劉霞談到中國羽球新手的成長

任何一個球員，要在一段比較長的時間內把自己的運動技能維持在高水準上，都需要在技術和戰術的訓練上和意志品質的培養上長期不斷地下苦功，而且還要在生活上保持一定的規律性，特別是像羽毛球這樣一種對速度、力量、靈敏和耐久力都要求極高的運動項目更是如此。回顧1960年代早期雄視世界羽毛球壇的丹麥高善士、印尼陳有福等名將早已走下坡路，或是退休告隱了。但是，同樣是在1960年代早期成長起來並且曾多次在單雙打比賽中以優勢戰勝過高普士和陳有福的中國羽球名將侯加昌、方凱祥等，在這次9國羽毛球友好邀請賽中，卻仍然以世界最高水準的實力活躍在羽球場上；這一成就，當然要歸功於優越的社會制度下對運動員的培養和教育的結果了。

運動場上「新陳代謝」的過程是最為旺盛的，自然的發展規律迫使每一個球員都有一天要參加「元老賽」而最後總要退出運動場。因此，任何一個球隊，要保持不斷發展、不斷進步和不斷提高的生命力，就必須極端重視新生力量的培養工作。解放後的中國為提高體育運動水準做了極大的努力，主要的就是開展群眾性的體育運動，特別著重在青少年中發掘和培養優秀選手，著名運動員莊則棟、李富榮、倪志欽等人就是從千千萬萬青少年業餘體育學校學生中湧現出來的。文化大革命後期，這方面的工作得到進一步的重視，各運動項目中新人輩出，這次來港的中國羽毛球隊中的庾耀東和劉霞，就是在成長中極有前途的新手。

庾耀東，今年22歲，3年前在廣州市業務體育學校中開始嶄露頭角，去年被選送進入北京體育學院深造，經過短短一年多的訓練，身體素質和技術水準突飛猛進，在這次9國羽球友好邀請賽中的表現，比去年來港時又有了明顯的進步。他在對馬來西亞好手，男雙冠軍之一的巫佛年的一場比賽中，以15比5、15比4的優勢取勝，其表現已完全可以列入世界優秀選手的行列了。他的技術雖然未能達到如侯加昌等的爐火純青的地步，但相當全面，不論是網前輕挑或後場高扣，都能應付自如，基本功相當紮實。他身材結實，扣殺力量充沛，而且動作靈活，步法瀟灑，目前較欠缺的只是臨場經驗，在重要比賽中往往出

現緊張而影響技術的充分發揮,只要假以時日,必可更進一步的。

劉霞,今年18歲,參加羽毛球訓練的時間很短,是在文化革命後期從少年業餘體育學校被發現,再選入上海體育學院培養的新手。由於一開始就得到名教練的培養,並接受正規訓練,基本技術相當不錯,而且繼承了中國羽毛球隊傳統的快速攻擊型打法。她的快速平高球的攻擊十分凌厲,衝撲網前球時有一股勇猛的小老虎勁頭,手法和步法也相當純熟,經驗雖然較幼嫩,但初次參加重要國際比賽,就能比較正常地發揮自己的技術水準,已是難能可貴了。特別是與陳玉娘初次拍檔出戰當前世界最強女子雙打組的日本湯木博江和竹中悅子一場表現甚佳,第一局劉霞出於心情緊張而發球及撲網前球,都有不少失誤,先以9比15失利,但第二局情緒比較穩定,水準即能充分發揮,並且愈戰愈勇,終於15比11獲勝而打成各一平手,這正表明她是一名進步與成就指日可期的優秀新手。

在中國1973年的全國羽毛球錦標賽中,庾耀東未能進入前6名,而劉霞也只是取得第六名而已,這正好說明中國羽毛球界人才輩出,實力雄厚。從目前情況來看,曾經把世界羽毛球水準推向一個新高度的侯加昌、湯仙虎、方凱祥、陳玉娘等,仍然老當益壯,還可以在一段時間內保持世界最高水準。且據瞭解,還有一批和庾耀東、劉霞兩人水準相當或更高的年輕新手如陳星輝、林詩銓、梁秋霞、李芳、丘玉芳等等正在不斷成長。據說,這批年輕新手,只要再經過一二年的刻苦訓練,就完全有可能趕上和超過侯加昌、陳玉娘等優秀選手了。相信不久的將來,這批年輕新手將為推動世界羽毛球水準邁向更高峰而做出自己的貢獻,這是值得所有關心中國體育運動發展的朋友高興的。

載於《大公報》1977年12月14日

第三十四篇　不要強迫自己衰老

　　當人體的所有器官在發揮著它的全部自然功能而沒有碰到任何困難和障礙時，人們是健康的。健康的人不會留心自己的心臟、肺臟，因為心臟、肺臟和身體各器官的工作運行得很順利，並且可以負擔起日常生活工作學習中的體力和腦力勞動，在這個時候，健康的人往往不會感覺到他自己是享有最大的幸福——健康的幸福。

　　悲劇就在於：當人們已開始失去健康時，人們才想到它，就像機器已經損壞了才不得不想到修理一樣，這樣顯然是不對的。很多人都覺得醫學上「預防為主」方針的實際意義，它首先在於應用各種方法去預防健康的喪失，遺憾的是仍然有不少人忽視了保持健康的問題。很多人都懂得，如果能正確地、經常地進行體育鍛鍊，就能對身體各器官組織發生積極的作用，會使身體各器官的自然功能得到加強與改善，並且就能提高身體對環境的有害影響的抵抗力，從而達到增強體質、保持和促進健康的作用。體育運動還能提高人們進行工作和學習的能力，培養人們勇敢、堅毅、果斷等優良的品質，使人們在任何艱苦的條件下具備克服困難的力量和信心。對於腦力勞動者來說，體育運動有著特別重要的意義。如果腦力勞動者長期不把運動和必要的休息交替開來，不把經常的身體訓練列入自己的生活制度內，結果就將為神經系統過度疲勞以及產生神經系統功能障礙性疾病創造了有利的條件。但是，不是有很多人，包括不少青年人，都忽視了身體的鍛鍊嗎?!

　　伏羅希洛夫同志曾經指出：「身體訓練對身體的益處就像每天吃的食物一樣……。」他同時還警告那些不重視身體鍛鍊的人說：「誰不從事經常的身體鍛鍊，誰就像故意強使自己活到45歲就衰老的人一樣，強迫自己衰老。」這句話確實是值得人們再三考慮的！

　　有人說：「工作這樣忙，每天下班後連睡覺也來不及了，哪裡還有精神去鍛鍊！」我們知道：睡覺是必需的，它能使體力得到恢復，但睡眠不是唯一的休息手段，它可算是一種「消極性的休息」。與消極性的休息不同，有一種和活動聯繫著的休息叫「積極性的休息」。在每天緊張的學習和工作之後進行適

度的體育運動（身體鍛鍊）可以看作是「積極性休息」的一種，它不但不會增加工作後的疲勞（特別是對腦力勞動者來說），相反地，它可以加速體力的恢復，可以使體力得到最大限度的恢復。

俄羅斯生理學之父──謝切諾夫的實驗證明了這一點：他在右手工作達到極度疲勞以後讓右手單純地休息，觀察疲勞消除的情況；以後實驗者在右手休息的同時加上左手的短時間的活動（工作），再觀察疲勞消除的情況。實驗證明：為了更快地消除疲勞，「最有效的辦法不是單純工作後的手（右手）暫時地休息（即消極性地休息），而是在右手休息的同時，再加上另一隻手（左手）的甚至是極短時間的工作（也就是積極性休息）」。道理就在於：在左手短時間工作的情況下，相應的神經細胞裡發生了興奮並開始向周圍播散，而這就像原來疲勞了的，在抑制狀態中的管理右手工作的神經細胞的抑制作用更為加深（可謂負感應作用），這樣，就使得大腦皮質神經細胞的恢復過程進行得更加快了，這也就是謝切諾夫在其實驗中稱為「使神經中樞上足能量」的恢復作用。謝切諾夫這一實驗完全證明了：在工作後的完全安靜──消極性休息常常不是最有效的休息；而積極性休息卻常常是比較有效的休息方法。

更有趣的是，有人證明了這樣一個事實：一本書放在面前，要你在短時間裡讀完它，如果你簡單地去讀則疲勞出現很快；相反地，如果你在讀的時候同時用筆在練習簿上做一些簡短的筆記或在書上劃一些橫槓子或註解則就較不容易引起疲勞，而且會理解得更好。這是什麼原因呢？原因就在於你將腦力勞動（閱讀）與輕度的體力工作（用筆記筆記）輪流地更換著，使參加工作的神經細胞輪流活動，這樣，它們就不會很容易地疲勞了。

共產黨和人民政府對積極性休息是非常重視的，這首先表現在解放後為人民群眾參加體育運動創造了無比有利的條件。很早以前，黨和政府就在全國廣泛地推行「工間操」，這正是積極性休息的最簡單易行而又有效的手段。毛澤東主席是進行積極性休息的良好榜樣，他在緊張的處理國家大事之餘還以他六十餘歲的高齡一次又一次地橫渡長江和湘江。但是，我們中間卻有不少人，甚至不少青年人，把工間操的時間白白浪費掉了，他們在工作學習之餘也只知道躺在床上睡覺，這些現象是應該迅速改變的！

遠在一千七百多年前，中國偉大的醫學家華佗就曾經說過：「人要是常常

活動，就可以血脈流通，不生疾病！」他並且編成了中國的也是世界上的第一套保健體操「五禽戲」，作為健身治病的方法，在希臘的天才醫學家希波克拉底也曾經意味深長地號召人們「用體操來清潔我們的身體」。今天，體育運動對身體的良好影響已為無數科實踐證明了，科學文化的進步使體育運動更廣泛地為人民群眾所接受了，我們希望建設社會主義祖國的英雄們在這方面不要落在華佗和希波克拉底的後面。

青年朋友們，讓我們時刻記住，列寧曾經「極力地建議」說：「主要的是不要忘記每日的體操，一定要做幾十下（不要打折扣！）各種動作，這是很重要的。」讓我們積極地響應黨中央和毛主席「發展體育運動，增強人民體質」的號召，絕不強迫自己活到45歲就衰老！

對於上了年紀的同志們，我也可以舉出一些例子作為鍛鍊身體的榜樣：蘇聯偉大的生理學家巴甫洛夫在80歲時還騎自行車，玩九柱戲（一種擊木的活動）。文豪托爾斯泰65歲還滑冰，並學會了騎自行車，82歲時還騎馬到20公里外的地方打獵。還有我們敬愛的毛主席呢……！長期的經常的體育運動帶給他們在一般人已衰老的年歲裡還朝氣勃勃地進行著偉大的工作，這些確是值得羨慕和學習的。

第三輯

雜文選

加拿大紅葉。

第一篇　深切哀悼敬愛的醫學教育家柯麟院長

柯小麟、趙雅亮、林馨曾、湯增新

　　柯麟老院長1901年生長在內憂外患積弱的中國（廣東海豐）。那時，政治腐敗，思想紛亂，各種思潮湧入。柯院長是個理想主義者，為追求革命真理，接受進步思想，早年參加革命組織，獻身革命事業。

　　1924年在廣東公醫大學（中山大學醫學院前身）參加共青團，1926年參加共產黨，領導學生革命運動，在東北、上海、廈門、廣州、港澳等地參加多項實際工作。1936至1950年在澳門以醫師身份展開社會活動，先後任鏡湖醫院院長、南通銀行董事長等職，把簡陋的慈善醫院，陸續通過18項改革變成頗具規模的現代化醫院。還團結當地愛國工商界人士及開展愛國的統一戰線工作，做了大量掩護革命同志等地下活動。包括照顧孫盧太夫人（中山先生原配）及何香凝同志等一大批同志的生活和健康。

　　柯老院長於1951年初調回廣州，接管和就任中山大學醫學院院長的職務。新中國成立後，國家急需栽培大量的醫務工作人員，柯院長在中山醫學院1951至1952年期間進行了一系列的整頓，提高工作，大力抓好師資隊伍的建設。為了集中優勢辦好高等醫學教育，同時又為消除醫學界的派系隔閡，於1953至1954年間，他完成了中山醫學院、嶺南醫學院和光華醫學院等3間院校合併任務，為廣州地區的高等醫學教育事業的迅速發展奠定基礎。柯院長在中山醫學院擔任院長的職務長達16年，直到1966年文化大革命運動開展，他受到殘酷的鬥爭和迫害，被迫離任；繼後調往北京，擔任衛生部顧問職務。他對中山醫學院，所建樹的功績和他的醫學教育先進思想可概括如下：

　　1.堅持事實求是，醫學教育發展必須與國民經濟和社會發展相適應。

　　他不屈從於「左」的浪潮，頂住了「大躍進」（1958-1960）期間的「大辦分校風」、「關門辦學風」的盲目冒進的錯誤，保存了中山醫學院的辦校元氣，繼續穩步地發展中山醫的教育事業。

　　2.堅持以教學為主，建立正常而穩定的教學秩序。

他正確地處理教學與生產勞動、醫療和科研的關係，牢牢地對「大躍進」出現的「大辦工廠」、「大煉鋼鐵」、「大搞獻禮」、「關門下鄉辦學」等等的混亂局面進行了嚴格的控制，抵制了「極左的教育思潮」的干擾。

3.遵照教育規律組織教學，穩步地進行教學改革。

1960年初，全國出現片面地實行「大砍大改」的教學改革，提倡所謂「一條龍」的教學，他極力阻止這個「冒進」的歪風，提倡「根深才能葉茂」的教學思想，對基礎學科的教學不但不准削弱，而且還要加強；主張理論與實驗並重，同時對臨床學科的教學也要加強。他派出數批教師到全省、市級三十多間具有一定臨床設備的醫院進行協商並作為學院的臨床教學實習基地，強調必須加強學生的臨床實際工作能力的訓練，保證醫學教育質量的提高。

4.貫徹德、智、體全面發展的教育方針，大力培養高水準的醫學人才。

他提倡教師要以身作則，言傳身教，對學生要加強「三基」（基礎理論、基本知識、基本技能）和「三嚴」（嚴肅的態度、嚴格的要求、嚴密的方法）的訓練；在他的領導下，全院制定了包括領導體制、培養師資、教學工作、學生工作等10個方面的工作條例和規範；提出了「踏踏實實，勤勤懇懇，刻苦鑽研，好學深思，力求上進」作為中山醫學院的學風；大力提倡學生開展各種文體活動，建立學生樂隊、班級及全院的體育運動隊；而且還親身抓好教職員和學生的膳堂，撥出專款來補助學生的伙食，提高膳食質量，改善學生和教職員工的住宿條件，使全院欣欣向榮。衛生部於1964年在中山醫學院召開了全國醫學教育現場會，表彰柯院長的辦學指導思想，推廣了中山醫學院的工作經驗。

5.正確掌握和執行知識分子政策，團結、信任和依靠廣大教工，充分發揮他們的工作熱情和積極性。

柯院長在歷次「左」的政治運動中，都挺身而出，不懼「右傾」帽子的壓力，盡力保護知識分子，不受過火的批判或鬥爭。他對由海外歸來的專家、教師和職工，給予特別的關懷和支援，為他們提供較好的工作條件和生活條件，使他們能安心工作，為祖國服務。

自從柯院長主持中山醫學院領導職務以來，他特別重視發揮教授、專家們的作用，使專家、教授愛院如家。先後創辦了腫瘤醫院、眼科醫院，使中山醫學院的教學水準、科研水準和醫療質量等許多方面在全國居於領先的地位，中

山醫學院在國內、國際上享有盛譽。

打倒「四人幫」之後,柯院長已是80高齡了,於1980至1984年毅然重返母校,兼任院長,起到撥亂反正,穩定人心,重建院校的作用。1977年以後,他回北京,擔任衛生部顧問。在全國政協常委任內,他長期擔任醫藥衛生組組長,不顧年老體弱,行動不便,還積極參政議政,關心全國衛生、教育事業的發展和改革。

可是,他因年老多病,於1991年8月27日進入北京醫院治療,病情惡化,出現心肌梗塞及肺水腫,搶救無效,終於1991年9月23日上午11時40分停止呼吸,走完了他光輝的革命歷程,終年91歲。

柯院長曾任第一屆至第三屆全國人大代表、廣東省科協主席、中華醫學會理事長、全國政協常務委員及民主黨派負責人之一。

柯院長,您安息吧!您在中山醫學院建立起來的教學、醫療、科研三結合的領導體制及教學方針、教研室的工作規範,已代代相傳了。經過3屆院長、校長和全體教師們的共同努力,中山醫學院已發展成為具有相當規模的、建築面積達44萬平方米的、多專業、多層次、多形式辦學的一所醫科大學,您的功績永載入史冊,您培養出來的學生和人才,在國內、在世界各地都扎了根、開花和結果。您永遠活在我們的心中。

1993年7月12日

第二篇　柯麟院長的體育情和校友情

一、鍾情體育的柯麟院長

　　柯麟院長身材魁梧，經常保持神采奕奕、容光煥發的狀態。柯院長是一位體育愛好者、支持者、鼓勵者。青壯年時期他在港、澳、滬等地既積極投身革命事業，又行醫救人。在激烈的革命鬥爭和繁忙的醫務工作中還關心熱愛體育運動。他最喜歡觀看足球比賽。當年香港足球隊在亞洲首屈一指，是亞洲多年冠軍，由香港、上海、廣州球員組成的足球隊，曾代表當時的中國參加十一屆柏林奧運會，僅以零比一輸給世界強隊英國隊。我曾和柯院長請教過「足球經」，他最欣賞的球員是球王中鋒李惠堂和中衛銅頭譚江栢（歌星譚詠麟的父親）。說到李惠堂背向球門，轉身180度角倒地射門無人能擋時，柯院長竟是眉飛色舞、意氣風發，好像仍在現場觀看一樣。

　　1955至1965年期間，柯院長已將3校合併的中山醫整頓好，管理上了軌道，又多一些時間提起足球興趣了。當時，我剛開始從事中山一院運動創傷專科的工作，由於工作關係與省市體委各運動隊，以及冬季到廣州二沙島集訓的國家隊都有密切的聯繫，因此每當有國內外重要的足球比賽，我一定到體委拿幾張主席台貴賓票送給柯院長。他總是開心地到現場觀看。大家都知道當年鄧小平、賀龍、陳毅等國家領導人都是地道的足球迷，印象深刻一次是陳毅外長出訪後經過廣州，剛好有一場國際足球賽，他也出席觀看，而柯院長正好坐在陳毅外長旁邊，那場球賽大家都看得非常入迷。

　　柯院長1951年回到母校工作，建國初期百廢待興，中央就接二連三地提出要關心體育事業的發展，開展「身體好、學習好、工作好」的三好運動。毛主席提出「發展體育運動，增強人民體質」的號召。賀龍元帥出任國家體委主任，開展了勞衛制的運動員考核等級制，社會上也提倡「鍛鍊身體，爭取健康地為祖國工作五十年」等口號，加上1959年建國10週年舉辦第一屆全國運動會，國家體育事業蒸蒸日上，這也是柯院長的心意和愛好。正如《柯麟傳》一

書中寫的：他大力提倡學校的體育運動，組織學生參加體育鍛鍊，經常親自參加學生運動會，勉勵運動員奮勇拚搏，賽出風格，賽出成績。

在柯院長的大力支持下，至1966年文革前，中山醫的體育水準在全省高等院校中是非常出色的，田徑、足球、籃球、乒乓球、體操等都在全省高校各種比賽中名列前茅。例如田徑項目，1958年廣東省體委為準備參加第一屆全國運動會組織了全省優秀運動員在二沙島基地集訓1年，中山醫共有十餘人入選，田徑隊就有6人，僅次於設有體育系的華南師範學院，其中有包括筆者在內的2名國家一級運動員。當時中山醫田徑隊是全省高校冠軍，曾與黑龍江軍區田徑隊進行過對抗賽並獲得勝利，短跑隊還曾以42.6秒的優異成績打破過男子4×100米接力賽的廣東省紀錄，當柯院長知道了此成績也十分高興。

當年中山醫足球隊是廣州市甲級隊，曾取得廣州市甲級足球隊聯賽的亞軍，也曾和專業的廣州市隊比賽過，在占優勢的情況下僅僅輸了1球。柯院長對足球特別重視和關心，有時他會親自到學院足球場大榕樹下觀看我們的比賽。有一次足球隊到暨南大學比賽，暨南大學球隊水準相當，加上有主場絕對優勢，以1比0小勝我們，隊員們很不服氣。當我向柯院長彙報比賽情況和結果時，也有情緒和怨言。但柯院長十分寬容地說：「比賽總有輸贏，以後大家要更好刻苦訓練，只要踢出自己的水平就行了。」當參加廣州市甲級聯賽取得亞軍後，在物質生活極其困難的條件下，柯院長還安排全隊到肇慶七星岩遊覽作為鼓勵。柯院長也很關心廣東足球隊的進步，每年的全國甲級聯賽，省體委領導會請柯院長派筆者做隨隊醫師協助，柯院長滿口答應並囑咐筆者要做好工作；比賽後找我去彙報情況，對比賽的細節他也聽得津津有味。中山醫的籃球隊水準也不錯，學生隊在高校中曾取得冠軍，學生和教工聯隊在廣州市比賽中也常名列前茅。我們曾邀請專業的廣東青年籃球隊來院比賽，雖然他們人高馬大，竟以大比數輸給我們，使體委的有關領導十分不悅。中山醫的女籃在高校比賽中也勝多負少。

在柯院長為首的學院領導下，中山醫的體育水準是均衡發展的，乒乓球曾獲得高校男單冠軍，羽毛球、體操也相當有水準。有一件事值得一提：當時廣東羽毛球隊的梁小牧是首屆新興力量運動會單打冠軍，打敗了包括印尼等國的世界冠軍，在國際上影響很大，但她不幸被懷疑患上慢性肝炎須住院治療。

我向柯院長請示，他毫不猶豫地說：「梁小牧是我們國家的國寶！你將她收進一院的高幹特診病區，給她安排最好的治療。」梁小牧痊癒出院後，我邀請她到學院表演，我們派出了學院男子雙打冠軍應戰，結果兩個大男人輸得一塌糊塗，球賽引起了大家對羽毛球極大的興趣。

柯院長的體育情不只是他對體育的情有獨鍾，更是他真心認為只有身體健康才能好好刻苦學習，將來才能更好地為祖國為人民服務。希望中山醫今後能承繼「發展體育運動，增強人民體質」的精神，相信也是柯院長所希望的。

二、柯麟院長的校友情懷

柯麟院長對分佈在世界各地的和國內的校友都是十分關心和很有感情的。文革後他重返中山醫任領導工作不久，有一次他赴港澳之行，探訪鏡湖醫院和他在港澳的老朋友，會見何善衡、霍英東、馬萬祺等知名人士。期間，我和大人劉端儀，及何慶蘭、劉祖貽夫婦，有幸和柯院長見面，大家商量了如何組織香港校友見面一事。當時香港的校友是沒有校友組織的，而且各校友的背景不同，來港的方式也很不同，一些校友有思想顧慮，我們也不知柯院長是否想見他們。為此我們徵求柯院長的意見，柯院長和顏悅色深情地回答說：「我也正想見見同學們，不論任何人，不論他背景如何，做過什麼事，只要是中山醫畢業的校友，都可以見面。」因此，我們通知所認識的校友並請大家互相通知，很快得到熱烈回應。我們在香港著名的美麗華酒店租了一個大廳，原預計會有七八十人參加，誰料當天很快就彙集了約二百多位校友，包括解放前的老校友和1980年代畢業才來的香港校友，人頭湧湧擠滿了整個大廳。當柯院長進入大廳時，同學們立即全體起立熱烈鼓掌歡迎。柯院長也十分激動，首先聽取了不同年代的代表介紹情況，然後柯院長發表了熱情的講話。記得主要的精神是：「由於眾所周知的原因，同學們來到港澳生活也會有不少困難，祖國都是理解的。人家都是中山醫人，都是醫師，不論到世界什麼地方都可以治病救人，為當地人服務……。現在中山醫發展很快，希望大家不要忘記中山醫，多回母校看看……。」同學們聽了都很興奮，很受鼓勵，也解除了各種顧慮，紛紛祝願老院長健康長壽。次日，筆者夫婦陪同柯院長到各處舊地重遊，先後到了淺水

灣、深水灣、石澳等地。在淺水灣的沙灘麥當勞餐廳，柯院長還高興地吃了漢堡包和蘋果派，回程時執意要到我們住所小休，大概是想瞭解一下校友們的生活狀況，也是柯院長對校友們的關懷吧，使我們十分感動。這次見面後，香港的校友們有了初步的聯繫，由於多數人都是剛到香港不久，事業還沒有站穩腳跟，迅速組織起來有一定困難，但柯院長關懷校友的精神一直留在我們心中。後來，劉永生醫生（1952屆校友，是香港養和醫院的著名外科醫生）親自領導成立了香港中山醫校友會籌備小組，並出錢出力，在診所召開了多次籌備會議，終於聯絡上在港澳和海外七百多位校友，時間跨度由1941屆到1991屆，終於在1992年5月31日，在香港新光大酒樓最大的宴會廳舉行了「中山醫科大學香港校友會成立典禮」，大約有近六百多位同學出席，盛況空前。開創了國內各高等院校成立香港校友會的先河！當晚出席的各界貴賓包括利國偉爵士，各位香港立法會議員和高官，各界知名人士包括霍英東先生、田家炳先生、香港醫學會會長、香港大學、中文大學的醫學院院長等等，香港新華社領導也出席了典禮，表示支持。

劉永生以大會主席的身份發表講話，熱烈歡迎各位嘉賓和全體校友前來參加大會。劉醫生在講話最後問大家，這麼多貴賓和校友親臨參加成立大會，到底是給誰的面子？答道：「榮譽是給中國民主革命的先行者孫中山先生。」此時全體出席者報以熱烈的掌聲表示贊同。在這我認為，對大多數出席參會的貴賓和校友來說，也是給他們尊敬的柯麟老院長的面子。遺憾的是，柯院長不久前已在北京仙逝，否則他一定會親臨現場參加這次盛會的；因為在他心中一直牽掛著港澳和海外的校友們，香港校友會正是在他的建議和感召下籌備成立的。此後，澳門、美國東西岸、加拿大、澳洲、歐洲等地的校友會相繼成立。直到今天，各地校友會仍在不斷成長壯大，可以套用一句話：「凡是有太陽照耀的地方，就有中山醫人在治病救人，為當地人民服務。」

筆者同班同學眼下都已進入耄耋之年，八十多歲了，為人民服務也大都超過60年。但還有不少同學仍每天堅持用2至3小時診治病人，不是為錢，只是懸壺濟世治病救人，盡一份責任和一顆心而已。去年，我們1955屆同學回校紀念畢業60週年歡聚，能出席的已不到三分之一了，有些還是坐輪椅或由兒孫輩攙扶前來，可大家心情依然激動。同窗5年，同學們的青春倩影和音容笑貌依

然歷歷在目。我想如果柯院長還在，他一定可以記憶起我們中不少人的名字，他一定會高興地來會見、歡迎和慰問我們的。而現在現任的學院領導們可能還不知道還有這樣一批他們的老師的老師們仍然想念著母校，仍不遠萬里回到母校緬懷憶舊。請原諒我倚老賣老地提個小意見：希望以後凡是畢業50週年、60週年甚至70週年的同學聚會，各位領導，哪怕只派一位出來見見大家，表示歡迎和慰問，介紹一點學校飛躍發展的狀況，不用講太多話，因為老校友多數都不能聽見或不能理解你的講話了，這也是學習和繼續發揚柯麟老院長的「校友情」吧！老院長泉下有知也會很高興的，容許我把近期國內流行的一首歌〈我是一隻小小小小鳥〉稍微改動一下：「我是一個老老老老校友……，這樣的要求算不算太高了！」

（本文作者：林馨曾，55屆校友，香港註冊執業醫生，
香港校友會創會副理事長）

圖　柯麟院長在香港淺水灣與香港校友會副理事長林馨曾（右）和劉祖貽理事合影（1978）。

第三篇　大業君先啟　宏圖眾繼傳
──紀念新中國培養的康復保健醫學大師 卓大宏教授

2015年5月，卓大宏同學不幸逝世，筆者代表港澳和海外同班同學發出唁電：「大業君先啟　宏圖眾繼傳」，表達沉痛悼念之情。中國現代康復保健事業由卓大宏開啟、啟蒙和奠基，而他所期望和策畫的康復醫學宏圖，包括獲世界衛生組織推廣的社區康復模式，必將由眾後學繼續傳播下去，造福全人類。

一、學貫中西

卓大宏同學1950年9月考入中山大學醫學院，是新中國成立後第一屆大學生。他一年級時就在同學中顯露出卓越的才華，除了繁重的醫學課程外，他還選讀了《幹部必讀十大本》、《論共產黨員的修養》和其後出版的《毛澤東選集》等政治理論書籍。到1955年在中山醫學院畢業時，他已是學院團總支書記和黨委委員，被譽為當時中山醫學院「四大才子」之一。

卓大宏同學畢業分配到附屬第一醫院內科工作，這本是很適合他的崗位，但1956年中央衛生部邀請蘇聯的運動醫學專家在北京開辦為期1年的進修課程，要求各重點醫學院派出能獨當一面、有開拓能力的優秀醫師參加，學院領導經過研究選派了卓大宏。卓大宏在學生時並不熟悉體育運動，但在當時提倡服從組織分配，「黨指到哪裡就打到哪裡」，因此他欣然接受任務，並立即培養自己對體育運動的興趣，開始了他為之奮鬥一生並取得巨大成就的事業。進修班有全國四十多位優秀醫師參加，入學後卓大宏就展現出了業務上和政治上的才華，被選為支部書記，獲得蘇聯專家的極大讚賞和同學們的擁戴，順利地完成了進修任務。有一件鮮為人知的事蹟：卓大宏在短短的進修1年裡，充分利用僅有的星期日不休息，跑遍了北京各大圖書館，用自己在中學時期已學到的國學和古文基礎，撰寫了《中國體育史》和《中國醫療體育史》兩本數萬字的小冊子，震驚了蘇聯專家和全班同學，也奠定了他未來60年的學術研究基礎。

二、創業之路

　　1956年底，卓大宏在附屬第一醫院創辦了「醫療體育與運動創傷專科」，在與筆者5年同窗時，他知道我熱愛體育運動，故將我由婦產科商調過來，負責「運動醫學與運動創傷」工作。從此，我與卓大宏同學共事長達13年，在他的領導下開展醫療體育、運動醫學、運動創傷的醫療和研究工作，發表了十多篇有開創性的論文，並為醫院病患者和廣東省及全國在廣州訓練的專業運動員做醫療服務。當時的這些醫療和研究工作都是走在全國的前列，這是筆者工作最稱心滿意的13年。我視卓大宏既是同學，又是同事，既為益友，又為良師，直到文化大革命的後期，我遺憾地離開了中山醫和我熱愛的事業，其後我們仍然保持著斷斷續續的聯繫。

　　卓大宏學貫中西，知識淵博，專業上和政治上均有巨大成就，但他十分低調謙虛，艱苦創業，踏實工作，從不誇耀自己的工作成就。我和他相識相知60年，我有責任再談一些眾所諸知或少為人知的事蹟，作為對他深切的懷念。

三、揚名國際

　　卓大宏是新中國培養的康復醫學和保健養生醫學的主要奠基人之一，他很早就用現代醫學的知識和方法去研究太極拳、氣功對高血壓、心血管疾病的治療，又與老中醫合作研究中藥的養生保健功效，因此也是康復醫學中西醫結合的開拓者之一。改革開放的1980年，卓大宏作為首批出訪美、加等國的訪問學者，有幸第一次出席參加國際康復醫學會議。當時，西方學者根本不知道新中國也重視康復醫學，卓大宏在學術會議上用一口流利的英語在大會宣讀〈中醫學對康復醫學的貢獻〉，內有中華民族數千年關於導引、太極拳、五禽戲、易筋經、八段錦、氣功、養生功、推拿、針灸等，向各國學者介紹後，引起極大的反響。西方學者和各國醫科學府及研究機構紛紛邀請卓大宏訪問講學交流，這也正是早期在康復、保健、養生醫學國際間的中西醫結合和交流。

　　卓大宏多年鑽研祖國康復、保健、養生醫學的功力厚積而薄發，著作等

身，出版和發表專著9本及論文百餘篇，其中不少是首先在美國、加拿大、日本等國以英文出版發行的；這在改革開放的初期是非常罕見的，這也成就了卓大宏在國際康復醫學界的地位，他一直被聘為世界衛生組織康復諮詢團的成員和合作中心主任。他所創建的「金花街社區康復模式」也得到世界衛生組織的確認和應用推廣。他還主編了中國第一部《中國康復醫學》和國際上第一部殘疾預防學專著《中國殘疾預防學》。卓大宏在國際會議中認識了香港「康復醫學之父」方心讓教授，方教授長期任亞洲和香港康復醫學會會長，還曾擔任過「世界康復醫學會」會長，他對卓大宏十分賞識，並推薦卓大宏出任亞洲康復醫學會副會長。同時，香港理工大學設有香港唯一的康復醫學系，該系也聘請卓大宏為客座教授，定期到學系講課。至於他在國內的眾多職位，包括中國康復醫學會副會長、專家委員會主任、康復醫學雜誌社主編等就不用贅述了。

四、醫教專家

卓大宏又是新中國醫學教育的理論家和實踐者。1950年入學後就一直協助醫學院領導開展政治思想教育工作，他十分尊敬的羅潛教授曾笑著說過：「你們班的卓大宏同學是我的政治老師！」這句話使卓大宏感到十分不安，曾多次在不同場合公開反省，指出當時的政治運動的片面性造成極大的後遺症，自己感到無地自容，這種批評相信是他協助柯麟院長改革醫學教育及後期他直接領導醫學院時能受到師生員工歡迎的基礎。事實上，在柯麟院長醫學教育思想指導下，中山醫經歷了多次政治運動的洗禮，仍堅持正確的辦學方針，保存了元氣，推動和發展為國內外有一定影響力的醫學院校。在這過程中，卓大宏起到了一定的作用。據知，柯麟院長多年來發表的醫學教育理論、講話和文章，有不少是卓大宏作為祕書根據柯院長的指示草擬和定稿的。

卓大宏的優秀品質還表現在他一生「淡泊名利」、「不向上爬」的事實上，改革開放後，上級組織部門根據卓大宏的能力和表現曾選拔他到省部級單位做行政領導工作，他都堅持一定不能離開業務工作，以將康復醫學事業推向更高水準的理由，得到上級組織部門領導的理解和支持，故一直留在學校工作，為康復醫學事業貢獻了畢生精力。

五、六國外語

　　卓大宏能在國內外取得學術上的極大成就和他的外文水準很高有直接關係，據筆者所知，卓大宏至少通曉6種外語，其中以英語最為精通。在改革開放初期就能用流利的英文寫作專著和論文，能在美國、加拿大等國講學和多次主持國際會議。更早在1960年代初，卓大宏已預見到英語作為主要的國際語言必須掌握，他就聯繫醫學院各科的研究生，主動提出為他們補習英語；為此，他還編寫了英語講義，他選取了世界著名的英國教科書《西塞爾內科學》中比較複雜的例句，通過文法圖解去分析，使這批研究生受益匪淺；其後，他更將其中100例句精華編輯成書。他知道筆者認識中山大學外文系的鍾教授（美國耶魯大學博士），囑我將文稿送請教授指正修改。不久，鍾教授送回原稿，說：「英文文法方面沒有問題，但我不懂醫學，提不出其他意見。」後來有出版社同意出版，可惜不久隨著文化大革命開始，此書也就束之高閣了。

　　解放初期，中大醫學院是學習德文的，當時以俄為師，又熱衷學習俄文。由於他精通英語，且醫學術語多源於拉丁文，故卓大宏也基本通曉了德文和俄文。日文裡則漢字多，只要認識了日文中的「片假名」，掌握日文對他也不是難事。至於法文和西班牙文則有兩個小故事：1968年在北京召開全國第八屆外科學術會議，首次邀請外國學者參加，筆者一篇論文〈足球運動員的踝關節初步研究〉有幸入選，大會規定需要英、法兩種文字的論文摘要，卓大宏替我撰寫了英文摘要，法文摘要他也寫了出來，但沒有十足把握。因為我和林劍鵬教授（法屬毛里求斯歸僑）很熟，林教授懂法語，他囑我送請林教授修改。林教授看了之後只是修改了幾處「字尾」就通過了。至於西班牙文更是令我驚訝：當時我科有一位哥倫比亞僑眷，她需要申請出國，從哥倫比亞回信寫的是西班牙文，她問我怎麼辦；我又想到卓大宏，將信交給他。待人友善的他很快就將信的內容翻譯出來，並替她填寫了相關表格，完成了任務。

　　卓大宏是一位學習上艱苦奮鬥、生活上勤儉節約的典型學者，但他最慷慨的是「買書」。我知道他家中大量藏書中多種外語詞典是他的至愛，他的著作中就有他主編的《康復醫學詞典》，可見證他苦學外語的巨大成果。

六、詩人、作家

卓大宏天資聰穎，才華橫溢，除了醫學成就外，還熱愛文學藝術。他出版了《卓大宏詩詞選》，選入詩詞167首，反映了他的人生軌跡和心路歷程，廣東作家協會副主席、老詩人李士非先生為之作序。他首選出題為〈月夜〉的小詩：「那夏夜的天空；那皎潔的月色；你聽；萬籟俱寂。」指出近70年前，年僅10歲的小學生卓大宏所作的小詩已充分顯示了詩人的素質，實在令人驚喜。李先生提到在文革期間下放到五七幹校時，卓大宏在題為〈無題〉的詩中有：「壯驥伏櫪志萬里，風物長宜看千秋。」這兩句詩道出了在極為困難時期卓大宏仍志在萬里，對前途十分樂觀。李士非先生又選了一首改革開放後卓大宏重上醫學研究和黨政領導崗位時寫的〈泰山三首之一〉：

迅步南天上極峰，
一氣呵成意尚雄。
我信餘勇尤可鼓，
敢凌絕頂會長風。

此詩真乃意氣風發，鼓舞人心也。

筆者也很欣賞卓大宏的詩詞，故不惜篇幅，再引與同班同學有關的一首詩如下：詩名〈再少年〉，1993年10月8至12日，中山醫學院1955屆校友在澳門舉行校友團聚日。這是文革後同班同學第一次盛大的團聚，來自內地各省（遠至新疆等地）和港澳、歐洲、美洲、澳洲的老伺學歡聚一堂，懷舊、感慨、欣慰，使所有人都經歷了一次情感思緒的時光倒流，似乎又回到了學生時代，不知老之將至：

尚有豪情在，何妨再少年；
人生多彩路，瀟灑弄晴天；
狂笑呼綽號，放歌懷舊篇；

　　情暖濠江水，映照夕陽妍。

　　1年後筆者重讀卓詩，感慨萬千，乃步原韻和詩一首，筆者和詩題為〈憶學友歡聚〉：

　　　　學友情永在，綿綿千百年；
　　　　豔陽風雨路，永向神州天。
　　　　國內多專著，海外有名篇；
　　　　滔滔珠江水，灌澆花更妍。

　　卓大宏中學就讀廣雅中學，有一天筆者在香港《大公報》讀到一篇談廣雅中學校內百餘年來眾多歷史題詞和楹聯的文章，就剪輯寄給他欣賞。不久，卓大宏就寄來一本書，正是他憶述和分析廣雅中學眾多歷史題詞和楹聯的著作，令筆者欽佩不已。正如李士非先生在《卓大宏詩詞選》代序中所言：「他如果學文，早就成了有影響的人。他選擇了學醫，成為享譽滿杏林的康復醫學專家，我看這比做一個專業詩人更有價值。」筆者亦有同感，卓大宏說：「詩言志，詩也言情。」有志有情正是卓大宏一生的寫照。卓大宏留下了大量的題詞和對聯，他還是《柯麟傳》的主要作者之一，這就不用我來介紹了。

七、實現康復醫學的中國夢

　　筆者試將醫學分為三大部分：首先是「治療醫學」，占75%以上，至今仍是主流，還在不斷發展；其次是「預防醫學」，約占20%，已經進入「分子醫學」（包括DNA）時代，亦在不斷取得成就；第三是「康復、保健醫學」，目前仍未得到更多的重視，所占比例可能不到5%。今後，隨著人類壽命不斷延長，老年退化、心腦血管和腫瘤疾病引起的後遺症不斷增加，還有天災、人禍、戰爭、地震、海嘯及交通意外等引發的傷殘人士更是無法控制，單是中國就有數以千萬計，還以年10萬計的數字在不斷增加，因此對康復保健醫學的需求將不斷擴大，卓大宏所終生為之奮鬥的康復保健醫學事業必將得到更加重視

和更大的發展。

今年是中山醫學院創建150週年。中山醫有著輝煌的歷史，為中華民族的醫療衛生事業做出過重大的貢獻，培養了大批高級醫學衛生人才。我們經常懷著尊敬的心情懷念卓越的醫學教育專家柯麟院長和八大醫學領域裡的大師，我們同樣懷念培育我們的所有老師和教職工人員，他們都是值得我們永遠紀念的。但是，不能不遺憾地指出：早年這批醫學大師和專家學者大都是20世紀初在英、美、德、日等國外醫學院校培養出來的，他們將西方的先進醫學觀念帶回國內並發揚光大，傳播全國，成為醫學領域各學科的開拓者和奠基人。

中山醫成立150週年了，新中國成立也67年了，今天我們不能仍然停留在先行者的榮譽和功勞上。習近平總書記提出的「中國夢」必然也包括了醫學衛生事業飛躍發展的美夢在內，要實現夢想首先就要發掘，推出更多新中國培養的醫學大師和其他所有學科的大師、專家和一流的學者，為中華民族和全人類做出更大的貢獻！

我不知道應該如何定位卓大宏教授，但是他確實是新中國自己培養的康復醫學、保健醫學、養生醫學、中西醫結合的大師級學者，他又是醫學教育的理論家和實踐者，他同時還是有志有情的愛國者、詩人和作家。清華大學的老校長梅貽琦先生說過：「所謂大學者，非謂有大樓之謂也，有大師之謂也。」我衷心希望和祝願有150年歷史的母校中山大學及醫學部今後能不斷培養出更多的如卓大宏教授有國際影響力的大師級學者、專家、教授，為實現習近平總書記提出的偉大「中國夢」添新彩。

（本文作者：林馨曾，55屆校友，香港校友會創會副會長）

圖　卓大宏教授參加畢業38週年在澳門舉行的班會聯歡，代表中山醫接受舒儀經教授贈書儀式，中為作者。

第四篇　國際知名的細胞病理學家──舒儀經教授

　　今年1月，我在歐遊期間抽空前往瑞士聖加倫州（St. Gallen）探訪了同班同學舒儀經教授，他現任瑞士癌症協會聖州細胞病理研究室和細胞病理培訓中心的主任教授。在那外表並不華麗的四層樓房裡，舒儀經踏實而艱苦地奮鬥了超過10年，在他的領導下，來自世界各國的十多位細胞病理學家共同努力，每天檢查由瑞士各地及歐洲一些國家送來的標本和切片，分析報告，綜合研究，解決複雜的臨床病理診斷，取得了豐碩的研究成果，出版了不少論文和專著，並為各國培養了一批批細胞病理學家，也包括了多位由中國大陸輪流送來培養的青年專家在內。10年孤身奮鬥（舒儀經教授的夫人石木蘭醫師也是我們的校友，現任北京中國醫學科學院日壇醫院放射學教授；一子一女則在美國工作和學習），舒儀經教授取得瑞士一級教授資格並成為國際知名的細胞病理學家。

　　1992年，由舒儀經教授和F. A. IKIE醫生主編，由世界各國專家參與編寫的《子宮內膜細胞病理學》一書由美國McGrand Hill圖書公司和中國人民衛生出版社聯合出版了，這是世界上第一部應用細胞結構（Architecture）和單個細胞形態變化作為診斷標準的英文版子宮內膜的細胞病理學專著。世界病理學界數一數二的權威學者、美國華盛頓大學醫學中心病理學主任教授Steven G. Silverberg M. D.特別為文推薦，對舒儀經教授的學術成就推崇備至（見英文稿）。

　　未計參與編寫的眾多論文、著作及過去在國內出版的專著在內，1979年後舒儀經教授在美國及瑞士已出版了6部專著，包括《早期子宮頸癌》（1979）、《惡性腫瘤細胞病理學》（1980）、《食道細胞病理學》（1984）、《子宮頸癌彩色細胞學圖譜》（1986，5國文字）、《乳腺癌細胞病理學》（1988，6國文字），和前述的《子宮內膜細胞病理學》（1992英文版）。總的來說，舒儀經教授在病理學方面，尤其是在婦科病理學和細胞病理學方面有高深的造詣，在細胞病理學方面有30年以上的工作經驗和豐碩的研究成果，學術水準居該領域世界領先水準，是國際上有影響的學者。

　　舒儀經校友1955年畢業於廣州中山醫學院後分配到天津鐵路局唐山醫院任

婦產科醫師，1958年後到天津市第一中心醫院婦產科醫院進修婦科病理學，1961至1962年曾回母校中山醫學院進修普通病理學，隨後在北京鐵道醫學院任病理學助教，1966至1971年間調任福建華僑大學醫學院病理教研組組長，1972年後再調北京中國醫學科學院細胞病理組任主治醫師、助理研究員、副主任。

　　開放改革之風吹起後，舒儀經教授於1979年前往美國，先後在丹佛（Denver）克羅拉多（Colorado）大學醫學院任客座教授及紐約愛因斯坦醫學院任講座教授，1984年至今在瑞士聖加倫州（St. Gallen）任瑞士癌症協會聖州細胞病理研究室和細胞病理培訓中心主任教授。

　　1980年起，舒儀經教授是「國際癌症診斷學會」及「國際細胞病理學會」會員，1988年被選為中國全國細胞學會副主席。在美國期間曾在17個州或醫學院做學術報告，1983至1992年間在第八屆（1983，加拿大）、第九屆（1986，比利時）、第十屆（1988，阿根庭）、第十一屆（1992，澳大利亞）的世界細胞病理學會每3年一次的學術會議上做大會演講（Special Lecture and Congress Lectures）。此外，還曾應邀在世界11個國家和地區做過學術演講。由母校畢業後經過38年艱苦努力，特別是近15年來在國外孤身奮鬥，成為國際知名的有影響的學者，其中所付出的，恐怕不是一般醫師所能感受的。謹祝舒儀經教授取得更大的成就，為母校及中國人民爭光。

ABOUT THE AUTHOR

* Cytopathology of the Endometrium is Professor Shu's sixth book. his publications are as follows:
* Early Carcinoma of Uterine Cervix. 1979
* The Cytopathology of Malignant Twmors 1980.
* The Cytopathology of Oesophageal Carcinoma. 1984
  Adopted by Dr. Koss, that is a significant contribution to a disease prevalent in China, published in New York by Masson publishing USA, Inc.
* Color Atlas Uterine Cancer Cytology. 1986
* The Cytopathology of Breast Cancer. 1988

Drs. Spieler, Gloor and Iklé who give balance to this important field of approach.

While Dr. Shu has a number of monographs and publication in this field, his previous experience as clinical gynecologist and gynecological pathologist at the beginning of his medical career then as a general histopathologist and teacher at a medical university for 14 years, have given him a broad based background, while his specialization in cytopathology over twenty years has made him a leading figure in this field. He was Deputy Head of the Cytopathology Department in the National Cancer Institue of China Academy of Medical Sciences and Vice President of the Chinese Society of Clinical Cytology.

He is a former Visiting Professor of the Pathological Department, School of Medicine. University of colorado Health Sciences Centre, USA, where I first met him in 1980, as a colleague and good friend. Then he went to New York, being former Visiting Professor, Department of Pathology, Albert Einstein College of Medicine, Montefiore Hospital and Medical Center, New York, USA working with Dr. L. G. Koss, and subsequently in the Department of pathology, Medical School, University of Minnesota. Minneapolis, USA Dr. Shu has been a frequent guest speaker in many hospitals and has presented special lectures or congress lectures in the international congresses in China, USA, Canada, France, Hong Kong, Germany, Spain, Belgium, Switzerland, Argentina and Russia.

At present he is Director and Professor, cytopathologist, Cytological Labor, in Kanton Hospital, Gallen Switzerland.

STEVEN G. SILVERBERG, M.D.

Professor of Pathology

Director Anatomic Pathology

The George Washington University Medical Center

Washington, D.C.

第五篇　戰鬥的一生，奉獻的一生
沉痛悼念劉祖貽醫生

吳漢林、林馨曾

　　香港校友會永遠榮譽會長劉祖貽醫師，於1996年2月29日，因患前列腺癌不幸逝世，享年62歲。劉醫師遽然英年早逝的噩耗傳來，校友們無不深感哀痛，無限惋惜，唯有哭問蒼天喚奈何了！

　　劉醫師於1934年出生於東莞名門望族，在香港聖類斯小學及廣州培英中學畢業後，以優秀成績考入北京醫學院，1956年畢業。懷著滿腔愛國熱忱和崇高的理想，與新婚夫人何慶蘭醫師（何善衡先生之千金），不畏艱辛，攜手一起，去到當時頗為落後、條件惡劣的內蒙古工作，為建立當地的醫療衛生事業，艱苦奮鬥了整整6年。

　　1962年，劉祖貽醫師一家調回廣州中山醫學院，擔任兒科的醫療、教學和科研工作。他把青春獻給了祖國，為她服務了將近20個寒暑；於1975年重回香港後，由於他天資聰穎，勤奮好學，在短短的3年內，先後考取了美國醫學會海外醫師試（ECFMG試）及香港醫務委員會執照試（LMCHK試）。1979年開始執業懸壺濟世。

　　在行醫40年中，人們從劉醫師的工作中，充分體會了「醫者父母心」的醫德和愛心，他對病人非常細心、耐心和關心，有極大的責任感，無論男女老幼、貧賤富貴，他都一視同仁。他處處為病人著想，以優良的醫術、合理的收費，悉心為病人服務，其仁心仁術，確實令人敬佩。

　　劉醫師畢業於北京醫學院，成長於南方有東南亞醫界明星之稱的中山醫學院，所以他對他視為母校之一的中山醫學院的發展和建設，極為關心並做出了重大的貢獻。在他「穿針引線，搭橋鋪路」的協助下，母校的校友會堂，附屬第一醫院「新住院大樓」、母校的「何母劉太夫人中心實驗大樓」等，皆由何善衡慈善基金捐資興建，與劉醫師有關，其功不可沒。母校成立的柯麟醫學教育基金，劉祖貽醫師伉儷亦慷慨捐獻3萬元，表現了他們樂善好施造福社會的

精神。

　　德望重杏林，共仰清高尊大雅。
　　英魂歸天家，空從議席憶耆賢。

　　這是香港校友會，追悼劉祖貽醫師的挽聯，表達了我們對這位戰鬥一生、奉獻自己一生的傑出校友的尊崇和懷念。

　　劉醫師樂觀開朗的性格，歡笑的面容，尊師愛校的美德，熱愛祖國的情操，處處為病人著想的醫德，將永遠存留在我們的心中。

　　劉醫師！請安息吧！

　　劉祖貽醫師於1996年2月29日，主懷安息。校友會理事長吳漢林、永遠榮譽會長黃焯輝、李紀欣及理事關鴻儒於3月7日晚前往香港殯儀館弔唁。翌日3月8日舉行追悼會，由林馨曾醫師致悼詞，概述劉醫師一生，並對其優點及貢獻，做了高度的評價。劉永生醫生與林馨曾醫生參與扶靈，執紼者有數百人，親友一致哀悼，挽情隆重，備極哀榮。

第六篇　天意崇厚誼，人間重晚晴
──記55屆乙班畢業40週年聚會

卓大宏、黃可琦

「別來風雨四十年，相逢笑看夕陽天。」這是55屆乙班66名同學在畢業40年後重回母校聚首時普遍的感觸。40載風雲叱咤，母校人才輩出，個人成家立業，祖國繁榮富強。學友們分佈遠至天山之麓、南海之濱，甚至中歐、北美、南亞、東澳。帶著40年不尋常的經歷，披著跨州越海的風塵，來到久別的母校跟前，輕輕地說一聲：「我們回來了！」

一、故地重遊，校園尋夢

母校，曾是我們求學的落腳點和事業的出發點。40年後歸來，我們仍把母校作為這次聚會的落腳點和出發點。1995年10月14日，從四面八方回歸的校友們首先在學校大門集中，瞻仰中山先生青年時代學醫紀念銅像，眺望我們曾在那裡臨床見習過的舊醫院大樓（現為學校辦公大樓），然後沿著校道尋根尋夢。在圖書館後面的西北方，學友們驚喜地發現我們曾住過兩三年的紅樓宿舍已經不見蹤影，代之而起的是一座高聳入雲、外襯乳白色磁磚、華麗壯觀的教學實驗大樓（由香港何善衡先生捐資2,200萬港元興建），大家都為母校的不斷發展和進步感到高興。再朝球場西面望去，我們也曾住過的第一宿舍赫然在目，觸景生情，許多同學不禁在往事的回憶中匆匆拾起一個個青年時代的美夢，不知是誰叫了一聲：「林××，當年你不就是在那宿舍旁的小道上等著劉××人約黃昏後嗎？」這番話引起全場大笑。說實話，類似的夢想和期待，那時候又何止林、劉二位同學才有呢？

轉了一圈，到了圖書館，前面的大路、草坪還是那麼寬廣，寧靜。記得圖書館二樓大廳，曾是我們上基礎課的課堂，圖書館的藏書給我們增添了多少知識！飲水思源，學友們對圖書館自然多了一份感情，許多人三三兩兩在館前合

影留念，以後每看到圖書館的照片，就會感到好像又回到了母校學術的殿堂，沐浴著母校勤奮求實的學風。

二、松園秋夜，同窗敘舊

在母校觀光完畢，我們出發去市郊太和的松園賓館，這是班長梁秀齡、楊守玉、徐壽仁的精心策畫，為年過花甲的學友們在白雲山麓提供一個幽靜、秀麗的環境，好好暢敘同窗之情。

秋夜，松園大廳佈置一新，學友們連同十多個「班媳婦」、「班姑爺」共82人歡敘一堂。首先是抽獎亮相，海外及港澳同學準備了各式各樣的精美禮品，人人有份，但要輪流上台亮相抽籤。有幾位特別引人注目，鄧碧珍（來自美國的舊金山）、羅柱流（來自上海青浦），一別多年，風采依舊，大家熱烈歡迎他們第一次參加班會聚會；舒儀經（來自瑞士），及林英保、王佩媛夫婦（來自泰國），繼前年澳門歡敘後，今年又不遠萬里，再度回歸；老班長司徒銘仍舊滿面春風，他對班會和學友的熱情、對生活的熱愛（加上同學們的祝福），正幫助他戰勝疾病。學友們特別歡迎名譽班長，劉祖貽、何慶蘭伉儷支持和參加我班這次聚會。

晚會由「金牌司儀」林馨曾主持，他風趣地引導著大家一步一步地走上懷舊敘舊之路。首先是「背書」，要大家背誦大學第一課上生物學時教授講的第一句話；這事不難，當年黃綺文教授講課的音容在學友們的記憶裡仍栩栩如生。於是，大家就模仿著這位已故的外貌嚴肅的留法女教授的語調，緩慢地、一本正經地用廣州話齊聲背誦：「世界上的物質，分為三大類，動物、植物、礦物。」唸完後全場哈哈大笑，這一下子又回到學生時代了。

接著，幾個女同學唱起了〈紅莓花兒開〉、〈喀秋莎〉、〈小路〉等蘇聯歌曲，這熟悉的歌聲再一次把我們帶回1950年代初期的文化氣氛中，使人回味起當年的生活和友誼。鄭國柱經過精心準備，用俄語高歌一首〈蘇中友好之歌〉，博得了全場掌聲。

晚會的節目逐漸從「懷舊」轉移到「惜今」。卓大宏向校友們介紹了學校建設和發展的近況，還給大家帶來了我班的一個喜訊：「梁秀齡在全省榮獲

1995年南粵傑出教師獎，獎金3萬元。」當場引起了一番喝采和轟動。又有人評論說：我班學友已年過六旬，但許多人仍身心舒泰，身體健康，保持了對生活和工作的樂趣，祕訣之一就是要開朗達觀，經常運動，唱歌跳舞有助於健康長壽，君不見：

鄧碧珍彷彿青春常駐，活力過人；原來她診療之餘，堅持學歌、練歌、唱歌，幾十年不輟，還經常開家庭音樂會，甚至自己錄了一盒音樂磁帶，我們名之為《鄧碧珍女高音獨唱集》。今夜她為同學們演唱了〈康定情歌〉、〈血染的風采〉，歌聲繞樑，情意感人。

張天錫、周素芳已經兒孫滿膝，但精神矍鑠，原來是跳舞高手。幾十年來，這對夫婦業餘積極學舞、練舞、跳舞，練就一身舞技，倫巴、探戈、華爾滋，無所不能，無所不精。今夜應邀表演，優美的舞姿，巧妙的配合，自得的神態，令人大飽眼福，嘆為觀止！大家更羨慕這對夫婦以舞為趣，以舞為伴，舞蹈給他（她）倆的愛情、生活和健康添加了潤滑劑和強化劑。

晚會高潮之間，穿插有交誼舞和茶話談心，使學友們能廣泛地通過多種方式重溫友誼，暢敘舊情。

三、老夫聊發少年狂

澳門聚會時，卓大宏曾有詩句說：「尚有豪氣在，何妨再少年。」兩年後今天再次歡敘，我們這班不知老的校友又顯少年狂態了，真如蘇東坡所說的：「老夫聊發少年狂。」

狂態之一：幼兒龍舞。晚會結束前，突然響起了的士高樂聲，在「火車頭」林馨曾帶領下，全場男女一個接一個，用雙手搭肩的方式，迅速組成一條人龍，隨著音樂明快的節奏，這條長龍在迅速移動，不斷繞圈、高聲呼叫，發展到最後，簡直是狂笑狂舞了。論年齡，這是一條「老龍」，幼稚園小朋友手搭肩排的龍不正是這種龍嗎？真的，在場各位全部「返老還童」，忘記了自己早已為人父輩和為人祖輩了。

狂態之二：「時裝」表演，敘會的第二天午餐前，各人發了一件休閒運動服（似夾克式風衣），設計大方，而且印有「中山醫科大學（1955~1995）」

的字樣,是由名譽班長劉祖貽特意為這次40週年聚會準備的,可以說是「班服」了。發放完畢,班長當場點了幾位男士穿起這「班服」做時裝表演,那幾名老漢權充少年模特,也在餐廳裡的catwalk上操著「模特步」,扭著「模特腰」,表演一番,哄堂大笑。這是發狂,不做「肉麻當有趣」而論。

四、白雲珠海寄深情

聚會的第二天,驅車上白雲山頂暢遊鳴春谷。登高望遠,但見雲山蒼蒼,珠海茫茫,大家想起了〈班歌〉最後一段詞:「雲山高,珠水長,友誼總常青,天長地久江月朗,永志同窗情。」是的,我們的友誼是長存的,在聚會將結束,大家快要分別時,校友們都互道珍重,後會有期!

同時,在這次聚會歡慶之餘,我們健在的學友們也帶著十分遺憾的心情,想到了我班有15位同學在過去40年間,已先後不幸離開人世,英年早逝,令人痛惜。他們不能活到今天與我們共慶這有意義的日子,多麼可惜呵!然而,我們不會忘記他們。這15位已故去的同學是:張迺昌、區慶祺、蕭頌恩、劉錦棠、葉紹梅、劉玉清、丘健儀、曾文達、潘榮東、成貴聰、劉定漢、陳勉其、賴建威、劉文楷、張振雄。願他們安息。

天意崇厚誼,人間重晚晴。歲月的巨輪不斷向前飛駛,學友們都決心跟隨時代的列車前進,大家相期在畢業45週年時,再回母校大慶。

> 歲月的驛站
> 還記得那首古老的外國歌曲嗎?
> Darling I'm going old
> Silver threads among the gold
> 當年也曾風華正茂
> 怎敵那流年似水
> 轉瞬便灰褪唇紅,烏絲難留
> 但是
> 鬢髮斑白終不悔

為了救死扶傷
那燦爛的青春和畢生的愛心已經奉獻
如今
在友情的滋潤下
共用歲月悠悠

第七篇　人生多彩路，瀟灑弄晚晴
──記中山醫科大學55屆（乙）班慶祝畢業 40週年盛況

楊以桃（胡廷溢同學夫人）

一、閃光晚年

　　40年，在歷史的長河中只是短短的一瞬間；40年，對於一個人的一生來說卻是舉足輕重、彌足珍貴的。一個人的一生中能有幾個40年呢？難怪在經歷了人生風風雨雨洗禮後的莘莘學子們，儘管兩鬢染霜，已是為人祖輩的人了，還不辭辛勞，乘飛機、搭火車、坐輪船紛紛從全國各地以及海外（美國、瑞士、泰國、港澳）興致勃勃地匯集到中山醫科大學校門前。他們是誰呢？原來是55屆（乙）班的同學回母校來參加畢業40週年慶祝活動的。

　　一見面，個個歡欣雀躍，擁抱歡笑，嘰嘰喳喳地說個不停，笑個不止。昔日少年郎，今日白頭翁，乍一見面還真認不出來了哩，只有叫起綽號：「你是金牙仔？」「你是八師妹？」才使大家回憶起來，彷彿又回到了學生時代。

二、共賞杏林春

　　這些新中國培養出來的醫科大學生，過去由於各種政治運動的干擾，自顧不暇，「老死不相往來」；改革開放後，政治環境寬鬆了，同學們都有強烈的想與同窗溝通的願望。

　　熱心的梁秀齡和楊守玉，真誠的徐壽仁、林馨曾、司徒銘，被同學們推舉出來分別擔任「國內班長」和「國際班長」。他們不負眾望，盡心盡力，個個認真負責。自1978年起共開展了7次大型活動，每次都有七八十人參加，為同學們共敘友情、切磋醫術、娛樂心身創造了良好的條件。

　　這幾位班長都是身負重任的教授和醫師，本身工作就十分繁忙，但為了讓

同學們歡聚一堂，共敘別後情，共賞杏林春，他們出謀畫策，出力出錢，全力以赴。為了使同學們的澳門之行夢想成真，徐壽仁多次往返澳門與廣州之間；梁秀齡和楊守玉自己忙不過來，還動員自己的親屬來幫忙。為此，同學們都非常感激他們。

特別是「1993」的澳門歡聚更是令人難忘。由於徐壽仁班長的熱心操辦，澳門同學個個盡地主之誼，使這次團聚的氣氛熱烈、濃郁、充滿青春活力。卓大宏的〈學友歡敘〉詩對這次聚會做了真實的描繪和熱烈的讚揚：

> 尚有豪情在，何妨再少年。
> 人生多彩路，瀟灑弄晴天。
> 狂笑呼綽號，放歌懷舊篇。
> 情暖濠江水，影照夕陽妍。

來到母校，勾起多少甜蜜的回憶，昔日的學生仔，今日的老醫師，都有還我少年的願望，一個個都想重遊校園，重溫舊夢。在老同學──現任中山醫科大學黨委書記兼副校長卓大宏的帶領下，八十餘個同學從校門口款款走進校園，大家指指點點，興高采烈，尋找過去的實驗室、自己住過的宿舍、就餐的飯堂……。「不見了，不見了，舊樓變成了新樓，平房建成了高樓！」他們望著即將竣工的19層高的何母劉太夫人實驗大樓感慨萬分。真是：40個春秋彈指間，舊貌變新顏。看見母校日新月異的變化，同學們感到歡欣鼓舞。

三、青春多絢麗

在交談中，同學們透過記憶的螢幕，讓歲月的流水潺潺流過：想起來了，想起來了，我們是同坐一列北上的火車走的。一路上，你下，我下，他下，像種子一樣撒遍大江上下、長城內外，最遠的到了新疆……

1955年，正值社會主義建設高潮，黨號召醫科大學生要服從組織分配，到祖國最需要的地方去，救死扶傷，做人民的白衣戰士。同學們一個個慷慨激昂、摩拳擦掌，熱烈響應黨的號召：好兒女志在四方。

　　嬌嬌女王業紅，不憑藉父親的社會地位要求留在大城市，服從分配到了邊遠的新疆；獨生子胡廷溢，不考慮寡母體弱多病需要照顧，毅然決然地揹起行裝，到了江西；黃可琦、黃少賢的青春汗水灑在盤古山鎢礦的黑色土壤裡，獲得了礦工的愛戴和擁護；羅柱流分在上海郊區紅十字會，不認為「屈才」，一幹就是40年。人民培養的大學生回到人民中間去，大家以此為榮，心裡坦然。

　　如今，40年過去了，同學們歷盡了溝溝坎坎，他們中有的當過右派、反動學術權威，被批鬥過、勞改過；有的下放過，當過赤腳醫師。苦難的生活沒有壓垮他們，卻鍛鍊了他們，使他們變得更堅強、更豪爽。他們不改初衷，兢兢業業、奮發努力。他們在各自的工作崗位上做出了出色的成績，享譽四方，成為人民交口稱讚的好醫師。

　　他們用智慧和汗水譜寫了一曲旋律優美的青春之歌，他們的青春是絢麗的、燦爛的。

　　與同學久久失去聯繫的舒儀經，現在是瑞士癌症協會聖州細胞病理研究室和細胞病理培訓中心的主任教授。從1971年至今已先後出版了4本專著；1992年主編的《子宮內膜細胞病理學》，為世界上第一本應用細胞結構和單個細胞形態作為診斷標準的英文版。

　　40年如一日，既抓科研，又抓教學和醫療的梁秀齡，在神經科學領域中有突出的建樹，今年被授予「南粵傑出教師」的光榮稱號。

　　像舒儀經、梁秀齡這樣默默耕耘、辛勤勞作的同學不少，他們不僅做好工作，還著書立說，將自己幾十年的醫療經驗總結成文，流傳後世。

　　為表彰同學們幾十年的辛勤勞作，班長林馨曾按原韻奉和卓大宏的〈學友歡敘〉一詩中唱道：

　　　　學友情永在，綿綿千百年。
　　　　豔陽風雨路，永向神州天。
　　　　國內多專著，海外有名篇。
　　　　滔滔珠江水，灌澆花更妍。

四、晚霞尚滿天

　　歡聚使時光倒流了40年。別看這些老醫師、老教授，平時在醫院裡、講台上、研究所內、辦公桌旁表現得多麼嚴肅，多麼莊重，現在置身於同學中，個個恢復了學生時代的稚氣、淘氣，那神態、那動作不亞當年，甚於當年。在車上，一個個迫不及待地唱著〈紅梅花兒開〉、〈小路〉、〈歌唱祖國〉……。歌聲嘹亮，此起彼伏，彷彿賽歌似的。如果孫輩見了，一定會詫異地說：「今天爺爺奶奶怎麼了？怎麼變得像我們一樣了？」在飯廳，大家又急於互訴家常、切磋醫術，嘰嘰喳喳有說不完的話，急得有要事交代的班長重申「三大紀律，八項注意」。儘管如此，還是有人「破壞紀律」。真沒辦法，因為大家太興奮了！

　　在白雲山上松園賓館的卡拉OK廳裡，狂歡的氣氛達到了頂峰。昔日的文娛委員，如今飲譽美國加州的鄧碧珍醫師一展歌喉，飽含深情的〈康定情歌〉，將大家帶入1950年代同窗共讀的情境，使大家心中充滿了溫馨和歡樂；特別是她唱的〈血染的風采〉，聲情並茂，唱出了海外遊子眷戀祖國、歌頌子弟兵的心聲。張天錫、周素芳夫婦的交誼舞表演得十分精彩，他們跳倫巴、探戈、華爾茲，步步到位，準確、瀟灑、優美，接連幾十次的旋轉，那挺拔的身軀，那飄逸的長裙，在幽暗的燈光下，人們怎麼也看不出這是一對60開外的老人，還以為是二三十歲的青年哩。

　　幽默詼諧的「金牌主持」林馨曾為了同學們玩得開心，曾用一兩個星期苦苦思索，精心策畫。他宣佈到會的女同學和班「媳婦」合唱一支〈卡秋莎〉，頓時像炒爆豆一樣，劈劈啪啪，此起彼伏，就連作曲家彭家榥上台指揮，都無法使她們「眾口一聲」。他笑說，這是世界上最多聲部的大合唱！

　　獻藝、獻醜在同學中間無所謂，只要博得大家一笑，做回小丑也「榮耀」。

　　被人稱為「衝出亞洲，打入世界」的康復醫學專家卓大宏為這次盛會作的一首詩，抒發了同學們此時此刻的心情，也展望了這一群老少年的未來：

別來風雨四十年，
相逢喜看夕陽天。
身健豈愁雙鬢白，
自有洪福壽綿延。

　　是的，這些生於苦難的舊中國，歷經抗日烽火、解放戰爭洗禮，以及歷次政治運動磨難的老人們，現在欣逢盛世，過上舒心的日子，做自己想做的事。有的繼續服務大眾，治病救人，盡一個白衣戰士的職責；有的退休後居於「陋室」著書立說，譜寫杏林新篇，好不樂哉！

　　啊，可敬的老人！讓我衷心地祝福你們這些為人民健康做出了貢獻的老人健康長壽，享受晚霞的歡樂和幸福。

圖　金牌主持林馨曾正在導演一齣喜劇

第八篇　暢遊地中海、愛琴海
——1955屆乙班同學歡慶畢業45週年

一、冠蓋雲集「皇家公主號」

　　世紀新開，55屆乙班同學迎來畢業45週年，2000年5月11日，定居港澳、海外的同學紛紛飛往葡萄牙首都里斯本，準備登上豪華郵輪「皇家公主號」暢遊地中海、愛琴海和北岸9個著名城市。美國的張天錫、周素芳夫婦是這次旅遊的組織者；加拿大的何道安夫婦、溫晶昌夫人、董美然醫師和澳洲的楊守玉、林乃城伉儷不遠萬里飛來了；瑞士的舒儀經只飛了一個多小時就到了；港澳的同學陳璧昌和符名潮與林芝蓮、金家增與楊寶英、林馨曾與劉端儀夫婦也同機到達；不少同學們的親友也參加了這次旅遊，總數共35人，真是「冠蓋雲集，盛況空前」。

　　5月12日，我們組織了里斯本觀光遊，參觀了繁榮又樸素，以高度綠化、空氣清新的海港潔淨知名的市容，還有莊嚴的大教堂。海事博物館的碼頭，數百年前的戰艦均由此駛向全世界，也包括了侵占澳門的戰艦在內。遙望出海口，可見到與三藩市金門橋同一建築師設計的小金門橋。中午又品嘗了道地的葡國大餐，黃昏大家就興致勃勃地登上停泊在港口的「皇家公主號」郵輪，開始12天的海陸邀遊了。

　　「皇家公主號」是鐵行公司十多隻豪華郵輪之一，設備美輪美奐，可容千人的大禮堂、宴會廳、餐廳、舞池夜總會、泳池、健身室、博彩廳、圖書館、電影院、購物中心、專業攝影樓，應有盡有。雙人套房豪華舒適，可容一張雙人床或兩張單人床，有浴缸、花灑、廁所、化粧台梳化和足供兩人用的大衣櫃，更有面海的大窗，非常舒適寫意。

　　汽笛一聲，碼頭上奏起軍樂，送別的和船上旅客齊齊鼓掌，巨輪徐徐起行。同學們安頓好行李後紛紛到船上各處參觀，船上各種設備任由享用，每天供應可比美五星級酒店的早、午、晚餐，12天的菜單無一相同，還有24小時

不停的美食飲料供應，每天晚上更有一流大型歌舞表演和電影及樂隊伴奏的舞會，同學們盡興之餘更可約三五知己或游泳、健身、散步或靜靜地坐在酒廊，一杯在手，談天說地，回憶往事，不亦樂乎。更值得一提的是，上船當天船長舉行了隆重的歡迎晚宴舞會，女同學們盛裝出現，或長裙曳地，或中式旗袍，珠光寶氣，男同學也穿上黑禮服、波袄，一派紳士風度。大家紛紛舉杯互祝身體健康，心想事成，並請船上專業攝影師拍照留念。大家都彷彿回到了年輕的日子，盡興而回。在船上短短的12天，還舉行了數次專題晚會。同學們剛好碰上生日或結婚週年紀念時，船上還特別送上蛋糕、紅酒祝賀。這時，餐桌前後左右，不論是東方人、西方人、相識與否，都會齊唱生日歌，或鼓掌或飛吻，共同祝賀。

二、地中海沿岸城市

郵輪在晚上通宵航行，次晨就停泊在不同的城市港口，組織大家上岸參觀遊覽。年輕力壯的可以參加6至8小時遊覽，年紀大的可選擇3至4小時觀光。過去參觀過某某名勝，這次可選擇其他古蹟，各適其適，安排十分合理，又能滿足團友的不同需要。第三天郵輪已經過大西洋岸轉入地中海，第一個到達的城市是西班牙美麗的馬略卡島，隨即上岸，即其首府帕爾馬觀光。市內古老的教堂、特色的民居，別有一番情趣。第四天我們來到西班牙著名城市巴塞隆那，久聞其名的多塔尖式教堂挺立眼前，令人讚嘆其設計和建築的巧妙與困難。1992年舉辦奧運會的宏偉體育場也十分值得參觀。登上市內最高峰上的城堡更可眺望全市，攝氏17至24度的宜人氣溫仍然使我們感到西班牙人的浪漫和熱情。可惜的是，沒有時間欣賞刺激的西班牙鬥牛和熱情奔放的法拉明哥舞蹈。好在當晚船上的大型歌舞就上演了西班牙歌舞，令人大飽眼福。郵輪沿著地中海北岸前行，第五天早上已停泊在著名賭國摩納哥的海港。刺激的賭場並沒有吸引我們，蒙地卡羅富麗豪華的皇宮卻令人想起摩納哥王妃和公主傳奇悲傷的故事。大聖堂、海洋博物館和美麗古典的市容也令我們流連忘返。

此外，當天還組織了一團是到附近法國南部海岸的尼斯和坎城參觀遊覽。由於坎城影即將在2天後舉行，大批名流、明星雲集（包括本屆影展評委主席

中國的鞏俐和後來得獎影帝梁朝偉等），加上尼斯海灘後來就以波濤洶湧的無上裝泳衣著名，也吸引了不少團友前往參觀。可惜他們回來多認為言過其實，真是「乘興而去，敗興而回」也！滿載著依依不捨的團友，第六天早上郵輪到達美麗、熱情、浪漫的義大利羅馬。港口離市中心較遠，這是首次要坐三個多小時巴士去觀光，但羅馬有輝煌的歷史遺產、廢墟、古蹟、大劇院、鬥獸場，還是很吸引人的，更有梵蒂崗帝國和宏偉的聖彼得大教堂等，是值得再三參觀的；中午更安排在著名的餐廳享受美妙的義大利餐，比在船上更別有一番風味！

行程的前6天我們已上岸遊覽了6個美麗著名的城市，第七天就在船上休息。但不少同學還是早上之時就起床了，一邊在游泳池游泳，同時也欣賞地中海的日出美景；白天更三五成群在甲板上散步、漫談和攝影留念，或去購物中心選購紀念品，更有相約打麻將、玩拼圖遊戲，但卻極少見同學到賭場搏殺，大概和我們旅遊散心的目的不符吧！

三、愛琴海上的夢幻小島

郵輪由地中海駛向愛琴海，已是上船的第八天，我們來到古代奧林匹克的發源地奧林匹亞，在宙斯神殿前遙想2千年前古希臘人舉行祭典及奧林匹克競技大會的情況，而每一屆現代奧林匹克運動會的聖火仍然在此地點燃後傳送到全世界。次日來到文明古國希臘的首都雅典，這歐洲文化發源地的古代遺跡十分豐富，單是帕特嫩神殿的宏偉古典建築就令人嘆為觀止。可惜雅典的市容十分殘舊，而希臘也淪為歐洲最落後的國家之一，也許是仍然沉迷於過去的輝煌而缺乏進取心所致吧！

你也許早已神往在海天一色的愛琴海上的藍白色夢幻小島漫遊吧，這就是我們第十天到達的著名的聖多里尼島；這裡沒有任何城市的塵囂，有的只是青山綠水，碧海藍天的朵朵白雲伴著島上一幢幢藍白色圓頂建築物，加上彩色豔麗的花朵，遠遠望去就像一幅清雅的水彩畫，令人恐怕動一動就會破壞它的幽靜。可惜往日騎著毛驢沿著街邊小巷上山的詩意節目已被環山公路的巴士所代替，這不能不說是現代化、商業化所帶來的遺憾吧！

四、古帝國土耳其

　　第十一天郵輪橫跨愛琴海來到位處歐亞兩洲交界的土耳其，在聖經上經常提到的以弗所。大家興趣勃勃地參觀了古代東方十大奇觀之一的阿耳忒彌斯神殿及宏偉的圖書館，還有3千年前依山而建，可容納3萬人的圓形劇場，雖然都已成為廢墟，但仍然令人讚嘆不已！船上的最後一天到了土耳其第一大商埠伊斯坦堡，進港時首先映入眼簾的是雄偉的橫跨歐、亞兩洲的博斯普魯斯海峽大橋。隨後上岸參觀了土耳其古帝國的皇宮和博物館，看到無數奇珍異寶。在市內雲集3萬商戶的巨型購物中心，我們差一點找不到出路，而且費不少時間才找到一位迷了路的同學，卻也買了不少紀念衣物，豐收而回。

　　明天就要離船飛往巴黎，然後各散東西了，晚上同學們再次聚在一起互訴衷情。同學中大都不是第一次參加海上遊，最多的已超過10次，遊遍地中海、北歐、加勒比海、阿拉斯加和東南亞，但眾口一詞都覺得這次地中海遊非常滿意：一是航程選擇好，上岸遊覽的城市極佳，千姿百態，令人流連；二是有充分的休息時間，不用早晚收拾行李匆匆趕搭巴士飛機，特別適合老年長者；三是船上享受一流，單是早、午、晚三餐五星級酒店水準的飲食和每晚不同的豪華歌舞表演已值回票價了；四是有充分的時間讓同學們相聚暢談，回憶交流，增進友誼……

　　曲終人散，同學們離情依依，相約何時再聚，互祝珍重！珍重！

圖　盛裝參加船長告別晚宴（陳壁昌、張天錫、林馨曾）。

第九篇　夕陽無限好
———55屆乙班同學畢業55週年聚會記事

梁秀齡

　　1955年畢業的我班同學早已進入耄耋之年，孰料今天聚會令人驚奇———個個青春依舊、亮麗依然、朝氣蓬勃、熱情奔放、才華橫溢，風采勝似當年，歌聲猶似當年。大學生涯恍如昨天，莫非時光倒流55年？真是感慨萬千！不愧由衷自己讚自己：「看我活得多出色！」

　　2005年11月12日，我班曾隆重舉行「慶祝畢業50週年」聚會，當時大家都說以後很可能不再有機會相聚一堂了。離別時還帶有些傷感情緒合唱了〈友誼萬歲〉。今年春節，幾位同學提出今年是我們畢業55週年、離開母校60週年，應該再聚會。到今年6月27日，林馨曾、劉端儀來廣州請同學喝茶，同學們更加堅定聚會的決心，並積極籌辦，終於有了2010年10月9日的聚會，有近40位同學和家屬參加。

　　這次聚會最精彩的一幕是同學們紛紛主動、飽含激情引吭高歌和真情表演。首先是陳劍經帶頭用渾厚深情的男中音演唱〈祖國在號召〉，博得陣陣掌聲；接著是鄭國柱用純正俄文演唱〈莫斯科—北京〉，大家都很佩服他的俄文水準和唱歌水準，之後他還唱了〈萬水千山總是情〉，多人合唱；許德清用低沉成熟的男中音唱了前蘇聯電影《高爾基》的插曲〈克瑪河一座城在哪我說不清……〉；嚴瑞琪用英文演唱〈雪絨花〉，音色優美；梁志鏘用英文唱〈Whatever will be（世事難料）〉，動聽得很；女同學也不執輪，王玉潔用英文唱〈One day when we were young〉，合唱者眾；曾道明高歌〈我親愛的手風琴你輕輕地唱……〉，梁秀齡、曾道明、林肖湘合唱樂曲〈再折長柳亭〉；所有歌曲都很好聽，引起同學們的共鳴。還有，同學們還合唱前蘇聯歌曲〈小路〉，齊唱〈友誼天長地久〉。

　　精彩中還有更精彩的：同學們唱得正熱鬧時，周暉楠突然站起來，從人群中拉出曾道明，聲稱入學時兩人曾拍檔演出《宣傳愛國衛生運動舞台劇———夥

圖　1953年，中山醫五五屆校友七十餘同學在徐壽仁、梁秀玲、陳壁昌等組織下，由國內及世界各地聚會澳門，盛況空前，歡欣無限，圖為作者主持聯歡宴會。

伴，慢打鑼》！現在重演，兩人即興演出，十分默契，逗得同學們不亦樂乎。

　　順便提一個小插曲：畢竟我們年紀大，不少同學都有腳痛、腰痛，他們都是「硬撐」著來參加的。曾道明（公仔）從江門早來廣州幾天等著開會，聚會前天早上不小心摔了一跤，右腳受傷，又腫又痛，但她還是堅持來，跛著走路，還笑稱自己：「出師未捷身先死」，真夠樂觀的！

　　午餐又是另一番熱鬧和激情。林馨曾班長依然是昔日的「金牌司儀」風範，風度翩翩，生動地、深情地講了籌辦這次活動的經過。他說今天來了38位同學和家屬，大家都非常開心，充分說明了這次聚會的必要性。他還對站在旁邊的飯店經理煞有介事地說：「60週年（5年後）我們一定再聚會，還是梁教授當班長，還是這個飯廳，現在預訂好了。」林馨曾班長還熱情主動地唱歌，先申明只唱兩句：「這美麗的中山醫啊，這可愛的55屆同學啊，我深深地愛上了她，我愛上她！」（大家應該記得當年我們唱過的：這美麗的香格里拉，這

可愛的香格里拉，我深深地愛上她，我愛上了她！）……豐富的感情感染了在座的每一位同學。我們都熱烈鼓掌，大讚他「寶刀未老」。

下午乘車市內觀光，原意是想讓大家看看廣州最近的巨變，可惜天公不作美，雨愈下愈大，雖然到了幾個景點，大多數同學都沒有下車觀看，這是此次聚會留下的一點遺憾。然而，下雨也證明我們是貴人，「貴人出門招風雨」嘛！

第十篇　畢業60週年的歡聚

> 「世界上的物質，分為三大類：第一，動物；第二，植物；第三，礦物……。」

1950年9月1日上午9時正，我們120位新入學的大學生，端坐在原中山醫學院院本部小禮堂裡，傾聽生物學家黃綺文教授（姚碧澄教授夫人），講授我們上大學的第一課的第一節，永生難忘！

一、優良師資，卓越貢獻

60年過去了，我們班同學每一次聚會的時候，第一個節目就是背誦這段課文。一方面是證明我們的大腦還沒有退化，更重要的是不忘醫學院全體教授和老師的教導和培養，而背誦的同時也就促使我們的同學感情友誼熱烈的迸發出來了。

中山醫學院55屆乙班同學是十分特殊的一群。中華人民共和國1949年10月1日成立。因此，1950年9月入學的我們實際上是建國後第一批大學生，當年報考的人不知多少，但能考進中山醫學院的不到120人，可說是精英的一批。入學後不到兩個月，朝鮮戰爭爆發，「抗美援朝，保家衛國」，全班同學踴躍報名參加志願軍，但最後沒有一位獲批准，因為黨中央和毛主席認為建國初期更需要大批醫務工作者。我們又是十分幸運的一群，在學期間，正是毛主席號召「身體好，學習好，工作好」的「三好」時期，學院也提出了「好好學習，爭取畢業後健康的為祖國為人民服務五十年」的號召，使同學們有了明確的方向。同樣幸運的是，在艱苦而愉快的5年中，我們曾多次聆聽尊敬的柯麟院長教誨；當時，國內外知名的醫學大師，包括梁伯強、謝志光、陳心陶、陳耀真、秦光煜、林樹模、白施恩、鍾世藩、周壽愷等教授都曾親自為我們講課，令我們獲益良多。

1955年9月，我們畢業了。分配工作也證實了發展醫療事業的需要。全班

80%以上的同學分配到全國各高等醫學院校，約10%分配到各省市的大醫院。當時，第一個五年計畫剛開始，131個國家最大的工礦企業也分配去幾個同學。此後，絕大部分同學都成為各單位的業務骨幹、領導、院校各學科的帶頭人，為新中國的醫療教育事業做出了巨大的貢獻。不少同學成為國內外醫學的知名人士，例如卓大宏、梁秀齡、蕭官惠、嚴瑞琪、陳璧昌、舒儀經、張天賜、鄧碧珍、李之琨、楊守玉等人。

二、團結友誼的典範

今年是我們入學65週年、畢業60週年，這是十分值得紀念的日子。雖然歲月無情，約半數的同學已離我們而去（包括數月前去世的卓大宏同學），依然健在的同學不少也已不能遠行，但這次聚會還幸有三十多位同學熱情地前來參加。有些是推著輪椅來的，有些是兒女扶著來的，但多數同學還是健步而來，畢竟我們都已年過80了。在母校大門孫中山學醫紀念像前的台階上大家互相問候，熱情擁抱，互囑保重，照相留念。

來到預訂的酒店禮堂，更是一番感人的情景，我們再一次背誦了之前的開課第一篇課文，盡情地回憶起過去的歡樂，舞台螢幕上播放著學生時代的充滿青春氣息的照片，同學們唱著1950年代流行的歌曲，嘆息著「我們的青春小鳥一去不回來」。同學們留下了參加聚會的感言。大家回憶起同學時期的各種趣事，也許內心還憶念著當年曾經追求過或單戀過的男女同學⋯⋯

我們班同學是團結友誼的典範。早在改革開放初期，我們班就組織過多次珠三角、海南島等地的旅遊，特別是1993年，海外同學籌集了大量的資金，邀請全國和海外同學共七十多人到澳門做4天3夜旅遊，這在全國來說也算是一個創舉。當時，國內同學絕大多數還沒有出過國，也沒有港澳遊。徐壽仁同學請澳門中旅社協助為國內各省市的幾十位同學在同一天獲准到達澳門，可想難度之大！海外的同學旅遊比較方便，我們組織過全球海外同學一齊遊地中海各國，環遊夏威夷5島，遊澳洲各大城市等，每次均有20至30位同學參加。至於國內外小型的旅遊，每年都有舉行。因此，同學們都能保持著長期的聯繫和友誼。

這次畢業60週年聚會，梁秀齡、馮慧明、許德清同學是積極組織者，港澳

同學林馨曾、劉端儀、陳璧昌、徐壽仁也都積極支持，美加同學張天賜、周素芳夫婦雖未能親自參加但也很支持，特別是澳洲的李之琨、香港的王佩媛和南昌的張憲英都在兒女的陪同下前來，楊守玉、林乃城從新西蘭歸來特別難得。由於班會費充裕，故我們每次聚會都很順利，而且凡是內地遠道而來，經濟上不富裕的同學，班會都會有交通、食宿的補助。隨著國內生活水準提高，國內同學如許德清、鄭小環等也主動捐款，使班會活動費常用常有，這也是值得讚揚的。還要特別提到金家增、楊寶英同學，他們每次活動都積極參加，金家增還主動擔當攝影師工作，會後還製作影碟送給同學們。這次聚會他們特意穿上多年前香港同學特別訂製的印有「中山醫學院1955屆乙班」字樣的紅色外套前來參加。這套情侶裝更令這聚會生色不少。

晚上的宴會更是溫馨感人。首先是香港同學特別訂製了100支金筆，紫紅色的筆桿上刻有「中山醫學院1955屆乙班60週年紀念」銀字，每人分得兩支，大家都十分喜愛，認為這是值得永遠保留的珍貴禮物。接著劉端儀同學送上自己特別選購的名貴朱古力糖讓大家品嚐，更添上一份溫馨和甜蜜。宴會上不分座次，同學們經常交換到另桌交流，暢談親情，互訴工作生活。胡廷溢同學回憶了自己如何成為國內最早性學專家的過程，朱景威同學熱情地介紹了自己熟悉的保健產品知識，都引起了同學們的興趣。我們班同學中不少都是各個學科的專家、權威和教授，如果組織一次學術報告，完全可以包括醫學的各個領域，恐怕3天3夜也講不完呢！這裡還要感謝梁秀齡同學的十多位博士研究生，他（她）們熱情、無私地為我們的聚會提供了周到、體貼、溫馨的協助；他（她）們的青春美麗氣息也使我們都覺得年輕了許多。

兩天的聚會很快過去了，帶著依依不捨的心情，握手，擁抱，告別。有同學傷感地提到：對全部超過80歲的老人來說，今後不知何時能再會！但是，陳璧昌同學動情高聲地說：「5年後我們入學70週年，我有信心到時再一次聚會。」林馨曾同學接著說：「請梁秀齡同學5年後再一次訂下這個酒店禮堂，我們爭取再聚會，今天在座的所有同學全部都要來，一個也不能少！」同學們都精神一振，紛紛表示贊成。

再見了同學們，珍惜，保重，後會有期！

（中大醫學院55屆乙班　執筆　林馨曾）

第十一篇　關於「國際領空」

　　國際領海過去被英、美、日、葡、西班牙等海上霸王定為7海里，以便他們侵略他國；但現已被聯合國定為離岸200海里，此領海的上空為該國之領空，如美機進入此中國的領空即為侵略，中國有權將入侵者擊落，但多數是將其趕走了事！

　　200海里之外為公海，其上空即為國際領空；但在國際法上還有國家的海洋專屬經濟區，即該國沿海大陸架的延伸區域，此區域上空也是國際領空，美機可以進入，不算是侵略，但在此區域擁有國（如中國）是有特權的，這也就是為什麼中國在多年來對進入此區域的美國間諜機進行跟蹤監視而美國從不敢提出抗議的原因；這專屬經濟區內的天然資源屬所在國，這也是為什麼東海、南海的離岸200海里外的石油只有中國才有資格開採的原因。

第十二篇　關於居港權的幾個疑問

　　有關港人在內地所生子女的居港權問題，已引起了極大的爭論和困擾，少數人利用自己把持的傳媒和輿論陣地，一面倒地支持逾期居留者，但由此衍生的大量現實問題卻令全港沉默的大多數感到無耐和憤怒！這裡只提出幾個問題請大法官、大律師和政客們給解答。

一、終審法院在1999年1月29日裁定港人在內地的子女為香港永久居民並有居港權。但這些人由出生至今均是中國內地的永久居民，有居於內地的權利，當然也有遵守內地法律的義務。根據內地的法律，這些人首先應在內地申請去香港的通行證才能離境。終審法院憑什麼資格剝奪了內地政府依法執行自己的出入境條例的權利?!終審法院又憑什麼權力和法律鼓勵或批准這批仍然是內地永久居民而尚未是香港居民的人士去違反內地的出入境條例偷渡到香港或在香港逾期居留?!

二、按照香港目前的法律，偷渡入境或持雙程證入境逾期居留的人士已違反了入境條例。香港政府什麼時候已廢除了入境條例和對偷渡者即捕即解的法律？如果沒有廢除這些已有的法律，終審庭的大法官和大律師們是否知法犯法？

三、二奶子女可以到香港合法定居！但在內地包二奶違反一夫一妻制的婚姻法，二奶仔（非婚生）是不合法的。在香港允許納妾的大清律例也早已廢除了，即包二奶在香港也不合法。大法官和大律師們是否應先「命令」中央政府廢除婚姻法的一夫一妻制，改為一夫多妻制並承認非婚生子女是合法的？同時，也應先在香港恢復大清律例准許納妾的法律；但不知這樣做是否又是某些政客所謂的「恢復惡法」呢！

四、大法官判二奶仔合法，大律師和無恥的政客們歡呼贊成，喜形於色！當然，不能懷疑他們自己也有二奶仔，因而是法例的得益者。據說，只有二奶仔合法化才合乎人權、人道、真正平等、沒有歧視，堂而皇之，誰敢反對?!但想深一層，大法官為什麼不同時判二奶也有居港權，也隨時可來港定居？這算不算歧視婦女？二奶們的人權到哪裡去了？請平等機會委員會

也來評論評論。

五、家庭團聚是移民的優先條件，當然符合人道、人權。據說，美國的移民法家庭團聚首先考慮夫妻團聚，而終審法院的判決只要子女甚至非婚生子女來港團聚，而卻不判夫妻團聚、二奶團聚，更不判三奶、四奶……團聚！這算不算「要仔不要姆」？這算什麼人道、人權？此外，據說美國移民條例除首先照顧夫妻團聚外，還照顧未成年子女可同時申請團聚，而18歲以上的成年子女不能同時申請，須另案處理。但根據香港終審法院的判決，只要父母是香港永久居民，則60歲、80歲的內地子女也可隨時來港定居，這是否世界首創的還是另有先例可循？這不是比美國的移民法更人權、更人道？

六、二奶仔可合法來港居港，請問二公的仔女是否也有居港權？假設有某女士，來港前與內地男士有子女，來港後某女士改嫁港人，現已是香港永久居民，她仍在國內的子女有無居港權？如果某女士在國內多次結婚，那她不同丈夫的子女是否都有居港權？如果沒有，是否歧視婦女？是否合乎人權、人道？

七、美國大兵過去數十年在日本、越南、南韓生有大批混血兒，這些有美國永久居民血統的人是否有居美權？為什麼以人權專利國自居的美國不無條件全部接收這些美國混血仔、二奶仔或非婚生子女到美國定居？過去數十年，無數香港人在東南亞，特別是泰國等地，拈花惹草，風流快活，大概也留下不少非婚生子女，如果這些人也要求驗DNA，也要求有居港權，大法官、大律師、政客們，怎麼辦？

八、據估計，在內地包括婚生、非婚生的港人子女有100萬至300萬之多，按終審法院判決，這些人同時擁有居港權，當然可以同一天來港定居，根本不需要申請什麼居港證明書。那麼，這些人究竟誰先來？誰後來？憑什麼先來？憑什麼後來？阿甲先來是否有特權？是否走後門？阿乙後來是否受歧視？大法官、大律師、平等機會委員會和那些聲言要插手內地政府對申請居港人士的審批權的政客們，也請給個說法吧！

九、提到先後的問題，執行法律是否也應有先有後呢？內地政府一直認為在國內居住的港人子女首先是內地居民，直到取得去香港的單程證前仍是內地

居民，當然應按照內地法律條例手續辦理移居香港的申請，而且這些法律條例都是數十年來行之有效，對內地對香港都有利的；而某些大法官、大律師、政客們卻認為，這些人已有資格在港定居，就可以隨時來港。一個判決就推翻了數十年內地和香港協商決定行之有效的一切！俗話說：「聖人也有錯。」「孔夫子也有錯。」大法官們不會錯嗎？那他們不是比聖人更聖人，比孔夫子更孔夫了?!且做一個極端一點的假設：一個在內地犯有重大刑事案正在服刑的犯人，突然證明自己是香港某某人（希望不是大法官、大律師、政客們）的二奶仔，這個人按終審法院的裁定當然是香港永久居民了，也就有香港的居留權了。請問他是否可以不理內地的法律而隨時來港定居？如果他越獄、偷渡成功抵港，到法援處要求協助他打官司留港，請問法援處會不會用納稅人的錢為他打官司呢？如不協助是否歧視他？合乎人權和人道嗎？

嗚呼！香港終審庭的大法官、大律師和政客們，你們會原諒我這不懂法律的提問嗎?!

第十三篇　奴才面目

　　報章發表有關為鍾士元祝壽的文章實在太多了，特別是一些極盡「挑撥攻擊」的文章，比之「文革」中羅織罪名、上綱上線、擴大化的手法也差不到哪裡去了。10月29日《明報》就有大律師吳××、名作家陶×的大作，但這些自命正義化身的女士先生們的文章只不過進一步暴露了自己殖民地主子走狗奴才的真面目而已！

　　問題的關鍵之一不是「祝壽宴」本身的對錯，而是為什麼彭定康用納稅人的錢宴請外國豔星或為自己的女兒擺生日宴時不見這些先生女士們放一個狗屁，而對董建華為鍾士元祝壽卻一定要置諸死地而後快呢？很明顯，當年彭定康宴請豔星時也邀請陶先生或吳女士的話，他們一定會引以為榮而盛裝赴宴的。引用陶某的「混賬邏輯」，彭定康請他去吃屎，他也一定會爬著去吃的了！吳女士說：「公私混淆並非中國專利，而是到處都可以發生。」請問你最尊敬的彭定康統治時有沒有發生過?!為什麼不見大律師仗義執言？而對新生不過數月的特區政府和特首卻要死死抓住不放！

　　正如吳大律師所說：「事件並非第一宗」，對新生的特區政府的惡意攻擊和對殖民政府的包庇事件實在並非第一宗。例如「解放軍赤柱軍營不需要巴士服務」的事件和誣衊解放軍司令「無證闖關」的事件中，民主黨人和劉某某等吳、陶之流不是又遊行示威，又躺街抗議和寫文章、上電視大吵大鬧嗎?!但是，特區成立前不久，駐港英軍在灣仔打死人後，港英當局為了包庇而在3天之內將殺人犯送回英國，至今仍未引渡回港受審，這件事報章也已登載，卻又不見民主黨人和劉、吳、陶之流放個屁去抗議，這不是暴露了你們作為忠實的殖民主子奴才走狗的陰險嗎?!

　　吳女士、陶先生寫文章是一流高手，民主黨人的口才和演技也屬一流，但真理卻不是文章和演技可以掩蓋的，走狗和奴才的真面目總有一天會暴露在群眾面前。

第十四篇　詩二首

一、清明節回鄉

　　1996年，春暖花開，清明佳節與端儀、紀曾慧曾隨鄉賢冬青先生、綠梅小姐、少平世兄回平遠探親觀光，為46年來首次回鄉，百感交集，難以成眠，得七律一首，雖平仄不分，不以為憾也！

故園風雨卅六年，
清明佳節慶團圓。
親友重逢疑隔世，
領導初見勝前賢。
兄弟扶持尋故閭，
鄉紳指引觀新顏。
喜見愛妻會心笑，
不辭嫁作平遠人。

圖　1996年，46年來首次回鄉，與端儀牽手
　　於梅州雁南飛景區。

二、憶學友歡敘

　　1993年深秋，55屆校友七十餘人，自國內及歐亞美3洲聚首濠江，歡慶畢業38週年，盛況空前，情誼難忘！一年容易又秋風，同學們之倩影笑貌及翩翩風度仍歷歷在目。

　　卓大宏同學有詩記其盛，情真意切，詩意盎然。特步原韻奉和，不以「打油」為憾也！

學友情永在，綿綿千百年！
豔陽風雨路，永向神州天。
國內多專著，海外有名篇。
滔滔珠江水，灌澆花更妍。

附錄卓大宏同學原作：

濠江歡敘

尚有豪氣在，何妨再少年！
人生多彩路，瀟灑弄晴天。
狂笑呼綽號，放歌懷舊篇，
情暖濠江水，映照夕陽妍。

圖　1993年深秋，55屆校友七十餘人，於濠江聚首，歡慶畢業38週年。

後語（家族小傳）

　　從來沒有想過出版自己的文選，直到80歲後處於半退休狀態，空閒了一點，同時慧曾弟搜集了大量我們平遠林氏家族的資料，我也提供了不少，初步成書後發現自己這60年間也積累了不少文章，雖然水準有限，可讀性不高，不覺有值得流傳之處，印成此書只為給親友同學留作紀念而已。

一、一生多轉折

　　我一生中有幾個關鍵的轉折點：第一是十四五歲由平遠東石農村到梅州小城的東山中學畢業後，幸運考進中山大學醫學院，為自己的前途邁出了關鍵的第一步。第二是由醫學院三年級起，我這個鄉下仔竟能得到同學劉端儀的賞識，由相戀相愛到結婚，成就了我們六十多年的幸福婚姻。第三是由婦產科轉到運動醫學專業，將醫學與我所喜愛的體育運動結合起來，生活圈子也擴展到醫學和體育兩個層面，增加了不少內容。第四是在十年文革動亂中，雖歷經磨難，但絕不屈服，竟敢在6千人的所謂鬥爭大會上，奮起反擊，在醫學院引起一陣反文革之風，終能全身而退，但亦不無遺憾地離開了自己所喜愛的專業。第五是1973年經批准來到香港後，從零開始的10年艱苦奮鬥，終於和愛妻端儀先後考取了香港政府的醫師執照，打下了全家幸福生活的基礎。

　　到香港後的這段經歷是值得回憶的，當時國內人民都以為：「港澳遍地黃金，一到港澳就發達了！」實際完全不一樣。1973年初，領到港澳通行證，每人憑證只能換5元港幣，恐怕連回到香港家中的路費也不夠！進入羅湖港境，端儀因體弱、低血糖，差點昏倒，也只能買一包豆漿（不知道香港叫維他奶）充饑。到家後，端儀的父母已去世，當晚就有人下了逐客令：「出嫁女不姓劉，要盡快搬出去！」「女兒可以去做童工，晚上才補習。」我們早有心理準備自力更生，當即回答：「只要找到任何工作，就會盡快搬走。」可以說，一踏上香港，我們就真正成為無產階級了。幸有幾位早年回港已事業有成的同學伸出援手，借錢給我開設針灸院，開始有了一點收入。而端儀雖體弱多病，卻

堅決表示：「只要能供女兒讀書，不論擔泥、補鍋，我都去做。」以後她做過私家護士，還到早年來港的同學甚至學生的診所做打針、派藥等工作，一年多後就租了兩居室小屋搬離父母遺下的豪宅。搬家時沒有皮箱、藤篋，只有四五個購物袋，開始了第一段艱苦的奮鬥人生。

還有一件令我們困擾的事，就是大女兒林鷗如不及時出國就接不上英國的課程，考不了大學，為此只能向朋友借了五萬元放到銀行存摺送給英領事館審查，得到批准就還給朋友，開始了她更加艱苦的求學生涯！此時，國內有6至8位侄輩、外甥輩均處在上山下鄉或出國讀書的關鍵時刻。他們都渴望得到幫助，卻不知道我們仍處在需要向朋友借貸的處境，而且下一代人數不少，幫一個而不幫其他幾個也許會引起更多不滿，我們只能沉默，認為任何解釋都可能引起更多的誤解，這件事讓我們一直覺得遺憾和愧對親人。我常說：「在內地主要是政治壓力，而在香港主要是經濟壓力。經濟壓力比政治壓力大得多了。」這大概是我們到香港的最早體會吧！

1977年，港英政府在各方壓力下設定「註冊醫師執照考試」，1年內經過醫學知識筆試、醫學英語筆試、醫學知識面試3關，合格後到政府醫院見習一年半，又合格後才可以取得在香港執業行醫的執照。這是一個希望與絕望並存的關卡！因為考試不設合格線，而是政府內部掌握著每年通過的名額。例如第一年有一千七百多人參加考試，連過三關合格的只有一百一十多人！換句話說，如果你考試取得了90分，但有一百一十多人考取了91分以上，那你仍被淘汰了！這正是港英政府通過考試限制國內醫師的政策。幸運的是，端儀和我經過努力，在第一屆和第三屆先後考取合格並經過一年半的見習取得了執照醫師資格，先後開設了自己的醫務所。更可喜的是，兩位有上進心和孝心的女兒林鷗和林宇也在英國著名大學畢業，成家立業並事業有成，直到此時才開始了穩定而沒有經濟壓力的生活。這大約在1984年左右，這時我和端儀已年過半百了！所幸我們一直堅持規律生活和鍛鍊身體，特別是每天早上必到深水灣海中游泳，冬天攝氏三四度也照樣下海，至今堅持了四十多年了；並參加深水灣冬泳團，結識了數十位有共同愛好的朋友，一齊每年到國內、國外旅遊，已遊覽了國內名山大川和五十多個國家，還參加了近20次郵輪旅遊，遊遍了我們嚮往的世界各地，也算不枉此生了。以下將談談我最為敬愛的家人們。

二、我最敬愛的家人們

父親林公頓，是個進步的、正義的、廉潔的政治家，北京大學政治經濟系畢業，參加了五四運動。從北京市檔案局中查出：「火燒曹宅」是五四運動中轟轟烈烈的一幕。北洋軍閥共抓捕了32人，其中第十九人就是先父林公頓，還有許德衍、楊振聲等人。五四運動後，他重回北大讀至畢業，曾在國民黨政府任職，後追隨李濟琛、張文參加國民黨革命派，在解放戰爭中起義；與程潛等二百多人被國民黨開除黨籍，此名單當時曾在香港報紙登載。解放後在人民政府任職，但在激進過火的土改中受到不公平的對待，最後卻在接到即將平反恢復自由的興奮中因高血壓中風去世，享年僅58歲！在他受到不公平對待時曾對我說：「革命是天翻地覆的大事！在偉大的革命戰鬥中，受到由後面衝上來的戰友的流彈所傷是常有的事，……」由此可見，他堅定的革命信念和樂觀的革命心態是值得我們學習的！父親一直陪伴和教育我們成長，清楚記得他在果園樹下指導我的功課。我考上中山醫時，他正在梅州市人民政府任民政局長，十分開心地帶我去吃餃麵和牛肉丸，還親身送我上車。此情此景，歷歷在目！最後的記憶是六七年後，我和端儀及人女兒林鷗約一歲多時一張三人照，由若曾妹送給他看，據說他看了之後十分開心又淚流滿面說：「我真的配有這樣可愛的孫女嗎?!」這是他去世前不久的事，可能就是他的遺言了。

母親李燕桂，出生於同鄉的茅坪村。其父親是師爺，開明的知識分子，十分注重子女的教育。民國初年，母親的二兄、四兄都是大學畢業，做過海陸縣長和大學教授，母親也在梅縣廣益女中讀書。1930年先祖父去世後，父親已31歲仍未結婚，父親的姑母是中國最早（19世紀末）留學日本的醫師，她替父親找到一位姚姓姑娘相親，姚姑娘則請一位好友相伴，不料父親卻一眼就看上了這個相伴的姑娘，就是我們的母親李燕桂。結婚後，母親隨父親在廣州工作，母親則繼續到執信中學讀到高中畢業；以後連續養育了我們7兄弟姐妹（大女早亡）。作為縣長夫人，母親不隨丈夫去任上享福，而是一直在農村育養我們兄妹。她勤儉持家，謙厚對人，得到村人的尊敬和愛戴。當年家中生活清苦，父親一文不貪，只靠一份薪水往往入不敷出，還要耕田補貼；幸得母親持家有

道，並得到在馬來亞怡保霹靂女子中學任校長的姑母林瑋相助，生活才相對寬鬆一些。母親一生信奉基督教，並主持成立了東石鄉的教會組織，宣揚人道主義，經常幫助貧困人士，多年來在鄉人中得到好的口碑和印象。因此，在解放後土改、四清、文革等動亂中雖亦備受折磨，終能安然渡過。1955年我畢業工作後，母親就和端儀和我一直住在一起，替我們照顧著兩個女兒。母親一生最大的優點就是識大體，懂大道理，為了家庭和子孫可以默默地忍受一切。1960年初，她曾帶著大孫女在澳門生活數年。文革前夕，山雨欲來，岳父劉衡仲先生曾經提出為母親安排一份工作，可以自食其力在澳門生活。母親卻婉言相謝說：「我6個兒女都在大陸，我怎捨得離開他們一人在此享福？」還是決心回到廣州。雖然經歷了文革多年的折磨，母親已年近古稀，按照政策又從鄉下回到廣州，一家團聚，談到文革時在鄉下的一些遭遇，她總是一句話：「你看劉少奇等人尚且如此，我算得了什麼？」這就是我們可愛可敬而又寬宏心胸的母親。幸運的是，母親仍享受到1980至90年代改革開放的春風，不但生活安定，兒孫繞膝，更有自己的精神信仰，更曾多次來港澳旅遊，探望我們。我們的大女兒一家還帶著兒子（母親的外曾孫）從英國回去探望她，使她得到了最後的安慰。

林瑋──我們的姑母，是一位剛毅正直、愛國愛家，終生不渝獻身教育事業的女性。1932年畢業於國立北平女子師範大學，曾先後任職廣州師範學校及廣州中山大學附小。當時國內政局動盪，社會腐敗，1935年冬，適有馬來西亞僑領回國考察並物色能為華僑教育事業獻身的人士，經與姑母林瑋接觸，深慶得人，立即聘任她為馬來亞怡保霹靂女子中學校長。姑母終身未婚，全心投入華僑教育事業，克服困難，全面治理學校，不數年即將霹靂女子中小學辦成為全馬來亞最著名的華僑學校。她先後任校長約15年，極受當地僑領及華人重視和敬仰！直至1949年新中國成立，姑母一貫追求進步，心向祖國，一方面受兄長林公頓（筆者父親）進步思想影響，另方面則因思想進步而受馬來西亞英殖民地政府迫害排斥，因而萌生回新中國參加建設的思想，再三考慮後決定辭職回國。當時學校的校董、僑領和學生家長們均再三挽留，並許以放假3個月，回國探親，不允辭職，隨時可回來復職。但姑母心意已決，乃於1951年春回到祖國，先後到北京拜訪了前輩李濟深、何香凝等領導，返回廣州，先後出任廣

州師範專科學校副校長、廣東省教育廳中等教育科科長、廣州市三十二中副校長等職，直到1972年65歲退休為止。1958年，我們父親林公頓去世，姑母與母親鼎力培養我們6兄弟姐妹，視為己出。我們亦努力自愛，各有所成，並視姑母如親生父母，使她晚年得享天倫。她於1980年心臟病逝世，年僅73歲，遺憾的是未能多享開放改革的成果，更未能重回馬來亞怡保，探望她心血建立的霹靂女中和眾多同事、學生。

　　粵叔，即北京航空航天大學創校八大教授之一的林士諤教授（家名粵齡）。他從小天資聰慧，記憶力特強。他天生數學好，上小學時就能解算初中的數學題！他以優異成績考進北京著名的匯文中學，並因成績優異從高一跳上高三提前一年畢業。1931年，他同時考進北平清華大學和上海交通大學，兩校均爭取這位優等生，因上海交大能免學雜費並提供助學金而入讀。交大畢業的同時他考取了廣東省公費留美學習航空工程。他在26歲時取得著名的麻省理工學院（MIT）博士學位，其博士論文即著名的解算高階方程數學難題的「林士諤法」（Lin's Method）──在世界數學年鑑，世界數學史大事記中1943年的記載中唯一列出「林士諤法」是該年的世界大事；至今仍在全世界數學界和教科書中應用和發展著。林士諤教授與華羅庚、陳省身、錢學森等不多的中國人同是世界數學史大事記中加以確認的傑出數學家。錢學森教授是林士諤教授在麻省理工學院不同系的同學，他就曾公開讚揚說：「林士諤教授也是我的老師，林氏法很有用！」粵叔在麻省理工畢業時正是祖國抗日戰爭的艱難時期，他愛國心切，拒絕了麻省理工及其他研究機構的優厚條件，堅決回到祖國，任成都航空學校教授，培養了不少中國航空界的骨幹。新中國成立後，他先在廈門大學航空系任教，後又參加創立了北京航空航天大學，為祖國的航空航天事業貢獻了一生。今天，他在北航開拓的專業已發展成「自動化科學與電氣工程學院」，北航大將之命名為「士諤學院」，還為他豎立銅像以為紀念。我們敬愛的粵叔於1987年去世，享年僅74歲！在他生前我多次去北京探訪，他十分喜愛體育，和我有共同愛好。1959年，第一屆全運會我就曾陪他觀看了偉大的閉幕式，令他十分開心。和他談到排球、乒乓球為國爭光，他特別興奮，表現了真摯的愛國情懷。他喜歡集郵，我就將我多年集的數百張體育郵票全送給他，更令他雀躍不止。還記得某年我和愛妻端儀特別到中環某專門店買了一套英國

大笨鐘牌西服送給他，試穿後還是我一針一線地為他改短了褲長，十分合身；據知，他逝世後就是換穿這套服裝西去的，這對我們竟成為另類的安慰了。我們在一次旅遊時還專門到波士頓麻省理工參觀，緬懷粵叔光輝的一生。

三、吾愛吾妻

　　劉端儀醫師，寫到這個名字，實在令我難於下筆；她就是我一生的摯愛，結婚60多年的愛妻，相伴一生的愛妻。2005年，我們在香港陽明山莊紀念結婚50週年金婚喜宴，我對著全體嘉賓朗讀了愛的誓言：「送給我唯一的最愛——小小：50年的愛情，50年的婚姻，這是最美麗的愛情，這是最真摯的婚姻，我深深地感到，您是我唯一的最愛，我不能沒有您而生活，我希望和您共同生活無數個50年！」雖然不像一首詩，卻得到全場熱烈的掌聲，表示了所有親友的認同。用盡我所有讚美的語言，也無法表達我的謝意和愛意。但是，1982年母親晚年寫給我們的一封信，用樸素的語言，卻表達了親人對她的讚美和心意：「……我多謝您們的孝敬心意，尤其是端儀在大學畢業和馨曾結婚後，年紀輕輕地就和馨曾一齊負起林家的一切責任！一直捱到現在仍未空肩，這是我親眼看見的事實。您們的忠厚和孝心，上帝一定祝福您們平安長壽，上帝一定賜給您們和您們一樣忠厚和孝心的兒女，上帝也一定祝福您們的事業順利發達。您們確實做到了全家尊敬的長子長媳和長兄長嫂，您們是全家的模範，故您們給我晚年得到很大的安慰和放心……。」

　　1950年，我們從遙遠的山城和繁榮的大城市同時考入中山醫學院，一個穿木屐的男孩和一個穿牛仔褲的女孩竟走到了一起；2年後，就從相瞭解到相戀，從圖書館一齊溫習功課到學院對面的牛腩麵館一齊宵夜，從課室裡聽課到白雲山深處互相提問準備考試。實習前一年已得到同學們公認是「天作之合」的一對，畢業後簡單地開個茶會，給親友擺了兩桌酒席就登記正式結婚了。蜜月的幸福不久就被醫院繁重的工作和無休止的政治運動所干擾，微薄的工資不但要維持2個女兒先後出生的負擔，還要照顧仍在學習的弟妹和家人的生活，沉重的擔子都由長媳、長嫂的端儀無怨無悔地一肩挑起。所幸當時還有母親和姑母協助，更加要感激的是在香港的岳父母劉衡仲、李雪群的無條件的支持，

包括經濟上的支持和精神上的鼓勵，使我們能勇敢地面對困難，堅持生活下去。特別記得在文革即將爆發的1965年初，山雨欲來風滿樓！端儀帶著小女兒們因病在港休養，岳父母均希望她繼續留港靜觀其變，但端儀心中無限記掛著我和大女兒，再三向父母解釋，不能丟下丈夫、女兒，堅決於文革爆發前回到醫學院。當時她的回港證還有3年期，要恢復廣州的戶口還費了不少周折。經歷文革的多年折磨，特別是1969年我們下放到海南島沙漠海邊，還清楚記得在海口市，我挑著兩大件行李，端儀牽著7歲的小女兒無助地在街頭流連的情景……！直到1973年，我仍滯留海南島未有歸期，端儀以多病之身留在廣州，兩個女兒面臨上山下鄉的茫茫前路時，天無絕人之路，這時中央下達政策：從港澳海外回國的同胞可以申請回原居地！經過一番爭取，我們一家4口先後被批准回港，開始了新一輪的艱苦奮鬥。前文已有提及。總括起來，我們是可以同艱苦、共患難又可共享幸福和歡樂的一家，而我和女兒都衷心地認為，這個經歷磨難而最終得享幸福的家庭的核心就是我和孩子們所最愛的劉端儀醫師。

　　雖然回到香港經歷不少困難，受到不少白眼冷遇，但我們卻反其道而行之。當我們站穩腳跟生活安定後，我們總是盡自己的綿力去幫助別人。特別是端儀，真有一副菩薩心腸！舉幾個真實的例子：一個富有的家族，初回港時端儀曾在他家做過私家護士，照顧他的夫人。僅僅半年，已因端儀的勤奮和愛心建立了深厚的主僕而成為朋友之情。數年後，突然要我們借一筆鉅款周轉，當時我們剛考取醫師執照，根本還沒有他要的十分之一的積蓄。經過考慮，我們只能用剛考取的醫師執照到銀行抵押，借錢給他渡過了難關。一位堂弟，是十分勤奮老實的人，他想開一個小工廠，請我們入股；雖然明知很可能收不回來，還是答應支持他。後來工廠倒閉，我們還鼓勵他自力更生，從頭再來。他的兒子去外國讀書，最後一學期交不出學費，也是端儀幫助了他，使他學有所成，也解決了一家的生活。端儀的一個侄兒，父母早亡，祖父母去世後雖然是姓劉的，也沒有人照顧，而且20歲左右就患了精神病，無法自立，三十多年來都是端儀這位姑母照顧他的衣食住行和昂貴的醫療費。這些事例，終於使得端儀在海外的姐妹瞭解到我們的人品，她們說：「三家姐，您是我們全家唯一的最有資格姓劉的家人！」

　　端儀的醫務所設在較遠的市鎮荃灣，她醫學基礎好，診治耐心，對人友

善，病人逐漸增加，高峰時每天診治過百病人。她對老弱貧苦病人贈醫贈藥，早上她到達診所時，常見幾個老弱病人一齊起立叫「醫師早晨！」以示尊敬，並常送水果給她。端儀只好和他們商量：以後每人酌收10元藥費，不收診金，就請不要再送水果來了！曾有一位老者，冬天來診時連一件棉衣也沒有，冷得發抖，端儀馬上到街市買了一件棉衣給他穿上。有一政府官員，因高血壓在政府醫院久治不癒，慕名來找端儀診治，經三四個月的耐心調校，血壓穩定下來。因住地較遠，端儀說服她，將用藥的詳細處方給她，建議她回就近的醫院就診。但她寧願每月遠道前來檢查配藥，堅持了近10年，見血壓一直穩定，才同意回政府醫院免費治療。臨別時眼含淚水說：「劉醫師您真是好醫師，我視您為朋友，永遠會記得您！」這類事例多不勝數，不再詳述了。

　　家人、親戚和朋友都知道端儀是「周身刀，張張利」的，除了治病救人，她還煮得一手好菜飯。她雖是千金小姐，但每吃一道好菜，她都請教廚師是怎樣做的、關鍵在哪裡，以後就試著自己做；在內地時已是如此，到香港後更是如此，每週末經常請親友來家共用。親友都笑說：「跑馬地的林家私房菜一流！」特別是老同學，聚會時問大家去哪裡好，總是異口同聲地說：「最好是到你家去吃端儀的私房菜啦，吃不完的還可打包呢！」端儀又是做衣服和織毛衣的能手。還是在國內時，弟弟在東北最冷處工作，她就曾做類似軍大衣的棉袍給他；特別是她在兩層薄棉花中夾上一層絲棉，因此比一般的軍大衣還更加暖和！大女兒去英國讀書時考取的竟是貴族學校，規定晚餐時要著「晚裝」，當時我們到港才2年，哪有錢買晚裝，端儀就找到時裝雜誌，在百貨公司買來碎布，照著做了兩件所謂「晚禮服」！大女兒上學後來信說：「我的晚裝是全班最漂亮的呢！」後來女兒們畢業，工作，成家立室，先後生下3個孫兒，端儀又成了萬能的祖母。每個孫兒出生時，她都放下診所，高價請人代班，自己則去做陪月，陪足40天，操勞女兒、孫兒的飲食。煮雞，煲魚湯、木瓜湯，煮飯，保證有足夠的奶水。40天離開時，還留下滿冰箱一天一包的營養湯水，知情的都說她是天下最貴的陪月呢！回來開診後她也沒有閒著，因為她又是編織毛衣的能手，利用上下班地鐵裡及其他空餘時間，每個孫兒都織有十件八件毛衣、毛褲、帽子、襪子等，還有什麼海軍裝等，由出生到五六歲都有，穿起來照個相寄給我們看就是最大的樂趣了！端儀從小喜歡音樂，彈得一手好鋼琴，

百忙中總要抽空彈琴以舒緩身心。我們結婚50週年金婚喜宴上，婦彈夫唱的一曲〈Love Me Tender〉，還記憶猶新呢！在她60歲生日，我們還換購了一架漂亮的二角鋼琴，端儀說算是給自己多年辛勞的一件小禮物吧！此外，她還會彈電子琴、手風琴和吉他。還有，端儀跳舞也是很有天份的，知情的親友們都說：「劉端儀可說是另類的十項全能選手了。」值得記下的事蹟還很多，上述幾點已足夠說明端儀是值得我們驕傲的好媳婦、好妻子、好母親和好祖母了，我自己這幸福的一生也主要是因為有這能同甘共苦，又能互相扶持共享幸福晚年的好妻子所賜，在這共慶結婚62週年的日子裡，讓我再一次表示衷心的感謝！

四、林家三代人才輩出

這裡特別談談我們林氏家族重視教育、人才輩出的事蹟。嘉應五屬（現梅州市）是客家人南遷的最後一個落腳點，都是山區偏僻之地，卻有著極為重視教育的傳統。平遠縣東石鄉涼庭村更是如此。19世紀末到整個20世紀，最早由我們的曾祖父奏臚公開始，他是個很有學問的秀才，但因父母年邁體弱而14歲就要負擔持家重任而未能「例應廷試」；但他一生樂善好施，能捨己為人，是個「生前崇人望，去後繫人思」的人。他治家有方，膝下4男1女，除幼子先天不足外，其餘3男1女均卓有所成，略述如下：

長子魯傳公（即先祖父），在清末明初是公認的「平遠教育先賢四傑」之一。他認為要振興中華須從教育事業著手，清末即參與創辦新學，包括崇德小學、鐵民中學。他積極參加辛亥革命，作為丘逢甲先生的學生和同志，在武昌起義成功後，隨丘逢甲應孫中山之邀北上南京商議建國方略的核心成員。奏臚公又當選廣東省參議員，亦積極參加創辦著名的廣雅中學。當時廣東督軍陳炳焜擬開放賭禁，威迫、賄賂議員投票通過「廢止禁止賭博」案，面對失節、支持開賭者的譏笑，先祖父憤然疾呼：「縱天下人皆失節，吾絕不失節！亦正為天下人皆失節，尤不可不有人不失節，留人類正氣！」正義凜然，終與其他正氣議員合作，否決了危害百姓的「開賭」議案。

林演存醫師，奏臚公唯一的女兒，即我的姑婆，是中國第一批留學日本的女醫學博士，在日本東京女子醫學校畢業。在日本時與秋瑾烈士的好友唐群

英等成立愛國組織「留日女同學會」。武昌起義時回國參戰，與同學組織女子紅十字軍後參加北伐軍軍醫務工作，是民初最有名的紅十字軍的創辦人之一，後來衍生為中國紅十字會。1912年，曾被毛澤東稱讚「為人民做過許多好事」的中華民國第一任總理熊希齡在北京香山建立浩大的「香山慈幼院」，用於救濟清末民初大量的苦難的少年、兒童和孤兒，演存姑婆為熊希齡的得力助手並被任命為「香山醫院」院長。熊希齡對姑婆非常尊重及友好，以他著名的書法3次為我們東石老家、書屋、別墅書寫「忠躬舊廬」、「闇香齋」、「掃雪山房」名字。演存姑婆是清末民初中國婦女思想解放、衝破封建思想、走向世界、為革命為社會服務的先驅。她還在兄長魯傳及三弟林震將軍早逝後培養他們的下一代的重擔，而自己卻沒有生兒育女⋯⋯

　　三子林震將軍，是國民革命推翻滿清皇朝及北伐戰爭中立下卓越功勳的軍人，我們叫他「三叔公」。他16歲即考入廣東陸軍學校，19歲以優異成績畢業，被選入當時的最高軍校「保定陸軍學校」！畢業後屢立戰功，辛亥革命武昌起義後，清廷起用袁世凱、張勳、馮國璋等負隅頑抗，此時林震將軍已由孫中山大總統親賜中將軍銜，是北伐粵軍中的主幹將領了！當時，北伐軍總司令姚雨平坐鎮南京，林震將軍為前敵總指揮，李濟深為參謀長（新中國成立後曾任國家副主席），在林震將軍直接指揮下，粵軍連克固鎮、宿州、徐州，重創張勳部清軍。進駐徐州後，粵軍擴編為師，林震將軍任中將師長，李濟深仍任參謀長。林震將軍獲頒金質勳章，是推翻滿清的最高勳章。北伐勝利後，林震將軍返粵，被任命為「廣東陸軍速成學校（即著名的黃埔軍校前身）校長，當時蔣介石還只是一個旅長呢！史書及眾多回憶錄稱：林震將軍帶兵勇敢果斷，善於作戰，且治軍嚴明、廉潔，不爭權不爭利。三叔公27歲才結婚，育士諤、士驤二子。惜天妒英才，竟染肺結核惡疾，當時乃不治之症，乃於39歲壯年，病逝於廣州市鄺盤石醫院！順便一提，奏臚公二子為家鄉著名中醫，並在家主持家務，四子生有一子岱齡，自己卻患病早殁。

　　關於梅州市平遠縣東石鄉林氏家族重視教育的事實再做一些補充：林奏臚公名下，長子林魯傳公是平遠縣「教育四傑」之一、廣東省第一屆省參議員，全力創辦東石崇德小學及鐵民中學，協辦廣東省廣雅中學，二子林釗基是著名的中醫師，三子林震將軍是中將師長，北伐軍前敵總指揮，曾任廣東陸軍速成

學校（黃埔軍校前身）校長，女兒林演存醫師是19世紀末第一批留學日本的女醫師，辛亥革命時的隨軍醫師，是紅十字會的前身紅十字軍的創辦人之一，著名的香山慈幼院香山醫院院長。他（她）們都是十分難得的人才，是當時的高級知識分子，是林家的第一代。第二代包括：林公頓，在北京大學就讀時積極參加五四運動，是北京大學學生會的骨幹，他勇敢地爬牆進入賣國賊外交部長曹汝霖住宅。「火燒曹宅」被北洋政府抓捕的32人之一。林瑋女士，畢業於北京女子師範大學，她終身獻身教育事業，1935年起獻身華僑教育事業，以馬來亞怡保霹靂女子學校辦成全馬最出名的女子中學，新中國成立後回國投身教育事業直到退休。林士諤教授，畢業於上海交通大學，美國著名的麻省理工學院博士，世界公認的「林士諤法」的發明者，世界數學史大事記中1943年唯一列出林士諤法為該年的大事件。還有，林士驤畢業於清華大學電機工程系，林瑛畢業於上海同濟大學醫學院。第三代：林馨曾（中山大學醫學院）、林紀曾（北京大學地球物理系）、林定曾（中山大學醫學院）、林慧曾（華南理工大學）、林鴻曾（湛江醫學院），還有林德瑋兄妹三人及林婉曾、林若曾等因逢文革而無法參加高考，但他們均通過自學成為高級技師、核數師及工廠醫師等人才。

可以說：國內多間著名大學包括北京大學（二人）、清華、交大、同濟大學、北京女師大、中山大學等（2人）、華南理工大學等都有林家子弟曾經就讀。林家三代人才輩出，為國家民族貢獻良多的事蹟恐怕是不多見的和值得歷史記錄的。

攝影選集

長辮子的姑娘是中學時的端儀。　　　　作者約三歲時與一歲的妹妹合影。

1953年，初戀時的老土。

1955年，嚴肅的結婚照。

上：約1964年，全家福。
下：分配到中山醫附屬醫院工作時影。

文革中，居然有三架私家車遊麓湖。

端儀拉手風琴，鷗、宇跳舞，作者攝影。

1994年，倫敦買的一間屋，端儀彈琴，鷗、宇唱歌。

1996年，除夕晚會。

考取香港醫師執照後，參加醫學會週年聯歡晚會。

七十歲生日全家福。

結婚41週年，彈電子琴祝賀。

武夷山風光。

杭州江南第一茶。

杭州胡雪巖博物館。

大姑娘坐花轎遊千島湖。

九寨溝美景。

張家界奇峰。

大理三塔。

玉龍雪山。

江南梅花。

不到長城非好漢。

北京國家大劇院。

水立方。

鳥巢的跑道。

吉林雪景。

澳門回憶。

2003年,聖誕半島酒店與大女兒及女婿合影。

結婚三十九週年在英國與大小女兒慶祝。

小宇畢業了。

蘇格蘭、英格蘭交界。

尼斯湖旁，蘇格蘭少年表演風笛，目的是籌錢去遊倫敦，我們大力支持。

法國羅浮宮及玻璃金字塔。

巴黎凱旋門。

威尼斯遊貢多拉艇。

牽手回故鄉。

拜祭父母。

小女林宇的兩個兒子。

劍橋泛舟。

古希臘奧運場作狀。

浪漫遊紅海。

紐西蘭雪山打雪仗。

埃及古蹟。

尼亞加拉大瀑布。

美加國界。

華盛頓風光。

西點軍校。

溫哥華布查花園。

溫哥華放風箏。

五十週年金婚含情脈脈。

紐西蘭南島美景。

55屆乙班同學遊澳洲雪梨。

聖誕舞會。

四隻天鵝。

南沙高爾夫球場。

L+L，五十週年金婚親自設計的紀念胸針。

金婚紀念，慶蘭唱歌及我倆伴舞。　　　結婚六十週年留影。

三水中學劉衡仲室。

端儀、慶蘭和柯院長在淺水灣。

在瑪麗醫院。

瑪麗醫院教授樓前影。

大外孫Oliver Lam。

香港校友會任司儀。

與大女兒及女婿。

哈佛大學校長的鞋。

與友人遊歐洲。

夏威夷遊輪上。

船長晚宴歡迎。

大女兒及女婿。

尼斯湖。

下午茶。

深水灣冬泳40多年。

冬泳前熱身跑，時年69歲，結婚46年。

劍橋河畔的數學橋。

英國鄉郊古堡，偶遇彩排沙劇的學生。

埃及旅遊。

從飛機窗口攝的近北極的冰川。

與小女及女婿。

快艇飛馳。

端儀與父母劉衡仲、李雪芹。

坐私家飛機遊北非摩洛哥。

捐教學大樓紀念父親。

教學大樓落成。

一百公尺起跑。

中山醫學院四乘一百公尺接力隊破廣東省紀錄。

秀威經典　　　　　　醫療保健類　PD0060　健康網8

醫學與體育的情和緣
——一位香港醫生的運動醫學論文與憶述

作　　者 / 林馨曾
責任編輯 / 杜國維
圖文排版 / 楊家齊
封面設計 / 蔡瑋筠

出版策劃 / 秀威經典
發 行 人 / 宋政坤
法律顧問 / 毛國樑　律師
印製發行 / 秀威資訊科技股份有限公司
　　　　　114台北市內湖區瑞光路76巷65號1樓
　　　　　電話：+886-2-2796-3638　傳真：+886-2-2796-1377
　　　　　http://www.showwe.com.tw
劃撥帳號 / 19563868　戶名：秀威資訊科技股份有限公司
　　　　　讀者服務信箱：service@showwe.com.tw
展售門市 / 國家書店（松江門市）
　　　　　104台北市中山區松江路209號1樓
　　　　　電話：+886-2-2518-0207　傳真：+886-2-2518-0778
網路訂購 / 秀威網路書店：https://store.showwe.tw
　　　　　國家網路書店：https://www.govbooks.com.tw

2019年4月　BOD一版
定價：640元
版權所有　翻印必究
本書如有缺頁、破損或裝訂錯誤，請寄回更換

國家圖書館出版品預行編目

醫學與體育的情和緣：一位香港醫生的運動醫學
論文與憶述 / 林馨曾著. -- 一版. -- 臺北市：
秀威經典, 2019.04
  面； 公分. -- (醫療保健類；PD0060)(健康
網；8)
  BOD版
  ISBN 978-986-97053-4-9(平裝)

  1.林馨曾 2.醫師 3.回憶錄

782.887   108003411

讀 者 回 函 卡

感謝您購買本書，為提升服務品質，請填妥以下資料，將讀者回函卡直接寄
回或傳真本公司，收到您的寶貴意見後，我們會收藏記錄及檢討，謝謝！
如您需要了解本公司最新出版書目、購書優惠或企劃活動，歡迎您上網查詢
或下載相關資料：http:// www.showwe.com.tw

您購買的書名：＿＿＿＿＿＿＿＿＿＿＿＿＿＿＿＿＿＿＿＿＿＿＿＿＿＿

出生日期：＿＿＿＿＿年＿＿＿＿＿月＿＿＿＿日

學歷：□高中 (含) 以下　　□大專　　□研究所 (含) 以上

職業：□製造業　□金融業　□資訊業　□軍警　□傳播業　□自由業

　　　□服務業　□公務員　□教職　　□學生　□家管　　□其它＿＿＿

購書地點：□網路書店　□實體書店　□書展　□郵購　□贈閱　□其他

您從何得知本書的消息？

　□網路書店　□實體書店　□網路搜尋　□電子報　□書訊　□雜誌

　□傳播媒體　□親友推薦　□網站推薦　□部落格　□其他＿＿＿＿＿＿

您對本書的評價：（請填代號　1.非常滿意　2.滿意　3.尚可　4.再改進）

　封面設計＿＿＿　版面編排＿＿＿　內容＿＿＿　文／譯筆＿＿＿　價格＿＿＿

讀完書後您覺得：

　□很有收穫　□有收穫　□收穫不多　□沒收穫

對我們的建議：＿＿＿＿＿＿＿＿＿＿＿＿＿＿＿＿＿＿＿＿＿＿＿＿＿＿

＿＿＿＿＿＿＿＿＿＿＿＿＿＿＿＿＿＿＿＿＿＿＿＿＿＿＿＿＿＿＿＿＿

＿＿＿＿＿＿＿＿＿＿＿＿＿＿＿＿＿＿＿＿＿＿＿＿＿＿＿＿＿＿＿＿＿

＿＿＿＿＿＿＿＿＿＿＿＿＿＿＿＿＿＿＿＿＿＿＿＿＿＿＿＿＿＿＿＿＿

11466
台北市內湖區瑞光路 76 巷 65 號 1 樓

秀威資訊科技股份有限公司　　　收

BOD 數位出版事業部

....

（請沿線對折寄回，謝謝！）

姓　　名：＿＿＿＿＿＿＿＿　年齡：＿＿＿＿　性別：□女　□男

郵遞區號：□□□□□

地　　址：＿＿＿＿＿＿＿＿＿＿＿＿＿＿＿＿＿＿

聯絡電話：(日)＿＿＿＿＿＿＿＿＿　(夜)＿＿＿＿＿＿＿＿＿＿

E-mail：＿＿＿＿＿＿＿＿＿＿＿＿＿＿＿＿＿＿